《双碳目标下"多能融合"技术图解》编委会

编委会主任：

刘中民　中国科学院大连化学物理研究所，中国工程院院士

编委会副主任：

蔡　睿　中国科学院大连化学物理研究所，研究员

编委会委员（以姓氏笔画排序）：

王志峰　中国科学院电工研究所，研究员

王国栋　东北大学，中国工程院院士

王建强　中国科学院上海应用物理研究所，研究员

王艳青　中国科学院大连化学物理研究所，高级工程师

王集杰　中国科学院大连化学物理研究所，研究员

叶　茂　中国科学院大连化学物理研究所，研究员

田亚峻　中国科学院青岛生物能源与过程研究所，研究员

田志坚　中国科学院大连化学物理研究所，研究员

吕清刚　中国科学院工程热物理研究所，研究员

朱文良　中国科学院大连化学物理研究所，研究员

朱汉雄　中国科学院大连化学物理研究所，高级工程师

任晓光　中国科学院大连化学物理研究所/榆林中科洁净能源创新研究院，
　　　　正高级工程师

刘中民　中国科学院大连化学物理研究所，中国工程院院士

许明夏　大连交通大学，副教授

孙丽平　国家能源集团技术经济研究院，工程师

严　丽　中国科学院大连化学物理研究所，研究员

杜　伟	中国科学院大连化学物理研究所，正高级工程师
李　睿	上海交通大学，教授
李先锋	中国科学院大连化学物理研究所，研究员
李婉君	中国科学院大连化学物理研究所，研究员
杨宏伟	国家发展和改革委员会能源研究所，研究员
肖　宇	中国科学院大连化学物理研究所，研究员
何京东	中国科学院重大科技任务局，处长
汪　澜	中国建筑材料科学研究总院，教授
汪国雄	中国科学院大连化学物理研究所，研究员
张　晶	大连大学，教授
张宗超	中国科学院大连化学物理研究所，研究员
陈　伟	中国科学院武汉文献情报中心，研究员
陈忠伟	中国科学院大连化学物理研究所，加拿大皇家科学院院士、加拿大工程院院士
陈维东	中国科学院大连化学物理研究所/榆林中科洁净能源创新研究院，副研究员
邵志刚	中国科学院大连化学物理研究所，研究员
麻林巍	清华大学，副教授
彭子龙	中国科学院赣江创新研究院，纪委书记/副研究员
储满生	东北大学，教授
路　芳	中国科学院大连化学物理研究所，研究员
蔡　睿	中国科学院大连化学物理研究所，研究员
潘立卫	大连大学，教授
潘克西	复旦大学，副教授
潘秀莲	中国科学院大连化学物理研究所，研究员
魏　伟	中国科学院上海高等研究院，研究员

DIAGRAMS FOR
MULTI-ENERGY INTEGRATION
TECHNOLOGIES TOWARDS DUAL CARBON TARGETS

双碳目标下"多能融合"技术图解

蔡睿 刘中民 总主编

终端用能低碳转型

李婉君　靳国忠　刘正刚　刘陆　主编

内容简介

针对钢铁、水泥工业部门和交通运输部门的高碳排放特征，《终端用能低碳转型》基于多能融合"四主线、四平台"的技术体系，提出了钢铁及水泥工业低碳/零碳流程再造、交通与绿色可再生能源融合发展的技术路线。从多能融合的视角，系统分析了钢铁、水泥、交通行业的碳减排逻辑框架，结合国家重大战略需求和行业的政策规划、产业发展现状，展现了相关行业的低碳转型技术清单及技术发展路径，并对典型技术从技术内涵、发展方向与趋势和拟解决的关键技术问题等方面进行了归纳总结，同时给出了未来钢铁、水泥工业部门和交通运输部门低碳转型发展的对策建议。

本书可供钢铁、水泥、交通运输等行业的技术人员、管理人员以及政府机构相关人员参考，也适合对碳减排感兴趣的社会各界人士阅读。

图书在版编目（CIP）数据

终端用能低碳转型 / 李婉君等主编. --北京 ： 化学工业出版社，2024. 11. --（双碳目标下"多能融合"技术图解 / 蔡睿，刘中民总主编）. -- ISBN 978-7-122-45922-0

Ⅰ．F426.2

中国国家版本馆CIP数据核字第2024SZ8592号

责任编辑：杨振美　满悦芝　　　　文字编辑：贾羽茜　杨振美
责任校对：边　涛　　　　　　　　装帧设计：张　辉

出版发行：化学工业出版社（北京市东城区青年湖南街13号　邮政编码100011）
印　　装：中煤（北京）印务有限公司
710mm×1000mm　1/16　印张23¾　字数307千字　2025年3月北京第1版第1次印刷

购书咨询：010-64518888　　　　　　　　售后服务：010-64518899
网　　址：http://www.cip.com.cn
凡购买本书，如有缺损质量问题，本社销售中心负责调换。

定　价：128.00元　　　　　　　　　　　　　　　版权所有　违者必究

本书编写人员名单

主　　编：李婉君　靳国忠　刘正刚　刘　陆
参　　编：杜　伟　杨丽平　袁小帅　王政威
　　　　　郭　琛　李　甜　黄冬玲　邓婷婷
　　　　　张小菲　王艳青　曹　璇

序言

2014年6月13日，习近平总书记在中央财经领导小组第六次会议上提出"四个革命、一个合作"能源安全新战略，推动我国能源发展进入新时代。2020年9月22日，习近平主席在第七十五届联合国大会一般性辩论上郑重宣布：中国将提高国家自主贡献力度，采取更加有力的政策和措施，二氧化碳排放力争于2030年前达到峰值，努力争取2060年前实现碳中和（以下简称"碳达峰碳中和目标"）。实现碳达峰碳中和目标，是以习近平同志为核心的党中央统筹国内国际两个大局作出的重大战略决策，是着力解决资源环境约束突出问题，实现中华民族永续发展的必然选择，是构建人类命运共同体的庄严承诺。二氧化碳排放与能源资源的种类、利用方式和利用总量直接相关。我国碳排放量大的根本原因在于能源及其相关的工业体系主要依赖化石资源。如何科学有序推进能源结构及相关工业体系从高碳向低碳/零碳发展，如何在保障能源安全的基础上实现"双碳"目标（即碳达峰碳中和目标），同时支撑我国高质量可持续发展，其挑战前所未有，任务异常艰巨。在此过程中，科技创新必须发挥至关重要的引领作用。

经过多年发展，我国能源科技创新取得重要阶段性进展，有力保障了能源安全，促进了产业转型升级，为"双碳"目标的实现奠定了良好基础。中国科学院作为国家战略科技力量的重要组成部分，历来重视能源领域科技和能源安全问题，先后组织实施了"未来先进核裂变能""应对气候变化的碳收支认证及相关问题""低阶煤清洁高效梯级利用""智能导钻技术装备体系与相关理论研究""变革性纳米技术聚焦""变革性洁净能源关键技术与示范"等A类战略性先导科技专项。从强化核能、煤炭等领域技术研究出发，逐步推动了面向能源体系变革的系统化研究部署。"双碳"问题，其本质主要还是能源的问题。要实现"碳达峰碳中和目标"，我国能源结构、生产生活方式将需要颠覆性变革，必须以新理念重新审视传统能源体系和工业生产过程，协同推进新型能源体系建设、工业低碳零碳流程再造。

"多能融合"理念与技术框架是以刘中民院士为代表的中国科学院专家经过多年研究，针对当前能源、工业体系绿色低碳转型发展需求，提出的创新理念和技术框架。"多能融合"理念与技术框架提出以来，经过不断丰富、完善，已经成为中国科学院、科技部面向"双碳"目标的技术布局的核心系统框架之一。

为让读者更加系统、全面了解"多能融合"理念与技术框架，中国科学院大连化学物理研究所组织编写了双碳目标下"多能融合"技术图解丛书，试图通过翔实的数据和直观的图示，让政府管理人员、科研机构研究人员、企业管理人员、金融机构从业人员及大学生等广大读者快速、全面把握"多能融合"的理念与技术框架，加深对双碳愿景下的能源领域科技创新发展方向的理解。

本丛书的具体编写工作由中国科学院大连化学物理研究所低碳战略研究中心承担，编写团队基于多能融合系统理念，围绕化石能源清洁高效利用与耦合替代、可再生能源多能互补与规模应用、低碳与零碳工业流程再造和低碳化智能化多能融合等四条主线，形成了一套 6 册的丛书，分别为《"多能融合"技术总论》及"多能融合"技术框架中的各关键领域，包括《化石能源清洁高效开发利用与耦合替代》《可再生能源规模应用与先进核能》《储能氢能与智能电网》《终端用能低碳转型》《二氧化碳捕集、利用及封存》。

本丛书获得了中国科学院 A 类战略性先导科技专项"变革性洁净能源关键技术与示范"等项目支持。在编写过程中，成立了编写委员会，统筹指导丛书编写工作；同时，也得到了多位国内外知名专家学者的指导与帮助，在此表达真诚的感谢。但因涉及领域众多，编写过程中难免有纰漏之处，敬请各位专家学者及广大读者批评指正。

蔡 睿

2024 年 10 月

前言

我国工业和交通运输是重点的终端用能部门，同时也是碳排放的主要来源领域，因此，工业和交通运输部门的碳减排是我国实现"双碳"目标任务中的重中之重，迫切需要从理论到技术的系统性变革。

多能融合是突破我国各能源种类之间壁垒，跨系统耦合优化，并构建新型能源体系的必然路径。基于多能融合"四主线、四平台"技术体系，针对工业部门和交通运输部门的高碳排放特征，重点推进如钢铁及水泥工业部门的工业低碳/零碳流程再造、交通运输部门与绿色可再生能源的融合发展，是实现工业和交通运输低碳发展的关键举措。通过深度电气化，利用非化石能源制取的绿电实现工业、交通运输部门的深度脱碳；对于难以电气化的工业流程，借助绿氢、合成气/甲醇、二氧化碳等平台，通过技术突破和行业间的协调、融合实现低碳/零碳流程再造，促进化石能源和二氧化碳的资源化利用；对于难以电气化的交通运输环节，通过利用绿氢、绿氨、绿色甲醇、生物燃料等新能源和清洁能源，形成对交通所用传统化石能源（汽油、柴油、航空煤油等）的替代，实现交通运输部门低碳/零碳的工艺革新。

我国是全球最大的钢铁生产国和消费国。2022 年我国粗钢产量为 10.18 亿吨，占世界粗钢产量的 54%。钢铁行业二氧化碳排放量约占全国二氧化碳总排放量的 15%，是我国高碳排放量的工业部门之一。在我国钢铁产能过剩、钢铁产量饱和的大背景下，国家针对钢铁行业出台了一系列"双碳"政策，严格限制新增钢铁粗钢产能，然而目前钢铁冶炼工艺中，焦煤、焦炭仍是主要使用的燃料和还原剂，造成生产过程中不可避免地产生二氧化碳，所以实现钢铁行业的低碳发展必须依靠技术创新进行驱动。本书针对钢铁行业低碳发展的现状、面临的挑战、可采用的低碳技术以及政策等方面进行了阐释，重点从源头减碳、过程节碳和末端用碳等层面梳理了钢铁行业碳减排系统框架和低碳技术，并对钢铁行业的低碳技术进行分析评估，提出了钢铁行业低碳技术发展的路线图，分别指出了钢铁行业在近期、中期、中远期、远期需要采用的技术路径以及发展策略建议，以期实现钢铁行业的"双碳"目标。

我国的水泥生产量同样稳居全球第一位。2022 年我国水泥行业碳排放总量约 12.5 亿吨，约占全国总碳排放量的 13%，仅次于电力与钢铁行业，是我国实现"双碳"目标的关键行业之一。水泥行业是典型的难减排行业，水泥生产中碳酸盐分解产生的碳排放占水泥全部碳排放的 56%，目前从工艺技术上难以实现原料的大规模替代；同时国内水泥生产仍以煤炭为主体燃料，燃料产生的碳排放同样巨大。如何从技术发展上实现能耗与碳排放"双控"并探索出一条符合中国特色的水泥绿色低碳发展路径，是国内水泥行业创新的聚焦点。本书针对水泥工业的生产及碳排放现状、低碳生产流程与工艺等方面进行了阐释，从能效提升技术、替代原料技术、替代燃料技术、低碳水泥技术、碳捕集与利用技术五个方面详细介绍了目前在研与应用的水泥低碳减排技术，聚焦各项水泥碳减排技术的减碳潜力，为未来水泥行业做到能效双控提供发展借鉴的思路。

交通运输是我国国民经济中的基础性、先导性、战略性产业和重要的服务性行业，同时也是应对气候变化、推动低碳发展的重要领域。2020 年，交通运输部门的二氧化碳排放约占我国二氧化碳排放总量的 10%。伴随我国社会经济的高速增长，交通运输行业将处于高速发展阶段，未来交通的能耗及碳排放仍有较大的增长空间，预计交通运输行业的碳达峰时间将晚于工业和建筑等部门。因此，为推动交通运输部门碳排放尽早达峰和深度减排，我国需要采取更加积极的减排措施。本书以国务院印发的《2030 年前碳达峰行动方案》中对推动交通领域运输工具装备低碳转型、构建绿色高效交通运输体系、加快绿色交通基础设施建设的论述为研究宗旨，针对国内外的交通领域低碳发展现状、碳排放情况、交通运输低碳技术和发展路径、低碳化技术专利布局等方面进行了详细阐释；针对交通运输领域不同运输模式的低碳发展，梳理了公路、铁路、水运、航空领域中重点及前沿的低碳技术，阐述了相关技术的内涵、发展趋势以及需要解决的重点问题，并给出了交通运输领域实现低碳发展的针对性、差异化技术路径，对未来交通运输部门的低碳可持续发展提出对策和建议。

本书涵盖了工业部门（钢铁、水泥行业）和交通运输部门的产业、技术、政策等方面的内容，由于作者水平有限，文中不妥及疏漏之处在所难免，敬请读者指正。

编　者

2024 年 10 月

目录

0 绪论 / 1

第一篇　钢铁工业篇

第1章　钢铁行业的定义及生产流程 / 6

1.1 钢铁行业的定义 …………………………………………… 6
1.2 钢铁行业的生产流程 ……………………………………… 8

第2章　世界钢铁行业的发展概况 / 12

2.1 世界钢铁行业的发展现状 ………………………………… 12
  2.1.1 世界钢铁行业的生产情况 ……………………………… 12
  2.1.2 世界钢铁行业的消费情况 ……………………………… 19
  2.1.3 世界钢铁行业的碳排放情况 …………………………… 20
2.2 世界钢铁行业的展望预测 ………………………………… 22
  2.2.1 世界钢铁行业的产量预测 ……………………………… 22
  2.2.2 世界钢铁行业的能耗预测 ……………………………… 23
  2.2.3 世界钢铁行业的碳排放预测 …………………………… 24
2.3 世界钢铁行业面临的挑战与问题 ………………………… 25
2.4 世界钢铁企业的低碳发展布局 …………………………… 27

第3章　中国钢铁行业的发展概况 / 33

3.1 中国钢铁行业的发展现状 ………………………………… 33
  3.1.1 中国钢铁行业的生产情况 ……………………………… 33
  3.1.2 中国钢铁行业的消费情况 ……………………………… 37
  3.1.3 中国钢铁行业的碳排放情况 …………………………… 39
3.2 中国钢铁行业的展望预测 ………………………………… 40
  3.2.1 中国钢铁行业的产量预测 ……………………………… 40
  3.2.2 中国钢铁行业的能耗预测 ……………………………… 40
  3.2.3 中国钢铁行业的碳排放预测 …………………………… 41

3.3 中国钢铁行业面临的挑战与问题 ·················· 42
3.4 中国钢铁企业的低碳发展布局 ···················· 43
  3.4.1 中国宝武 ······································· 45
  3.4.2 鞍钢集团 ······································· 46
  3.4.3 河钢集团 ······································· 48

第4章 钢铁行业碳减排系统框架和低碳技术 / 50

4.1 源头减碳 ··· 51
  4.1.1 氢直接还原技术 ···························· 51
  4.1.2 氢等离子体熔融还原技术 ·············· 55
  4.1.3 碱性铁电解技术 ···························· 56
  4.1.4 熔融氧化物电解技术 ····················· 58
4.2 过程节碳 ··· 60
  4.2.1 氧气高炉技术 ······························· 60
  4.2.2 高炉富氢还原技术 ························ 62
  4.2.3 熔融还原技术 ······························· 64
  4.2.4 废钢电炉炼钢技术 ························ 66
  4.2.5 生物质燃料替代技术 ····················· 68
  4.2.6 厚料层烧结技术 ···························· 69
  4.2.7 捣固炼焦技术 ······························· 70
  4.2.8 干熄焦技术 ·································· 72
  4.2.9 煤调湿技术 ·································· 73
  4.2.10 高炉炉顶煤气循环利用技术 ········· 74
  4.2.11 高炉煤气炉顶余压透平发电技术 ··· 76
  4.2.12 转炉高废钢比技术 ······················ 77
  4.2.13 全燃高炉煤气锅炉发电技术 ········· 78
  4.2.14 薄带连铸连轧技术 ······················ 79
  4.2.15 "一包到底"技术 ······················· 80
4.3 末端用碳 ··· 82
  4.3.1 碳捕集和封存技术 ························ 82
  4.3.2 CO_2制备化工产品技术 ················· 83
  4.3.3 生物固碳技术 ······························· 84
  4.3.4 钢化联产技术 ······························· 86
  4.3.5 钢渣矿化利用CO_2技术 ················ 87
4.4 辅助技术 ··· 89
  4.4.1 CO_2捕集技术 ······························ 89
  4.4.2 水电解制氢技术 ···························· 91

第5章 钢铁行业低碳技术发展路径 / 94

第6章 钢铁行业低碳发展的政策建议 / 97

第二篇 水泥工业篇

第7章 水泥工业概述 / 102

7.1 水泥的发明与工艺革新 …………………………… 102
7.2 水泥与人类社会发展 …………………………… 105
7.3 水泥的分类 …………………………………… 108
7.4 水泥的主要成分 ………………………………… 109
7.5 水泥原料资源的分布 …………………………… 111
7.6 水泥的生产工艺及流程 ………………………… 111
7.7 水泥生产主要设备 ……………………………… 116

第8章 水泥行业的低碳发展 / 123

8.1 "双碳"目标下的水泥市场 …………………………… 123
    8.1.1 水泥的生产 ……………………………… 123
    8.1.2 水泥的消费 ……………………………… 131
    8.1.3 水泥行业的产业链 ……………………… 133
8.2 水泥工业是重要的碳排放来源 ……………………… 135
8.3 水泥生产的能耗 ………………………………… 136
8.4 水泥生产的碳排放 ……………………………… 138
    8.4.1 水泥的碳排放过程 ……………………… 139
    8.4.2 水泥的碳排放强度 ……………………… 142
    8.4.3 水泥的碳排放总量 ……………………… 143
8.5 国际水泥碳减排路径及目标 ……………………… 145
8.6 "双碳"目标下的我国水泥领域政策导向 …………… 148
8.7 中国水泥行业低碳转型的优势与挑战 ……………… 150

第9章 水泥低碳技术的发展与应用 / 152

9.1 能效提升技术 …………………………………… 152
    9.1.1 能效提升技术分析概述 ………………… 152
    9.1.2 水泥窑余热发电技术 …………………… 153

  9.1.3 高效粉磨技术 ………………………………………154
  9.1.4 高效冷却技术 ………………………………………156
  9.1.5 智能生产与控制技术 ………………………………157
  9.1.6 矿化剂的使用 ………………………………………158
  9.1.7 能效提升技术应用实例 ……………………………158
9.2 **替代原料技术** ……………………………………………… **160**
  9.2.1 替代原料技术分析概述 ……………………………160
  9.2.2 电石渣原料替代 ……………………………………161
  9.2.3 粉煤灰原料替代 ……………………………………162
  9.2.4 钢渣原料替代 ………………………………………162
  9.2.5 硅钙渣原料替代 ……………………………………163
  9.2.6 石英污泥原料替代 …………………………………163
  9.2.7 替代原料技术应用实例 ……………………………164
9.3 **替代燃料技术** ……………………………………………… **165**
  9.3.1 替代燃料技术分析概述 ……………………………165
  9.3.2 工业固废与生物质替代燃料 ………………………167
  9.3.3 水泥窑协同处理城市固废技术 ……………………169
  9.3.4 氢能替代燃料 ………………………………………171
  9.3.5 电气化与太阳能烧制水泥 …………………………173
  9.3.6 替代燃料技术应用实例 ……………………………176
9.4 **低碳水泥技术** ……………………………………………… **179**
  9.4.1 低碳水泥技术分析概述 ……………………………180
  9.4.2 高贝利特水泥 ………………………………………181
  9.4.3 硫铝酸盐水泥 ………………………………………181
  9.4.4 Aether水泥 …………………………………………182
  9.4.5 BCT水泥 ……………………………………………182
  9.4.6 LC^3水泥 …………………………………………183
  9.4.7 低碳水泥技术应用实例 ……………………………184
9.5 **碳捕集与利用技术** ………………………………………… **185**
  9.5.1 碳捕集与利用技术分析概述 ………………………185
  9.5.2 化学吸收法 …………………………………………186
  9.5.3 钙回路法 ……………………………………………187
  9.5.4 富氧燃烧 ……………………………………………188
  9.5.5 膜分离法 ……………………………………………190
  9.5.6 直接分离法 …………………………………………190
  9.5.7 混凝土碳化技术 ……………………………………191
  9.5.8 碳捕集与利用技术应用实例 ………………………192

9.6 水泥低碳技术的分析比较 ………………………………… 195

第10章 碳中和图景下水泥产能预测及技术减碳潜力 / 197

10.1 中国水泥产能预测 ………………………………………… 197
10.2 技术有效性及可行性预测 ………………………………… 198
10.3 未来水泥碳排放预测 ……………………………………… 200
10.4 水泥碳中和转型之路的技术路径 ………………………… 201

第11章 推动水泥低碳技术发展的政策建议与未来图景 / 203

第三篇 交通运输篇

第12章 交通低碳化发展概述 / 210

12.1 交通运输低碳化发展的重要性 …………………………… 210
12.2 交通运输低碳化技术介绍 ………………………………… 211

第13章 全球交通的低碳化发展 / 213

13.1 全球交通低碳化发展概况 ………………………………… 213
  13.1.1 公路交通低碳化发展现状 ……………………… 214
  13.1.2 铁路交通低碳化发展现状 ……………………… 218
  13.1.3 水运交通低碳化发展现状 ……………………… 219
  13.1.4 航空交通低碳化发展现状 ……………………… 220
13.2 主要国家和地区概况 ……………………………………… 221
  13.2.1 美国 ……………………………………………… 221
  13.2.2 日本 ……………………………………………… 224
  13.2.3 欧盟 ……………………………………………… 227
13.3 交通低碳化预测展望 ……………………………………… 229
  13.3.1 交通能源消费与碳排放预测 …………………… 229
  13.3.2 交通低碳技术发展预测 ………………………… 231

第14章 中国交通低碳化发展概况 / 239

14.1 发展历史 …………………………………………………… 239

14.2 发展现状 ·· 241
  14.2.1 中国交通运输基础设施及碳排放现状············241
  14.2.2 中国在交通低碳化方面取得的积极成效·········243
  14.2.3 交通低碳化技术发展现状······························245
  14.2.4 核心产业链分析··251

第15章　中国交通低碳发展面临的挑战与发展路径 / 257

15.1 中国交通低碳发展面临的挑战 ···················· 257
15.2 中国交通低碳化发展的主要措施 ················ 259
  15.2.1 推动运输工具装备低碳转型·························260
  15.2.2 构建绿色高效交通运输体系·························261
  15.2.3 加快绿色交通基础设施建设·························262
15.3 中国交通低碳化减排的技术路径 ················ 263
  15.3.1 公路交通低碳化减排路径·····························263
  15.3.2 铁路交通低碳化减排路径·····························264
  15.3.3 水运交通低碳化减排路径·····························265
  15.3.4 航空交通低碳化减排路径·····························266

第16章　交通领域典型低碳化技术 / 267

16.1 新能源低碳运输工具技术 ·························· 268
  16.1.1 公路交通低碳运输工具技术·························268
  16.1.2 铁路交通低碳运输工具技术·························280
  16.1.3 水运交通低碳运输工具技术·························283
  16.1.4 航空交通低碳运输工具技术·························288
16.2 运输装备能效提升技术 ····························· 292
  16.2.1 智能化技术··292
  16.2.2 汽车轻量化技术··297
  16.2.3 交通自洽能源系统技术·································299
16.3 交通低碳化技术路线图 ····························· 301
  16.3.1 公路交通领域··301
  16.3.2 铁路交通领域··302
  16.3.3 水运交通领域··303
  16.3.4 航空交通领域··303

第17章 交通领域低碳发展建议 / 305

17.1　推动交通领域能源消费结构变革 ·················· 305
17.2　加快绿色交通基础设施建设 ······················ 306
17.3　构建绿色高效的交通运输体系 ···················· 307
17.4　开展交通运输碳中和先行示范 ···················· 308

总结 / 309

参考文献 / 311

附录 / 320

附录A　中国钢铁行业相关政策法规 ·················· 320
附录B　钢铁行业低碳项目汇总 ······················ 327
附录C　中国水泥工业相关政策汇总 ·················· 331
附录D　中国交通运输部门低碳发展相关政策汇总 ········ 346

图　表

图 1-1　钢铁行业的主要钢铁产品 ………………………………… 7
图 1-2　世界钢铁生产的主要工艺路线 …………………………… 9
图 1-3　不同工艺生产 1t 粗钢所需的原料 ……………………… 11
图 2-1　2000—2022 年世界钢铁粗钢产量 ……………………… 13
图 2-2　2022 年世界钢铁粗钢产量分地区构成 ………………… 13
图 2-3　2022 年世界主要钢铁生产国粗钢产量 ………………… 14
图 2-4　世界钢铁生产能源强度变化 ……………………………… 18
图 2-5　2022 年世界钢铁表观消费量分地区构成 ……………… 19
图 2-6　世界钢铁下游市场 ………………………………………… 20
图 2-7　2022 年世界钢铁消费领域占比 ………………………… 21
图 2-8　世界钢铁碳排放强度 ……………………………………… 21
图 2-9　全球钢铁粗钢产量预测 …………………………………… 23
图 2-10　全球钢铁行业能源需求预测 …………………………… 24
图 2-11　全球钢铁行业的碳排放预测及占比 …………………… 25
图 2-12　欧盟钢铁工业的战略技术路径 ………………………… 29
图 2-13　日本 COURSE50 项目技术路线 ……………………… 30
图 3-1　2000—2022 年中国钢铁粗钢产量 ……………………… 34
图 3-2　2022 年中国分区域粗钢产量 …………………………… 35
图 3-3　中国钢铁（成品钢）表观消费量 ………………………… 38
图 3-4　中国钢铁（成品钢）人均表观消费量 …………………… 38
图 3-5　中国钢铁生产 CO_2 排放量及 CO_2 排放强度 ………… 39
图 3-6　中国粗钢产量预测 ………………………………………… 40
图 3-7　中国钢铁行业能耗需求预测 ……………………………… 41
图 3-8　中国钢铁行业碳排放预测 ………………………………… 42
图 3-9　中国钢铁工业"双碳"技术路径 ………………………… 45
图 3-10　中国宝武的碳中和技术路线图 ………………………… 46
图 3-11　主要技术的减排潜力和部署时间表 …………………… 46
图 3-12　鞍钢集团的低碳冶金路线图 …………………………… 47
图 3-13　河钢集团低碳发展技术路线图 ………………………… 48
图 4-1　钢铁行业碳减排系统框架和低碳技术 ………………… 51

图4-2　典型氢基竖炉直接还原技术示意图 …………………… 52
图4-3　传统高炉流程与HYBRIT氢冶金流程对比 …………… 53
图4-4　SALCOS项目工艺设想 ………………………………… 53
图4-5　氢等离子体熔融还原反应器示意图 …………………… 55
图4-6　碱性铁电解（ULCOWIN技术）示意图 ……………… 57
图4-7　熔融氧化物电解示意图 ………………………………… 59
图4-8　炉顶煤气循环——氧气高炉工艺流程示意图 ………… 60
图4-9　高炉富氢还原技术示意图 ……………………………… 63
图4-10　HIsarna熔融还原反应炉 ……………………………… 65
图4-11　FINEX工艺流程 ……………………………………… 65
图4-12　废钢电炉炼钢流程示意图 …………………………… 66
图4-13　生物质炭化技术工艺流程 …………………………… 68
图4-14　干熄焦余热利用工艺流程 …………………………… 73
图4-15　TGR-OBF系统示意图 ………………………………… 75
图4-16　高炉煤气炉顶余压透平发电技术装置原理图 ……… 76
图4-17　薄板坯连铸连轧技术发展历程 ……………………… 80
图4-18　典型CCUS路线划分 ………………………………… 82
图4-19　钢厂尾气CO_2制化学品的主要路线 ………………… 84
图4-20　微藻基碳捕集与利用流程 …………………………… 85
图4-21　钢化联产跨行业耦合模式 …………………………… 87
图4-22　CO_2矿化高炉渣联产高附加值产品技术路线 ……… 88
图4-23　CO_2捕集技术一般分类的工艺流程示意图 ………… 90
图4-24　不同类型的电解技术原理 …………………………… 92
图5-1　钢铁行业低碳发展关键技术的路线图 ………………… 95
图7-1　水泥的发展历程 …………………………………………103
图7-2　世界水泥工业的发展历程 ………………………………103
图7-3　唐山启新洋灰厂旧址 ……………………………………104
图7-4　中国水泥的发展历程 ……………………………………105
图7-5　世界总GDP、人口与水泥产量 …………………………106
图7-6　中国的水泥产量、GDP与城镇化率 ……………………106
图7-7　德国的水泥产量、GDP与城镇化率 ……………………107
图7-8　美国的水泥产量、GDP与城镇化率 ……………………107
图7-9　水泥的组成成分 …………………………………………109
图7-10　水泥熟料晶相及相变化 ………………………………110
图7-11　硅酸盐水泥生产工艺简图 ……………………………112
图7-12　新型干法制备硅酸盐水泥的生产流程全景图 ………114
图7-13　熟料煅烧工艺流程中的物质平衡 ……………………115

图7-14	回转钻机与牙轮钻机	116
图7-15	颚式破碎机	117
图7-16	圆锥式破碎机	118
图7-17	悬浮预热器与预分解炉	119
图7-18	回转窑与冷却机示意图	121
图7-19	水泥辊压机示意图	122
图7-20	OSEPA选粉机示意图	122
图8-1	世界水泥产量	124
图8-2	主要国家的水泥产量	124
图8-3	2022年世界主要水泥生产公司产能	125
图8-4	中国水泥年产量	125
图8-5	2022年我国水泥产量地区占比情况	126
图8-6	2022年我国水泥产量前十省份	127
图8-7	2022年中国新增水泥产能分布	127
图8-8	我国不同规模新型干法生产线产能占比	128
图8-9	2021年各省（区、市）产能置换排行	129
图8-10	2022年中国水泥熟料产能前十企业	129
图8-11	主要水泥生产企业布局区域	130
图8-12	中国水泥进口情况	131
图8-13	水泥消费领域	131
图8-14	主要国家水泥消费量	132
图8-15	主要国家水泥人均消费量	133
图8-16	国内主要省份水泥消费量	133
图8-17	中国水泥行业的产业链	134
图8-18	水泥碳排放占比关系	135
图8-19	世界能源结构	136
图8-20	水泥生产各工艺过程能耗占比	136
图8-21	水泥生产过程中的能量平衡	137
图8-22	主要国家水泥熟料能耗	138
图8-23	水泥生产企业二氧化碳核算边界示意图	139
图8-24	水泥生产的碳排放来源示意	140
图8-25	水泥生产各工序的电耗	141
图8-26	水泥生产的碳排放强度	143
图8-27	各国水泥碳排放强度	143
图8-28	中国水泥行业的碳排放量	144
图8-29	世界水泥行业的碳排放量	145
图8-30	欧洲水泥协会2050路径	146

图 8-31　美国波特兰水泥协会碳中和方案 ………………… 147
图 8-32　全球水泥和混凝土协会碳中和路径 …………………… 147
图 8-33　中国水泥行业主要低碳政策一览 ……………………… 149
图 9-1　水泥生产能耗及热损失 ………………………………… 153
图 9-2　能效提升技术减碳潜力（熟料） ……………………… 153
图 9-3　水泥厂余热利用系统 …………………………………… 154
图 9-4　分别粉磨系统 …………………………………………… 155
图 9-5　外循环立磨系统工艺示意图 …………………………… 156
图 9-6　水泥生产智能化平台业务架构 ………………………… 157
图 9-7　海螺水泥智能化生产示意图 …………………………… 159
图 9-8　海螺水泥可再生资源绿电工厂 ………………………… 159
图 9-9　典型替代原料性质及用途 ……………………………… 160
图 9-10　替代原料的减碳潜力 …………………………………… 161
图 9-11　电石渣制备水泥生料主要工艺流程 …………………… 162
图 9-12　金隅水泥张家口工厂原料替代技术示意图 …………… 164
图 9-13　水泥领域燃料的能源结构 ……………………………… 165
图 9-14　水泥领域燃料的能源结构 ……………………………… 166
图 9-15　各国及欧盟水泥行业燃料替代率 ……………………… 166
图 9-16　典型替代燃料的含碳量（CO_2） …………………… 167
图 9-17　替代燃料及标准煤热值 ………………………………… 167
图 9-18　各类工业固废在水泥替代燃料中占比 ………………… 168
图 9-19　各类生物质燃料在水泥替代燃料中占比 ……………… 168
图 9-20　轮胎处置工艺流程示意 ………………………………… 169
图 9-21　水泥窑协同处理城市污泥工艺 ………………………… 170
图 9-22　富氢燃烧示意图 ………………………………………… 172
图 9-23　双供氢系统水泥熟料氢能煅烧及窑炉烟气CO_2
　　　　转化利用工艺流程 ……………………………………… 173
图 9-24　水泥烧成系统电气化改造流程图 ……………………… 174
图 9-25　太阳能热流法烧制水泥工艺及设备 …………………… 175
图 9-26　太阳模拟器加热制备水泥 ……………………………… 176
图 9-27　电化学制水泥工艺及原理示意图 ……………………… 177
图 9-28　华新水泥处理固废流程示意图 ………………………… 178
图 9-29　LEILAC 项目外加热反应塔 …………………………… 179
图 9-30　不同矿物组成的碳排放强度 …………………………… 180
图 9-31　不同熟料产品的碳排放强度 …………………………… 181
图 9-32　LC³ 水泥制备流程 ……………………………………… 183
图 9-33　白鹤滩水电站 …………………………………………… 184

图9-34	铁铝酸盐水泥混凝土在"华龙一号"工程首次浇筑	185
图9-35	水泥碳捕集项目全球分布	186
图9-36	水泥工业的CCUS技术成熟度	186
图9-37	化学吸收法流程图	187
图9-38	钙回路法流程图	188
图9-39	部分富氧燃烧与完全富氧燃烧工艺图	189
图9-40	富氧燃烧法工艺流程及设备示意图	189
图9-41	膜分离技术工艺图	190
图9-42	海螺CCU工艺流程示意图	192
图9-43	钢渣捕集CO_2工艺流程示意图	193
图9-44	台泥水泥钙回路法流程示意图	194
图9-45	Norcem工厂二氧化碳捕获和运输示意图	194
图10-1	中国水泥、熟料消费历史和未来趋势预测	198
图10-2	水泥低碳技术应用趋势预测	200
图10-3	技术碳排放预测	201
图10-4	水泥低碳发展技术路径	202
图11-1	水泥-商混产业链	205
图11-2	磷石膏与水泥硫酸联产	205
图11-3	水泥窑烟气与液态阳光流程示意	206
图11-4	水泥窑烟气CO_2制备聚碳酸酯的流程示意	206
图11-5	水泥生产耦合甲烷干重整工艺示意图	207
图12-1	交通运输领域低碳化技术	212
图13-1	2010—2022年世界不同国家或区域电动汽车保有量	214
图13-2	2012—2022年世界燃料电池汽车销量情况	215
图13-3	2016—2022年美国电动汽车保有量	223
图13-4	2016—2022年日本电动汽车销量	226
图13-5	2016—2022年欧盟电动汽车保有量	229
图13-6	净零排放情景下,2020—2050年全球不同交通运输燃料和方式的终端消费情况	230
图13-7	净零排放情景下,全球不同交通运输方式的二氧化碳排放情况以及到2050年的减排量中不同成熟度技术的贡献占比情况	231
图13-8	净零排放情景下,全球电池电动车、插电式混合动力车和燃料电池电动车在各类车辆总销量中的占比	232

图13-9　动力电池能量密度预测 …………………… 232
图13-10　容量为50千瓦时动力电池的成本预测 ………… 233
图13-11　80kW氢燃料电池系统及电堆的预测成本与规模
　　　　　产量的关系 …………………………………… 235
图13-12　净零排放情景下，按燃料和二氧化碳强度划分，
　　　　　非公路部门的全球能耗情况 ………………… 236
图14-1　中国低碳交通主要政策发展历程 …………… 240
图14-2　2022年我国交通基础设施主要规模 ………… 241
图14-3　2010—2020年交通部门能源消费量及占国内能源
　　　　　消费总量比重 …………………………………… 242
图14-4　2010—2020年我国交通运输各子领域的碳排放
　　　　　情况 …………………………………………… 243
图14-5　2014—2022年新能源汽车保有量情况 ……… 244
图14-6　2013—2022年我国铁路电气化率和电气化
　　　　　铁路里程 ……………………………………… 244
图14-7　中国燃料电池和出货功率及增速 …………… 246
图14-8　中国动力电池装机量、出货量及装机量与出货量的
　　　　　比例 …………………………………………… 247
图14-9　动力电池产业链图 …………………………… 252
图14-10　2018—2022年国内正极材料出货量 ………… 253
图14-11　我国近年充电桩安装数量情况 ……………… 254
图14-12　氢燃料电池汽车产业链图 …………………… 255
图14-13　2016—2022年我国氢燃料电池车产销量 …… 256
图14-14　我国已建成加氢站数量 ……………………… 256
图16-1　纯电动汽车 …………………………………… 268
图16-2　钠离子动力电池工作原理 …………………… 270
图16-3　锂硫电池的工作原理 ………………………… 271
图16-4　应用中国科学院大连化学物理研究所氢燃料
　　　　　电池的燃料电池客车 …………………………… 275
图16-5　氢燃料电池工作原理 ………………………… 276
图16-6　动力电池的梯次利用和再生利用示意图 …… 279
图16-7　磁悬浮列车 …………………………………… 281
图16-8　阿尔斯通Coradia iLint氢燃料电池列车 …… 282
图16-9　德国的内燃机与电力混合动力列车 ………… 283
图16-10　液化天然气动力船舶（韩国现代重工业船舶）… 284
图16-11　纯电动船舶（"长江三峡1"号）……………… 285
图16-12　应用中国科学院大连化学物理研究所氢燃料
　　　　　电池电堆的燃料电池游艇"蠡湖"号 ………… 285

图 16-13　氢燃料电池船舶（挪威 Eidesvik 公司改装测试中的 Viking Energy 号）…… 287
图 16-14　美国 NASA 的 X-57 高升力螺旋桨电动飞机 …… 289
图 16-15　应用中国科学院大连化学物理研究所燃料电池系统的国内首架有人驾驶燃料电池飞机 …… 290
图 16-16　智慧交通系统 …… 293
图 16-17　自动驾驶分级 …… 294
图 16-18　自动驾驶技术 …… 295
图 16-19　车网互动技术示意图 …… 296
图 16-20　车路云一体化系统架构 …… 297
图 16-21　汽车轻量化技术的类型 …… 298
图 16-22　基于可再生能源的无碳化交通自洽能源系统模式 …… 300
图 16-23　公路交通低碳发展技术路线图 …… 302
图 16-24　铁路交通低碳发展技术路线图 …… 303
图 16-25　水运交通低碳发展技术路线图 …… 304
图 16-26　航空交通低碳发展技术路线图 …… 304

表 1-1　黑色金属冶炼和压延加工业国民经济行业分类和代码 …… 7
表 1-2　2022 年按工艺路线统计的世界钢铁粗钢产量情况 …… 9
表 2-1　2022 年世界主要钢铁生产公司粗钢产量 50 强 …… 15
表 2-2　世界钢铁主要生产路线的能源强度 …… 18
表 2-3　世界钢铁主要生产路线的碳排放强度 …… 22
表 2-4　国外部分钢铁企业碳达峰、碳中和行动规划 …… 27
表 3-1　中国钢铁生产分省（区、市）粗钢产量 …… 34
表 3-2　2022 年中国主要钢铁生产公司 …… 35
表 3-3　中国钢铁工业协会会员单位能耗情况对比 …… 37
表 3-4　国内部分钢铁企业碳达峰、碳中和行动规划 …… 44
表 3-5　中国钢铁工业"双碳"愿景及技术路线图阶段目标 …… 44
表 4-1　不同钢铁生产流程参数对比 …… 67
表 4-2　捣固焦炉按组合方式的分类 …… 71
表 4-3　不同电解水技术特性 …… 92
表 7-1　水泥的种类 …… 108
表 7-2　通用硅酸盐水泥的组成成分 …… 110

表7-3	我国石灰石资源的地理分布	111
表8-1	水泥生产的碳排放计算方法	139
表9-1	中国主要水泥企业的水泥窑协同处置业务开展情况	170
表9-2	混凝土碳化技术推广利用现状	191
表13-1	美国低碳交通主要政策汇总	222
表13-2	《美国氢能经济路线图——减排及驱动氢能在全美实现增长》主要指标	223
表13-3	日本低碳交通主要政策汇总	225
表13-4	日本《氢能源基本战略》中氢能和燃料电池的主要指标	226
表13-5	欧盟低碳交通主要政策汇总	227
表14-1	2005—2022年交通基础设施发展规模对比	241
表16-1	主流锂离子动力电池正极材料性能对比	269
表16-2	三大固态电解质体系及特点	272
表16-3	插电式混合动力汽车技术路线对比	273
表16-4	不同材质储氢瓶性能对比	277
附表A-1	中国钢铁行业相关政策法规	320
附表B-1	国外氢冶金代表性项目情况	327
附表B-2	国内氢冶金相关项目情况	328
附表B-3	钢铁企业CCUS技术应用项目及降碳效果	330
附表C-1	水泥行业产能限制类政策	332
附表C-2	水泥行业技术减碳政策	335
附表C-3	水泥行业保障类政策	342
附表D-1	中国交通运输部门低碳发展相关政策	346

0 绪论

　　随着全球性气候变化问题的日益突出，减少二氧化碳排放已经成为全人类面临的共同挑战。中国已向世界郑重宣布："二氧化碳排放力争于2030年前达到峰值，努力争取2060年前实现碳中和。"我国钢铁工业、水泥工业和交通运输是典型的终端用能部门，属于资源、能源密集型行业，是落实"碳达峰""碳中和"目标任务的重要领域，对于应对气候变化、确保能源安全具有十分重要的意义。

　　钢铁行业是我国碳排放量最高的制造业部门，碳排放量约占全国总碳排放量的15%，是落实碳减排任务的重要责任主体。但中国钢铁工业绿色制造、节能减排的总体水平与世界先进水平之间还存在差距，与世界钢铁第一大国的地位不相适应。一方面，钢铁行业减排的压力巨大，未来将面临碳排放强度的"相对约束"和碳排放总量的"绝对约束"。受能源禀赋、废钢资源等条件限制，我国钢铁生产以高炉-转炉长流程为主，用于钢铁生产的能源中煤、焦炭等化石能源占总投入近90%，并且短期内难以改变。另一方面，突破性低碳技术支撑不足。当前，虽然中国宝武、河钢集团等企业已开始尝试开展氢冶金、碳捕集等技术的研发和示范，但总体上中国钢铁行业突破性低碳技术支撑能力仍显不足，绝大多数仍停留在研发阶段，尚未形成可工业化、规模化应用的创新低碳技术体系。

钢铁工业的绿色低碳转型。从多能融合技术体系的视角出发，钢铁行业需要同时从源头减碳、过程节碳和末端用碳等方面构建新型低碳技术体系。源头减碳主要侧重于开发新的钢铁生产工艺，充分发挥绿氢和绿电在钢铁行业中的脱碳作用，通过氢基直接还原、氢等离子体熔融还原和铁矿石电解等工艺技术的研究，重点解决创新性技术革命的问题，开发无碳冶金新技术，引领钢铁行业由传统"碳冶金"向新型"氢冶金""电冶金"转变，从源头减少钢铁行业化石能源消耗。过程节碳重点对现有的钢铁生产路线及流程进行调整或优化，进行升级、改造，节约能源、降低消耗，倡导清洁能源的利用，加大钢铁企业在光伏、风能项目方面的开拓或合作，积极引入绿电，开发电炉冶炼短流程工艺、高炉喷吹、氧气高炉、熔融还原等关键技术，以减少二氧化碳的排放，同时与碳捕集、利用与封存（CCUS）技术进行组合，实现深度脱碳。末端用碳主要是从钢铁生产中的煤气/烟气中捕集一氧化碳或二氧化碳，并利用捕集的碳资源进一步生产高值含碳产品，使钢铁行业的低碳发展与化工行业的发展进行融合，重点开展一氧化碳高值转化和二氧化碳的CCUS技术利用等研究。

水泥行业是我国实现"双碳"目标的关键行业，其碳排放占到全国总排放量的约13%。我国水泥的生产与消费已占据全球市场的半壁江山，国内经济发展对水泥的大量需求也使碳排放总量居高不下。水泥行业减排的难点一是如何降低生产过程中的排放，即碳酸钙的分解，水泥生产中碳酸钙在高温窑炉中分解会产生大量二氧化碳，占据了水泥生产碳排放的大部分，利用电石渣、粉煤灰、钢渣等富钙工业废弃物作为替代原料可以显著减少二氧化碳过程排放，但目前尚未实现原料的大规模工艺替代；二是如何改变以煤炭为主体的燃料结构，发展以废弃资源、生物质或氢能作为燃料替代传统的煤炭燃料，通过技术创新实现水泥能耗与碳排放的"双控"。

水泥工业的绿色低碳转型。从多能融合技术体系的视角出发，水泥工业需要从替代原料技术、替代燃料技术、能效提升技术、低碳水泥技术、碳捕集与利用技术五个方面进行低碳减排技术的研发和推广，在原料生产、燃料使用、节能提效和后处理等各个工艺环节共同发力。同时，在城镇化与基建需求放缓、淘汰落后产能以及下游建筑业提升材料使用效率等多重因素影响下，我国的水泥需求与产量将呈现逐步下降趋势，其碳排放总量也会因产量而下降。在此基础上，利用水泥生产企业厂区及废弃矿山的土地资源，建立风电、光伏分布式发电基地，实现水泥厂绿色电力的自足，减少间接排放；加强水泥工业流程中原料及排放物与其他化工过程的耦合度；利用燃烧后捕集等方式对水泥窑烟气中的二氧化碳进行捕集与提纯，并参与以二氧化碳为原料的化工流程，可进一步实现水泥与化工过程的耦合，延长及融合产业链，实现工业产业园区物质流与能量流深度整合，对未来水泥产业的布局也将产生积极影响。

交通运输部门是除电力和工业外，我国的第三大碳排放来源，其碳排放量约占全国碳排放总量的10%。虽然我国交通碳排放量占比低于全球16.2%的平均水平，但主要是由于我国千人汽车保有量仅为200辆，远不及世界的平均水平400辆，而未来随着国内城镇化进程的加快，全社会对运输的时效性、舒适度等要求越来越高，将进一步增加汽车、航空等方面的需求，随之而来的交通能源需求也将不可避免地刚性增长，交通运输部门将面临巨大的减排压力。此外，交通碳减排措施面临技术瓶颈，难点主要集中在新型动力系统的经济性和安全性以及配套的基础设施建设等方面。例如公路交通方面，电动汽车技术虽然已经实现了飞跃式的发展和规模化的应用，但其动力电池在能量密度、使用寿命、续航里程和成本等方面有待进一步突破，快速充电技术、充电桩配套技术等有待跟进；而长途重型卡车方面，氢燃料电池重卡仍处在比较初级的示范应用阶段，存在购置成本高昂、电池使用寿命短、加氢站等基础设施不完善等问题，商业化进程比较缓慢。又如水运方面，电力、液化天然气、甲醇燃料的船舶已有了部分示范，处于商业化起步阶段；而氢、氨等零碳能源仍处在研发阶段，国内只有少量原型机在进行测试。

交通运输部门的绿色低碳转型。交通绿色低碳发展是实现交通强国、助力美丽中国建设的必然要求。从多能融合技术体系的视角出发,交通的低碳发展主要以提升交通运输装备能效利用水平和加快能源清洁替代为核心,同时加强交通与可再生能源的发展融合,以绿色电力、绿色氢能/氨能、先进生物液体燃料、天然气等新能源、清洁能源在交通领域中的应用为重点,积极扩大光伏、风能设施等在高速公路、港口等场景的应用。例如,私家车以电动汽车为发展主线;重卡等长途商用车以氢燃料电池为发展主线;铁路运输以高效的电气化改造为主,不适宜电气化的特殊地形和路段可采用氢燃料电池列车,同时注重磁悬浮高速列车的发展;船舶运输中的内河航运可以蓄电池动力为主,远程航运宜用氢基能源或以二氧化碳排放相对较少的液化天然气作为动力;航空运输可主要利用生物航空燃料达到低碳目标,辅以电力和氢能动力作为补充。同时为新型交通的发展建立完善、智能、便捷的补能基础设施体系。

第一篇
钢铁工业篇

第1章

钢铁行业的定义及生产流程

1.1 钢铁行业的定义

从广义上来说，钢铁行业是以从事黑色金属矿物采选和黑色金属冶炼加工等工业生产活动为主的工业行业，其中包括金属铁、铬、锰等的矿物采选业、炼铁业、炼钢业、钢加工业、铁合金冶炼业、钢丝及其制品业等细分行业，是国家重要的原材料工业之一。此外，钢铁生产还涉及非金属矿物采选和制品等一些其他工业门类，例如焦化、耐火材料及碳素制品等，因此通常将这些工业门类也纳入钢铁行业范畴中。

从狭义上来说，钢铁行业就是指黑色金属冶炼和压延加工业，包括炼铁、炼钢、钢加工和铁合金冶炼等子行业类别。

根据国家标准《国民经济行业分类》（GB/T 4754—2017），黑色金属冶炼和压延加工业的代码为31，其包括4个子行业——炼铁（代码3110）、炼钢（代码3120）、钢压延加工（代码3130）和铁合金冶炼（代码3140）（表1-1）。

表1-1 黑色金属冶炼和压延加工业国民经济行业分类和代码

代码	类别名称	说明
3110	炼铁	指用高炉法、直接还原法、熔融还原法等将铁从矿石等含铁化合物中还原出来的生产活动
3120	炼钢	指利用不同来源的氧（如空气、氧气）来氧化炉料（主要是生铁）所含杂质的金属提纯活动
3130	钢压延加工	指通过热轧、冷加工、锻压和挤压等塑性加工使连铸坯、钢锭产生塑性变形，制成具有一定形状尺寸的钢材产品的生产活动
3140	铁合金冶炼	指铁与其他一种或一种以上的金属或非金属元素组成的合金生产活动

钢铁生产的主要产品包括生铁、粗钢和钢材（图1-1）。钢铁是铁与碳、硅、锰、磷、硫及少量的其他元素组成的合金。除铁外，碳含量对钢铁力学性能起主要作用，故又统称铁碳合金。

(a) 生铁　　　　　　　　　(b) 粗钢

图 1-1　钢铁行业的主要钢铁产品

生铁是含碳量一般在 2%～4.3% 的铁碳合金，具有硬脆、耐压耐磨的特性，可分为白口铁、灰口铁和球墨铸铁。白口铁呈银白色，质地硬脆，不能进行机械加工，主要用于炼钢；灰口铁呈银灰色，易切削、易铸耐磨，主要用于铸件；球墨铸铁性能接近于钢，是一种高强度铸铁材料，主要用于铸造韧性、强度要求较高的零件。

粗钢是含碳量一般低于 2.11% 的铁碳合金，由生铁加工而来，相较生铁而言，具有强度高、塑性好、韧性大等特点。

钢材由粗钢进一步加工而成。钢锭或钢坯通过压力加工制成所需的各种形状、尺寸和性能的材料，一般分为普通钢（普通用途钢）和特殊用途钢。普通钢多为低碳钢，冶炼后连铸成坯再热轧成断面形状不同的钢材，即型材、板材、管材和线材四大类，其中型材又分为重轨、轻轨、大型型钢、中型型钢、小型型钢、冷弯型钢和优质型钢，板材包括中厚钢板、薄钢板、电工用硅钢片、带钢，管材包括无缝钢管和焊接钢管。特殊用途钢一般分为机械零件用钢、工模具用钢、不锈钢和耐热钢。钢材按化学成分也可分为碳素钢和合金钢。碳素钢是除含铁、碳和限量以内的硅、锰、磷、硫等杂质外，不含其他合金元素的钢，其价格低廉，冶炼和成型工艺简单，具有较好的力学性能和工艺性能。合金钢是在碳素钢基础上添加适量的一种或多种合金元素而构成的铁碳合金，合金元素的添加使钢的使用性能或工艺性能得以改善提高，根据添加元素的不同，并采取适当的加工工艺，可获得高强度、高韧性、耐磨、耐腐蚀、耐低温、耐高温、无磁性等特殊性能。

1.2　钢铁行业的生产流程

钢铁生产是通过化学还原铁矿石或回收的废钢，再经过一系列生产加工工序得到钢材产品的过程，钢铁生产主要工序包括原材料准备、炼铁、炼钢、连铸、热轧以及钢材加工等。

当前，从全世界范围来看，钢铁生产主要分为两种不同的工艺路线：一种是初级路线（长流程），即用铁矿石生产钢铁；另一种是二次路线（短流程），即用废钢熔炼生产钢铁。长流程包括：①高炉-转炉流程；②熔融还原-转炉流程；③直接还原-电炉流程。短流程（废钢-电炉流程）则省去了铁矿石生产铁的步骤，在电炉中直接冶炼废钢来生产粗钢。图 1-2 是世界钢铁生产的主要工艺路线。

根据世界钢铁协会统计，通过长流程、短流程生产出来的钢铁占比约为 75%、25%，高炉-转炉长流程占据主导地位，尤其在中国，长流程生产的粗钢产量占中国粗钢产量的比例约为90%，电炉钢产量仅占约10%，远低于世界平均水平。表1-2为2022年按工艺路线统计的粗钢产量情况。

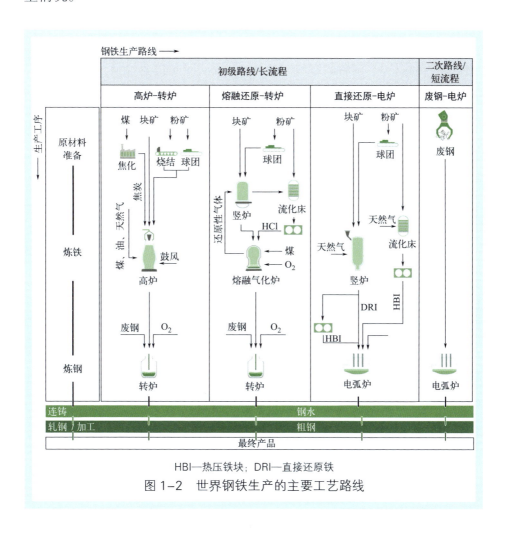

HBI—热压铁块；DRI—直接还原铁
图1-2 世界钢铁生产的主要工艺路线

表1-2 2022年按工艺路线统计的世界钢铁粗钢产量情况

国家	转炉钢		电炉钢		其他		总产量/10⁶t
	产量/10⁶t	占比/%	产量/10⁶t	占比/%	产量/10⁶t	占比/%	
中国	921.3	90.5	96.7	9.5	—	—	1018.0
印度	57.4	45.8	67.9	54.2	—	—	125.3

续表

国家	转炉钢		电炉钢		其他		总产量/10⁶t
	产量/10⁶t	占比/%	产量/10⁶t	占比/%	产量/10⁶t	占比/%	
日本	65.4	73.3	23.8	26.7	—	—	89.2
美国	25.0	31.0	55.5	69.0	—	—	80.5
俄罗斯	46.5	65.0	23.7	33.1	1.4	1.9	71.5
韩国	45.1	68.5	20.7	31.5	—	—	65.8
德国	25.8	70.2	11.0	29.8	—	—	36.8
土耳其	10.0	28.5	25.1	71.5	—	—	35.1
巴西	25.6	75.1	8.1	23.8	0.4	1.1	34.1
伊朗	2.5	8.2	28.1	91.8	—	—	30.6

数据来源：世界钢铁协会。

注：表中数据为世界粗钢产量前十名国家。

（1）高炉-转炉生产工艺流程技术特征

高炉-转炉炼钢主要包括制备原料、炼铁、炼钢、连铸、轧钢等阶段。制备原料：将含铁粉矿烧结成烧结矿、球团矿，将煤炼成焦炭，与含铁块矿一起作为高炉炼铁的原料。炼铁：烧结矿、球团矿、块矿等原料在高炉中被还原成铁，也称铁水或生铁。炼钢：生铁和加入的废钢在转炉里转化成钢水。连铸：将钢水连续铸成各种形状的连铸坯。轧钢：将连铸坯轧制成各种形状的钢材。常规情况下，该工艺生产1t粗钢需要的原料构成如图1-3（a）所示。

（2）电弧炉生产工艺流程技术特征

电弧炉生产工艺主要是使用电能熔化回收的废钢。根据设备配置和废钢的资源供应情况，还可以使用其他金属料，例如直接还原铁（DRI）或液态铁水。该工艺没有烧结、焦化、高炉等生产单元，下游加工阶段如连铸、轧制类似于高炉-转炉工艺。常规情况下，该工艺生产1t粗钢需要的原料构成如图1-3（b）所示。除此之外，生产1t粗钢还需要约2.3GJ的电能。

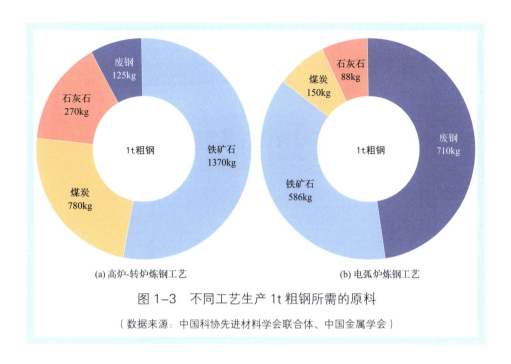

(a) 高炉-转炉炼钢工艺　　　　(b) 电弧炉炼钢工艺

图1-3　不同工艺生产1t粗钢所需的原料

（数据来源：中国科协先进材料学会联合体、中国金属学会）

第 2 章

世界钢铁行业的发展概况

2.1 世界钢铁行业的发展现状

2.1.1 世界钢铁行业的生产情况

（1）钢铁产量

随着全球人口基数的不断增长和人们生活水平的提高，钢铁的需求必然增加。钢铁的重要性在于没有其他任何一种材料可替代其具备的强度、可成形性和多功能性相结合的独特性能。作为一种永久性材料，钢铁能够反复循环而不丧失其属性，是循环经济取得成功的基础。从运输系统、基础设施和房地产业，到制造业、农业和能源行业，钢铁行业不断扩大高强度钢材产品门类，从而减轻钢铁应用的重量，推动了循环经济的实践。根据世界钢铁协会发布的数据，2022 年，世界钢铁粗钢产量达到 18.85 亿吨，同比减少 3.4%。2000—2022 年世界钢铁粗钢产量见图 2-1，2022 年世界钢铁粗钢产量分地区构成见图 2-2。

图 2-1　2000—2022 年世界钢铁粗钢产量

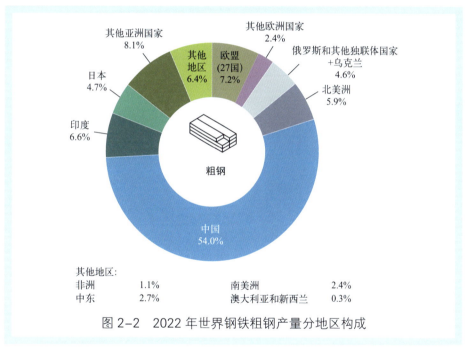

图 2-2　2022 年世界钢铁粗钢产量分地区构成

从区域位置划分来看，根据世界钢铁协会发布的统计数据，2022 年世界主要钢铁生产地区的粗钢产量同比变化不一。其中，非洲粗钢产量为 2074 万吨，占比 1.1%，同比增长 1.67%；亚洲和大洋洲地区粗钢产量为 13.9 亿吨，占比 73.7%，同比减少 1.4%；欧盟（27 国）粗钢产量为 1.36 亿吨，占比 7.2%，同比减少 11.1%；其他欧洲国家粗钢产量为

4524万吨，占比2.4%，同比增长13.5%；中东粗钢产量为5090万吨，占比2.7%，同比增长11.1%；北美洲粗钢产量为1.11亿吨，占比5.9%，同比减少5.1%；俄罗斯和其他独联体国家+乌克兰粗钢产量为8672万吨，占比4.6%，同比减少17.7%；南美洲粗钢产量为4524万吨，占比2.4%，同比减少2.2%。

（2）主要生产国家

钢铁工业曾经作为世界工业化进程中最具成长性的产业之一，在过去的一百多年中，钢铁工业得到了飞速发展，无论是产品产值、产品结构，还是生产工艺技术都有了极大的提高。进入21世纪，钢铁不仅是人类不可替代的原材料，而且是衡量一个国家综合国力和工业发展水平的重要指标。2022年，世界粗钢产量排名前五的国家分别为中国、印度、日本、美国、俄罗斯。2022年世界主要钢铁生产国的粗钢产量见图2-3。

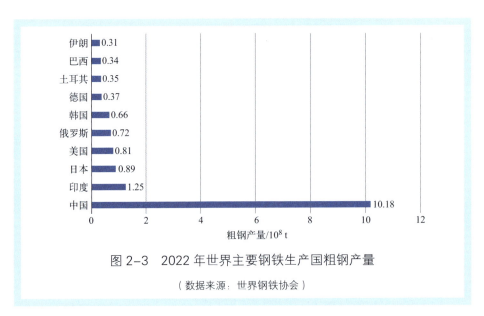

图2-3　2022年世界主要钢铁生产国粗钢产量

（数据来源：世界钢铁协会）

分国家来看，2022年中国粗钢产量为10.18亿吨，占世界粗钢总产量的54%，世界排名第一；印度粗钢产量为1.25亿吨，占世界粗钢总产量的6.6%，世界排名第二；日本粗钢产量为8920万吨，占世界粗钢总产量的4.7%，世界排名第三；美国粗钢产量为8050万吨，占世界粗钢总产量的 4.3%，世界排名第四；俄罗斯粗钢产量为 7150 万吨，占世界粗钢总产量的 3.8%，世界排名第五。

相比于 2021 年的粗钢产量，除了印度以外，世界主要产钢国产量都有所减少。2022 年，中国粗钢产量同比下降 1.7%，这主要归因于两方面。一方面是因为提炼粗钢的原材料（铁矿石）价格高企，提炼粗钢需要的主能源（煤炭）价格也出现了暴涨。面对巨大的成本，压缩产能就在情理之中。另一方面则是因为我国钢铁需求量下滑。此外，部分钢铁产量出口退税取消带来的外部需求增速放缓，也是我国粗钢生产格局发生改变的重要因素。

2022 年，印度的粗钢产量同比增长 6.0%，而日本、美国和俄罗斯等国的粗钢产量同比均不同程度地减少，主要因为日本和美国等国家的经济在 2020 年都出现了下滑。到了 2021 年，又出现了较为明显的经济提升，就形成了"低基数基础上的恢复性增长、报复性增长的特殊现象"，但是 2022 年世界经济持续低迷，造成了世界大部分国家整体粗钢产量的减少。

（3）主要生产公司

2022 年，世界主要钢铁生产公司粗钢产量排名见表2-1。中国宝武钢铁集团以 1.32 亿吨的粗钢产量名列榜首，安赛乐米塔尔名列第二，鞍钢集团名列第三。50 大钢铁企业中，中国占 27 家，前 10 名中有 6 家中国企业。世界主要钢铁生产公司的排名反映出了中国钢铁在世界钢铁行业的重要地位。但相比于欧洲、日本、韩国等，中国钢铁行业集中度仍然偏低。近几年，中国宝武集团重组破局，钢铁集团重组方兴未艾，中国钢铁工业现已迎来兼并重组的重要窗口期和历史机遇期，行业整体产业集中度获得有效提升，中国重点钢铁企业排名将持续上升。

表2-1　2022年世界主要钢铁生产公司粗钢产量50强

排名	公司	产量/10^4t
1	中国宝武钢铁集团	13184
2	安赛乐米塔尔	6889
3	鞍钢集团	5565

续表

排名	公司	产量/10^4t
4	日本制铁株式会社	4437
5	沙钢集团	4145
6	河钢集团	4100
7	浦项制铁控股	3864
8	建龙集团	3656
9	首钢集团	3382
10	塔塔钢铁	3018
11	山钢集团	2942
12	德龙集团	2790
13	湖南钢铁集团	2643
14	JFE钢铁株式会社	2620
15	京德勒西南钢铁公司	2338
16	纽柯钢铁公司	2060
17	方大集团	1970
18	现代制铁	1877
19	柳钢集团	1821
20	伊朗矿业开发与革新组织	1800
21	印度钢铁管理局有限公司	1793
22	克利夫兰-克利夫斯矿业公司	1700
23	新利佩茨克钢铁公司	1680
24	日照钢铁	1563
25	中信泰富特钢集团	1503
26	德兴集团	1486
27	美国钢铁公司	1449
28	广西盛隆冶金	1421
29	包钢集团	1418
30	敬业集团	1397
31	中国台湾中钢公司	1396
32	新华联合冶金控股集团	1395

续表

排名	公司	产量/10⁴t
33	青山控股集团	1392
34	盖尔道	1390
35	耶弗拉兹集团	1350
36	中天钢铁集团	1223
37	陕钢集团	1217
38	马格尼托哥尔斯克钢铁联合企业（MMK）	1169
39	安钢集团	1118
40	福建三钢集团	1103
41	南钢集团	1100
42	谢韦尔钢铁	1069
43	蒂森克虏伯	993
44	钢动态公司	973
45	河北东海特钢集团	965
46	酒钢集团	901
47	金达尔钢铁和电力公司	801
48	埃雷利钢铁集团	902
49	津西集团	743
50	奥钢联集团	742

数据来源：世界钢铁协会。

（4）钢铁生产能耗

钢铁生产作为一个能源和碳密集型产业，煤炭约占其目前投入的75%。2019年，该行业的煤炭消耗量约为$9×10^8$t标煤（26.2EJ），约占全球主要煤炭需求的15%。大部分煤炭在高炉中消耗，其中很大一部分在焦炉中预先由煤转化为焦炭。在一些地区，根据替代能源投入的可用性，高炉还使用天然气、石油产品、废弃物或木炭以及再循环废气，但这些能源投入在总能量投入中的比例通常很小。电力是仅次于煤炭的第二大能源输入，2019年总能源消耗量为1230TW·h（4.4EJ），其中约25%用于电炉将铁、直接还原铁（DRI）和废钢转化为钢，剩余的大部分用于半精加工和精加工过程。此外,每年消耗约 $900 \times 10^8 m^3$(标况)天然气,主要用于在直接还原铁炉中产生热量和还原性气体(其中包括 $500 \times 10^4 t$ 来自天然气的氢气),占该行业总能源需求的 10%。因此,钢铁行业降低能源消耗至关重要。

根据世界钢铁协会的统计数据,2022 年,世界钢铁行业生产粗钢能源消耗约为 20.99GJ/t,2007—2022 年世界钢铁生产能源强度变化见图 2-4。世界钢铁协会正在推广"能效升级"方案,来减少钢铁行业对环境的影响。能效升级流程分四步:①优化原料质量与使用;②提高能源效率,减少废弃物;③提高收率;④提高工艺可靠性。

图 2-4　世界钢铁生产能源强度变化

国际能源署(IEA)发布的报告中,给出了 IEA 和世界钢铁协会(World Steel)两种方法统计世界钢铁主要生产路线的能源强度,具体见表 2-2。

表2-2　世界钢铁主要生产路线的能源强度　　　　单位:GJ/t

方法	高炉-转炉	废钢-电弧炉	天然气基直接还原-电弧炉
国际能源署	21.4	2.1	17.1
世界钢铁协会	22.7	5.2	21.8

2.1.2 世界钢铁行业的消费情况

（1）消费量

从表观消费量来看，2022 年世界钢铁表观消费量（成品钢）的总消费量为 17.81 亿吨，同比减少 2.9%。从世界钢铁表观消费量分地区构成（图 2-5）来看，中国是第一大钢铁消费国，占比 51.7%。其他钢铁消费地区包括亚洲的印度、日本，欧盟以及北美洲的美国、墨西哥和加拿大等。

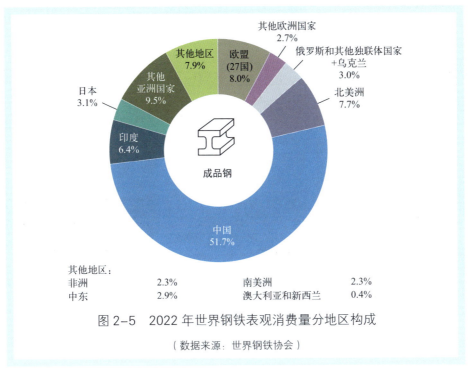

图 2-5　2022 年世界钢铁表观消费量分地区构成

（数据来源：世界钢铁协会）

随着世界经济的增长乏力，2022 年世界钢铁粗钢产量减少的同时，除非洲和中东地区以外，世界各主要钢铁消费地区的钢铁表观消费量均同比减少。其中，非洲地区钢铁表观消费量同比增长 11.7%；亚洲和大洋洲地区钢铁表观消费量同比下降 2.3%；欧盟（27 国）地区钢铁表观消费量同比减少 6.4%；其他欧洲国家钢铁表观消费量同比减少 6.4%；中东地区钢铁表观消费量同比增长 8.3%；北美洲地区钢铁表观消费量同比减少 0.3%；俄罗斯和其他独联体国家 + 乌克兰钢铁表观消费量同比减少 9.0%；南美洲地区钢铁表观消费量同比减少 20.2%。

（2）消费领域

钢铁下游市场主要包括汽车业、建筑和基础设施、能源业、钢制包装材料、运输业、工具和机械设备，见图 2-6。需求的最大份额往往来自建筑业，包括建筑和桥梁等基础设施，例如发电厂、管道和卫生系统。建筑业通常占最终使用需求量的一半以上。

图 2-6 世界钢铁下游市场

根据世界钢铁协会统计，2022 年世界钢铁消费领域占比见图 2-7。其中，建筑和基础设施领域占比为 52%，机械设备领域占比为 16%，汽车领域占比为 12%，金属制品领域占比为 10%，其他依次为其他运输工具、电子设备、家用电器等领域。

2.1.3 世界钢铁行业的碳排放情况

根据 IEA 统计，2020 年世界钢铁行业的直接碳排放总量约为 26×10^8 t，占全球人类活动碳排放总量的 7%～9%。根据世界钢铁协会统计，2022 年世界钢铁生产粗钢的碳排放强度约为 1.91t/t，相比近些年，碳排放强度达到最高水平，具体见图2-8。

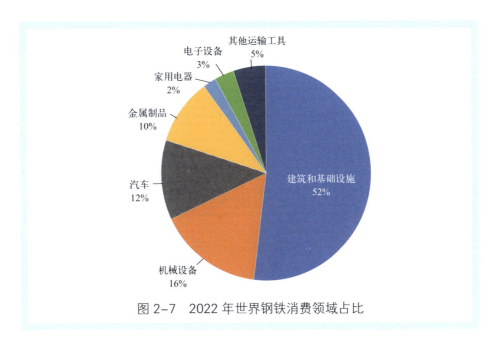

图2-7 2022年世界钢铁消费领域占比

图2-8 世界钢铁碳排放强度

根据IEA发布的报告，给出了IEA和世界钢铁协会（World Steel）两种方法统计世界钢铁主要生产路线的碳排放强度，具体见表2-3。

表2-3 世界钢铁主要生产路线的碳排放强度　　　　　　单位：t/t

方法	高炉-转炉	废钢-电弧炉	天然气基直接还原-电弧炉
国际能源署（直接）	1.2	0.4	1.0
国际能源署（直接+间接）	2.2	0.3	1.4
世界钢铁协会	2.2	0.3	1.4

2.2 世界钢铁行业的展望预测

2.2.1 世界钢铁行业的产量预测

钢铁是众多行业的重要投入原材料，为基础设施、清洁能源技术、大型家用电器和运输行业提供零部件。目前，就多种用途而言，几乎没有现成的替代品能达到与钢铁类似的标准，这使得钢铁成为现代经济的基础。因此，钢铁需求与任何一个国家的经济发展阶段都密切相关。由于基建扩张、城市化和消费者需求增加的推动，新兴市场预计将出现钢铁需求的大量增长。这一需求增长预计将持续到21世纪中叶，甚至更长时间。相比之下，大多数发达经济体的钢铁需求要么达到饱和水平，要么预计在不久的将来达峰并下降。发达经济体钢铁需求的一个关键驱动因素是可再生能源基础设施的持续扩建。从全球范围来看，新兴经济体不断增长的钢铁需求和发达经济体相对稳定的需求，导致全球钢铁产量将持续增长至2050年。

据IEA预测，2030年，全球钢铁粗钢产量为19.37×10^8t。到2050年，全球钢铁需求达到19.87×10^8t，这种需求增长尤其受到新兴经济体的推动。

据第三代环保主义组织（E3G）的预测，全球钢铁产量分为参考情景、材料效率、材料效率和价格提升三种情景。其中，参考情景下，2020 年全球钢铁粗钢产量为 19.47×10^8 t，2030 年产量为 22.59×10^8 t，2040 年产量为 24.22×10^8 t，2050 年产量为 25.04×10^8 t。材料效率举措可以显著降低全球钢铁需求和产量。与参考情景相比，在 1.5℃ 情景下采取一系列积极的材料效率措施，到 2050 年将使全球钢铁产量减少 4.7×10^8 t。这一举措将使碳排放在 2050 年前减少 21%，成为将全球温升控制在 1.5℃ 范围内的关键手段之一。除了材料效率，钢材的需求和产量也受价格的影响。在 1.5℃ 情景下，到 2050 年全球平均钢铁价格较参考情景上涨 17%。钢铁价格上涨的原因主要包括碳价格的上涨，以及钢铁生产中使用更昂贵的燃料和技术。钢铁价格的上涨进一步降低了全球钢铁产量。到 2050 年，全球钢铁产量将降至 18.6×10^8 t，与参考情景相比下降了 25%。全球钢铁粗钢产量预测具体见图 2-9。

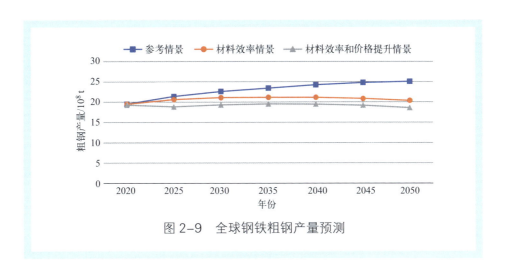

图 2-9　全球钢铁粗钢产量预测

2.2.2　世界钢铁行业的能耗预测

据 E3G 预测，在有序 1.5℃ 情景下，电力和氢气在钢铁行业的能源消耗中所占比例迅速增加，到 2050 年占全球燃料消耗的 65%。全球钢铁行业用电量从 2020 年的 13556×10^8 kW·h 增加到 2050 年的

$19222×10^8kW·h$。钢铁行业的氢气使用量也有大幅增长,到 2050 年将达到 4.46EJ,具体见图 2-10。在大多数地区,未减量煤炭(未使用碳捕集、利用与封存技术来抵消部分污染的煤炭)产能在 2050 年前将被逐步淘汰。燃料转换因地区而异,取决于资源和技术的可用性。

图 2-10　全球钢铁行业能源需求预测

(数据来源:E3G)

2.2.3　世界钢铁行业的碳排放预测

根据 IEA 发布的报告,对全球能源活动相关的碳排放量进行了预测,具体见图 2-11。在净零排放情景中,由于无减排措施化石燃料的使用骤减,全球钢铁行业的碳排放量将从 2020 年的约 23 亿吨下降到 2030 年的约 18 亿吨,再下降到 2050 年的约 2 亿吨。

从全球钢铁行业碳排放的占比来看,在 2020 年,钢铁行业的碳排放占工业部门的约 27.7%,到 2050 年净零排放情况下,钢铁行业的碳排放占比反而增加到 42.4%。钢铁行业是能源消耗(特别是煤炭的使用)和碳排放密集型行业,因此,在 2050 年最后一批大量用煤的行业仍然包括钢铁行业,这主要是因为煤炭作为化学还原剂发挥重要作用,不过,钢铁行业用煤大部分将结合 CCUS 而实现近零排放。

图 2-11 全球钢铁行业的碳排放预测及占比

2.3 世界钢铁行业面临的挑战与问题

钢铁是世界上使用量最大、应用范围最广的金属资源，其生产流程具有碳排放量高、碳减排难度大、碳锁定效应明显等特征。作为全球关键基础原料部门，钢铁工业的"脱碳化"不仅对行业自身低碳发展至关重要，更关乎下游建筑、交通、能源等行业的碳减排乃至全球温控目标的实现。全球钢铁工业低碳发展的主要挑战与问题如下。

（1）钢铁工业碳排放居高不下

在过去一百多年内，钢铁工业的碳排放总量是钢铁产品生产总量的三倍多。同时，钢铁工业脱碳措施有限、进程缓慢，钢铁工业占全球温室气体排放比例不降反升，脱碳进程严重落后于能源、交通等部门。伴随着钢铁需求量的上升，如果不采取任何措施，钢铁工业碳排放总量及其在全球中的占比将会持续升高，钢铁工业必将会承受来自各方的减排压力，成为全球温控减排的重点领域和前沿阵地。

（2）钢铁工业脱碳极为艰难

当前钢铁工业较难减排，主要受限于冶金原理、工艺和产能的三重约束，具体表现为：①在当前钢铁冶金原理中，铁和碳已经深度耦合，钢铁生产的各个工艺流程几乎都需要含碳资源作为还原剂、能源和工艺的重要支撑；②在钢铁生产工艺流程中，碳已经直接或间接地内嵌到原料、反应、电力、热力等多个系统及其交织网络中，钢铁流程脱碳将会面临"牵一发而动全身"的挑战；③钢铁工业产能过剩严重。然而，大多钢铁厂新建不久，提前淘汰过剩钢铁产能及其支撑部门（如原料厂、焦煤厂、煤炭运输企业、附属基建和服务业等）将面临巨大的经济压力。

（3）钢铁工业技术降碳效果遭遇"天花板"

在规模化生产和能源成本等内在因素驱动下，钢铁工业通过技术和产业升级，充分化解了多次经济和能源危机的冲击，实现钢铁工业的持续增长和生产成本的持续下降。随着生产工艺流程日趋成熟，钢铁工业正以非常接近理论极限的状况持续运行，使得基于现有技术实现大规模减排的潜力十分有限。世界钢铁工业碳排放强度在近三十年来停滞不前，出现"碳效停滞"的现象。

（4）全球钢铁工业发展不平衡、不充分问题突出

对钢铁工业排放进行分析，钢铁产量对碳排放具有绝对的主导作用。同时，全球钢铁工业发展不平衡、不充分的问题十分突出，不同区域流程工艺之间的碳排放强度存在显著差异。在过去三十年内，部分区域（如欧洲、日本、中国等）的先进企业积极采用新工艺，实现了国家产业内部的碳排放强度持续下降。随着世界经济活动的重心发生转移，世界钢铁生产和消费重心也逐步从钢铁生产碳排放强度低区域向新兴的碳排放强度高区域转移。这些新兴区域的钢铁生产总量上升，充分抵消了先进区域的技术减排进步，外加废钢短流程的占比持续下降，使得全球钢铁平均碳排放强度居高不下，成为实现"双碳"目标的重要制约。

（5）钢铁工业脱碳时间紧迫，脱碳任务十分艰巨

为了实现 1.5℃温控目标，全球钢铁工业的平均碳排放强度需要每十年就下降 0.85t 二氧化碳当量，其中未来十五年将会是全球钢铁实现"双碳"目标的重要时期。当前钢铁工业"碳效停滞"现象还在持续，如果

其延续到 2035 年左右，则钢铁工业将耗尽 1.5℃温控目标的碳排放配额。随着新兴经济体（如印度、东南亚、中东）的快速工业化和城市化，全球钢铁需求将持续快速上涨，钢铁工业发展不平衡、不充分问题将持续突出，将带来更为严峻的脱碳挑战。

2.4 世界钢铁企业的低碳发展布局

世界各国或经济体为实现"碳中和"目标，密集出台了各种碳减排政策和法规。国内外主要先进钢铁企业根据本国的政策以及国际发展趋势等情况，也陆续提出了钢铁生产中长期低碳发展目标，设立了实现钢铁生产碳中和目标的时间节点，提出相应碳减排路径并探索实践。国外部分钢铁企业碳达峰、碳中和行动规划如表 2-4 所示。

表2-4 国外部分钢铁企业碳达峰、碳中和行动规划

公司名称	碳达峰、碳中和时间节点
新日本制铁	2021年3月提出碳中和技术发展路线图。碳减排愿景规划为两个阶段：2030年，碳排放量减少30%以上（相对于2013年）；2050年，实现碳中和
日本JFE钢铁	在2013年CO_2排放水平的基础上，到2030年至少降低30%；到2050年实现碳中和
韩国浦项制铁（POSCO）	POSCO碳中和目标是以2017—2019年碳排放量平均值为基准：2030年，减少20%；2040年，减少50%；2050年，实现碳中和
德国蒂森克虏伯	2030年，生产流程以及能源采购过程中碳排放总量减少30%（以2018年为基准）；2045年，实现碳中和
安赛乐米塔尔	到2030年CO_2排放量较2018年减少30%；到2050年大幅度降低碳排放，欧洲钢厂实现碳中和

对于世界钢铁行业如何实现碳中和目标，国际能源署（IEA）发布了关于钢铁行业技术路线图的报告，给出了综合解决方案，主要包括提高材料效率、技术性能改进、采用创新技术等。在可持续发展情景下，通过提高材料效率、技术性能改进、采用创新技术（包含 CCUS 和氢能），

分别为减排总目标贡献40%、21%、24%。前两个方案能有效减少碳排放，创新技术方案能实现炼钢近零碳排放。在可持续发展情景下，实现近零碳排放的创新技术典型代表是基于氢气的直接还原铁工艺和碳捕集、利用与封存。为了实现钢铁行业的可持续转型，政府应该发挥核心作用。IEA为那些寻求变革和加速转型的地区提出了以下建议：①制定一个长期和不间断的二氧化碳减排目标；②管理现有资产和短期投资；③加强国际合作，确保全球公平竞争环境；④支持近零排放技术的研发和示范。IEA认为，2030年是加速转型的关键窗口，应优先考虑技术性能和材料效率、现有资产和新基础设施以及近零排放技术的研发和示范三个短期事项。

（1）欧盟

2020年10月，欧洲钢铁工业联盟（EUROFER）发布了 *A Green Deal on Steel*（《绿色钢铁协议》）。《绿色钢铁协议》中指出，欧洲钢铁行业通过升级、开发和推出新技术等手段，到2030年欧洲钢铁工业CO_2排放量将比2018年减少30%（相比1990年减少约55%），到2050年欧洲钢铁工业实现碳中和。

欧盟钢铁工业低碳技术发展主要包括两大方向：智能碳使用（SCU）和碳直接避免（CDA）。智能碳使用包括：①过程集成，着眼于改进现有的基于化石燃料的炼铁/炼钢工艺；②碳增值/碳捕集和利用，包括将钢厂气体或烟气中的氢、CO和CO_2作为下游产品的原材料。碳直接避免包括：①氢冶金，用氢替代碳作为铁矿石的主要还原剂，氢由可再生能源制取；②电力冶金是以电力代替碳作为铁矿石还原剂的技术，电力也是来源于可再生能源。其具体描述和实施项目如图2-12所示，可以看出，欧盟钢铁减排路线图主要是几种技术组合的共同效果，而且各种技术目前均有实体项目开展试验与研究。

从2004年，欧盟开始启动超低二氧化碳排放炼钢项目（ULCOS），并确立了四个最具发展前景的技术，分别是高炉炉顶煤气循环（TGR-BF）、新型直接还原工艺（ULCORED）、熔融还原工艺（HIsarna）和碱

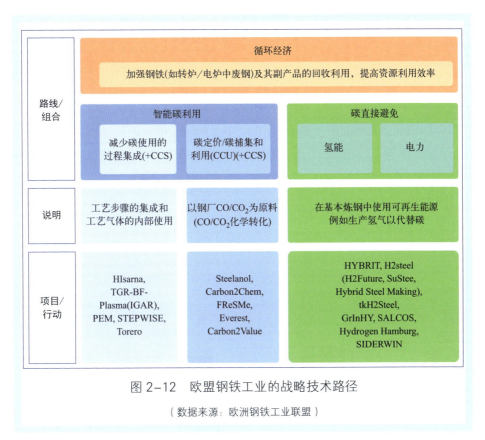

图 2-12 欧盟钢铁工业的战略技术路径

(数据来源:欧洲钢铁工业联盟)

性电解还原炼铁工艺(ULCOWIN、ULCOLYSIS)。其他重点项目包括德国的 Carbon2Chem 项目,瑞典的"突破性氢能炼铁技术"攻关项目(HYBRIT)。其中德国的 Carbon2Chem 项目通过利用钢铁生产副产的钢厂废气中含有的化工原料,生产含有碳和氢的合成气体,再应用于生产甲醇、氨气、高级醇和聚合物等各种大宗化工产品;瑞典的 HYBRIT 氢能炼钢项目则是利用可再生能源发电电解水制氢,利用 100% 氢气直接还原+电炉炼钢工艺等进行钢铁生产。目前上述项目均处于研发和试验阶段,预计到 2030 年开始工业示范。

(2)日本

2021 年 2 月,日本钢铁协会发布了 *Basic Policy of the Japan Steel Industry on 2050 Carbon Neutrality Aimed by the Japanese Government* 的政策文件。日本钢铁行业支持日本到 2050 年实现碳中和的雄心勃勃的政

策，并将积极应对实现零碳钢的挑战。日本钢铁协会提出，日本钢铁行业到 2050 年将 CO_2 排放量减少 30%，到 2100 年前实现"零碳钢"的生产，主要通过能源结构调整和氢还原炼铁的商业化来实现。从 2008 年开始，日本钢铁协会启动了创新炼铁工艺技术开发，重点开展 COURSE50（CO_2 Ultimate Reduction System for Cool Earth 50）项目，技术路线如图 2-13 所示，主要是用氢还原铁矿石和从高炉煤气中分离并捕集 CO_2 两项关键技术，还采用了焦炉煤气分离技术和高炉煤气胺净化技术。目前这些技术还都处于扩大试验阶段。日本 JFE 钢铁株式会社宣布到 2030 年，CO_2 排放量将比 2013 年减少 20% 以上。

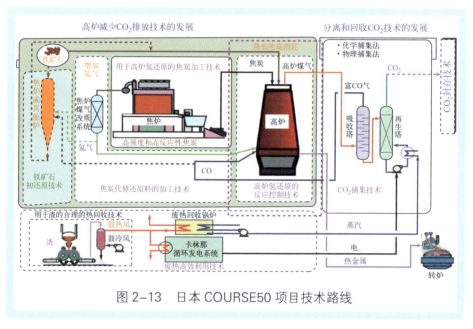

图 2-13　日本 COURSE50 项目技术路线

（3）韩国

自 2017 年 12 月，韩国开始研究氢还原冶炼技术，并将其作为国家核心产业技术加紧研发。韩国钢铁工业提出了 COOLSTAR（CO_2 Low Emission Technology of Steelmaking and Hydrogen Reduction）项目，主要包括"高炉二氧化碳减排混合炼铁技术"和"替代型铁原料电炉炼钢技术"，该项目终极目标是使 CO_2 排放减少 15%，同时确保技术的经济可行性。韩国最大的钢铁公司浦项制铁（POSCO）提出2050年"碳中和"目标，将通过碳捕集、利用与封存（CCUS）技术、氢炼铁等突破性技术，打造能够提供"绿色钢铁"的"低碳竞争力"。在钢铁制造工艺上引进多项创新技术，如降低高炉还原剂比，循环回收在FINEX中再生的还原气体，应用碳捕集与封存技术，等等。目前韩国浦项制铁正在加快进行氢还原炼铁等相关技术的研发，并计划在2050年前建设具备500万吨制氢能力的设备。

（4）美国

由于美国废钢社会积蓄量充足，美国钢铁工业粗钢生产中电炉钢占比已经达到约69.2%（2021年），这使得美国钢铁工业在能耗水平和CO_2排放方面具有先天优势。美国钢铁工业重点关注铁矿的熔融氧化电解和氢还原炼铁技术，同时也注重太阳能、风能等可再生能源的采用。美国钢铁公司的目标是到2030年将碳排放强度减少20%。

在世界钢铁协会协调推进下，由钢铁巨头安赛乐米塔尔集团牵头组织了"超低CO_2排放（ULCOS）"项目研发。该项目集中了欧洲48家钢铁企业和研究院所的力量，旨在通过突破性的技术发展（例如回收高炉煤气、利用氢气和生物质能以及开发封存CO_2等技术），使钢铁工业的CO_2排放量减少30%~70%。安赛乐米塔尔宣布了碳中和目标，计划到2030年将其欧洲业务的碳排放量减少30%（相比于2018年），到2050年整体实现净零碳排放。2020年6月，安赛乐米塔尔集团发布了实现碳中和的减排路线图，其实现碳中和目标主要依赖两种突破性的技术路线：智能碳路线和创新的DRI路线。智能碳路线就是通过在炼铁的高温控制还原环境中利用所有可用的清洁能源探索碳中和钢铁生产，由于用于还原铁矿石的高温气体可以是CO或氢，因此这一路线可以灵活适应外部能源基础设施的发展。此外，这条路线不仅可以提供碳中性钢，还可以提供碳中性水泥和碳中性生物材料。创新的DRI路线将逐渐从天然气基直接还原铁-电炉生产路线缓慢过渡到纯氢基直接还原铁-电炉生产路线，但发展速度取决于技术的成熟度以及可供使用的氢气的经济成本。

（5）中国

2021年11月18日，中国宝武集团倡议并联合全球钢铁行业及生态圈伙伴单位共同发起成立"全球低碳冶金创新联盟"，并在成立大会上向全球发布了中国宝武碳中和冶金技术路线图。这是中国第一家向全球发布较为详细的、有初步试验成果的碳中和冶金技术路线图的钢铁企业。

第 3 章

中国钢铁行业的发展概况

3.1 中国钢铁行业的发展现状

3.1.1 中国钢铁行业的生产情况

（1）钢铁产量

根据中国国家统计局统计数据，自 1996 年中国钢铁粗钢产量突破 1 亿吨开始，中国已经连续二十多年占据世界粗钢产量第一的位置。2020 年，中国粗钢产量达到历史新高，粗钢产量为 10.65 亿吨，2022 年为 10.18 亿吨。2000—2022 年中国钢铁粗钢产量见图 3-1。

（2）主要生产地区产量

从生产省（区、市）来看，2022 年中国粗钢产量前十的地区分别为河北省、江苏省、山东省、辽宁省、山西省、广西壮族自治区、安徽省、湖北省、广东省、福建省。其中，2022 年河北省粗钢产量为 21194.55 万吨。

图 3-1　2000—2022 年中国钢铁粗钢产量

从生产区域来看，2022 年华北地区粗钢生产量为 3.23 亿吨，占全国粗钢生产总量的 31.7%；其次是华东地区，实现粗钢产量 3.20 亿吨，占比为 31.4%；中南地区实现粗钢产量 1.68 亿吨，占比为 16.5%。粗钢产量排名前三的地区所占比重之和为 79.6%，可见粗钢产量区域集中度高。

中国钢铁生产分省（区、市）粗钢产量及分区域的产量分别见表 3-1 和图 3-2。

表3-1　中国钢铁生产分省（区、市）粗钢产量　　单位：10^4t

序号	地区	2022年	2021年	2020年
1	河北省	21194.55	22496.45	24976.95
2	江苏省	11905.02	11924.95	12108.2
3	山东省	7600.3	7649.31	7993.51
4	辽宁省	7451.63	7502.41	7609.4
5	山西省	6423.2	6740.69	6637.78
6	广西壮族自治区	3793.23	3660.88	3452.23
7	安徽省	3709.17	3891.64	3696.69
8	湖北省	3655.55	3656.09	3557.23
9	广东省	3571.77	3178.33	3382.34
10	福建省	3197.3	2535.52	2466.5

数据来源：国家统计局。

注：表中为 2022 年粗钢产量前十名省份。

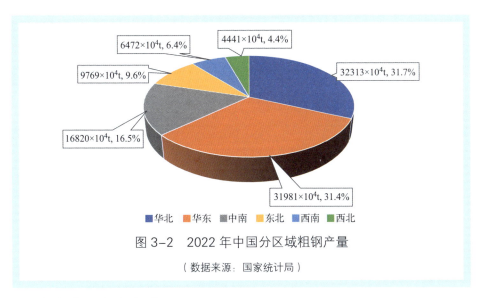

图 3-2　2022 年中国分区域粗钢产量

（数据来源：国家统计局）

（3）主要生产公司

虽然中国已经连续多年成为世界最大的钢铁生产国且粗钢产量占世界一半以上，但是中国的钢铁集中度一直处在较低水平。这主要是因为中国钢铁企业数量众多和经营分散的市场格局，导致产品同质化、价格战等低水平无序竞争，严重制约了中国钢铁行业的高质量发展。近几年来，在国家政策推动下，钢铁行业不断推进重组整合，其中中国宝武是典型的代表。2020 年，中国宝武以 1.15 亿吨的粗钢产量超越欧洲的安赛乐米塔尔公司跃升为世界第一大钢铁企业。2022 年，中国宝武的粗钢产量达到了 1.32 亿吨，继续排名世界第一。中国主要钢铁生产公司具体见表 3-2。

表3-2　2022年中国主要钢铁生产公司

国内排名	世界排名	公司名称	2022年粗钢产量/10^4t
1	1	中国宝武钢铁集团	13184
2	3	鞍钢集团	5565
3	5	沙钢集团	4145
4	6	河钢集团	4100
5	8	建龙集团	3656

续表

国内排名	世界排名	公司名称	2022年粗钢产量/10^4t
6	9	首钢集团	3382
7	11	山钢集团	2942
8	12	德龙集团	2790
9	13	湖南钢铁集团	2643
10	17	方大集团	1970
11	19	柳钢集团	1821
12	24	日照钢铁	1563
13	25	中信泰富特钢集团	1503
14	26	德兴集团	1486
15	28	广西盛隆冶金	1421
16	29	包钢集团	1418
17	30	敬业集团	1397
18	31	中国台湾中钢公司	1396
19	32	新华联合冶金控股集团	1395
20	33	青山控股集团	1392

数据来源：世界钢铁协会。

（4）能源消耗

中国钢铁行业粗钢产量整体上一直呈增长态势，从2000年的1.2亿吨到2022年的10.18亿吨，粗钢年产量增加7倍多。钢铁工业作为能源消耗大户，根据中国国家统计局数据，2021年钢铁工业能源消耗量为66263万吨标准煤，占全国总能源消耗量的12.6%左右。在钢铁生产过程中，焦炭和煤炭是主要的能源物质，消耗量占能源消耗总量的70%～80%，且消耗量在逐年增加；电力的消耗量占10%左右，消耗量也在逐年增加；燃料油的用量很少，而且在逐年减少。

由于能源禀赋问题，与世界其他主要钢铁生产国的能源结构相比，中国钢铁行业消耗的煤炭比例远高于其他钢铁生产国，而天然气、燃料油以及生物质能源的占比较低。

（5）单位粗钢能耗

根据中国钢铁工业协会统计数据，中国钢铁工业协会会员单位钢铁生产各工序能耗见表3-3。从表中数据可以看出，在整个钢铁生产过程中，高炉炼铁工序是能源消耗最大的工序，其能耗占钢铁生产总能耗的70%左右，其次是焦化工序占18%左右。目前，我国部分钢铁企业的工序能耗指标已经达到或接近国际先进水平，而部分钢铁企业的能耗值与先进值还存在一定差距。

表3-3 中国钢铁工业协会会员单位能耗情况对比

年份	综合能耗（标煤）/（kg/t）	各生产工序过程能耗（标煤）/（kg/t）							吨钢电耗/(kW·h)	吨钢耗新水/m³
		烧结	球团	焦化	高炉	电炉	转炉	轧钢		
2020	549.22	48.33	24.48	102.80	387.46	53.06	−14.74	52.52	458.26	2.45
2021	550.43	48.50	25.33	105.55	387.94	53.55	−15.32	52.37	471.21	2.44

3.1.2 中国钢铁行业的消费情况

（1）消费领域

根据中国钢铁工业协会统计数据，2022年，中国主要用钢行业包括建筑行业、机械工业、汽车行业、家电行业、船舶行业、集装箱行业、铁路行业、能源行业以及电力行业。其中，建筑行业是中国钢材消费量最大的行业，约占钢材消费总量的55%。机械行业作为仅次于建筑行业的第二用钢大户，其钢材消费量占全部钢材消费总量的20%左右。汽车行业是中国重点用钢行业之一，中国每年用于汽车行业的钢材占钢材总消费量的6%左右。

（2）消费量

根据世界钢铁协会统计数据，2022年，中国钢铁表观消费量为9.21×10^8t，相较于2021年的9.52×10^8t，下降幅度为3.3%。在人均消费方面，中国成品钢人均表观消费量由2010年的438.26kg增长至2022

年的 648.5kg。2022 年由于消费总量下降，人均消费量相较 2021 年也呈现同比下降。中国钢铁（成品钢）表观消费量以及中国钢铁（成品钢）人均表观消费量分别见图 3-3、图 3-4。

图 3-3　中国钢铁（成品钢）表观消费量

（数据来源：世界钢铁协会）

图 3-4　中国钢铁（成品钢）人均表观消费量

（数据来源：世界钢铁协会）

3.1.3 中国钢铁行业的碳排放情况

根据中国碳核算数据库统计的数据，中国钢铁行业 CO_2 排放量从 2000 年的 3.91 亿吨增长到 2021 年的 18.50 亿吨。2021 年钢铁行业 CO_2 排放量约占中国总 CO_2 排放量的 17.9%。中国钢铁行业碳排放曾经于 2014 年达到过峰值，而后开始下降，近几年因粗钢产量增长过快，有可能会出现新的峰值。中国钢铁生产 CO_2 排放量以及中国钢铁生产 CO_2 排放强度如图 3-5 所示。

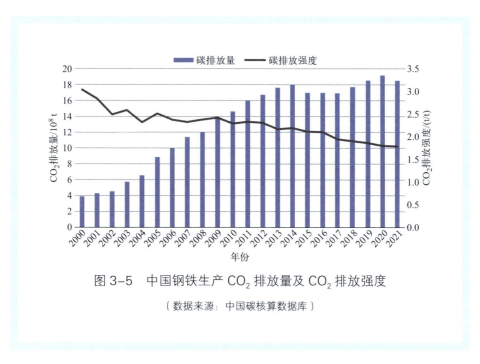

图 3-5 中国钢铁生产 CO_2 排放量及 CO_2 排放强度

（数据来源：中国碳核算数据库）

由于中国钢铁粗钢产量较大，钢铁行业的二氧化碳排放量对全国二氧化碳排放总量的贡献仍然较大。未来在碳达峰碳中和目标下，我国钢铁行业需要加快向绿色低碳转型，提前谋划与布局碳减排工作，完善碳排放管理支撑体系建设，从自身实际出发，加强科技创新，加快开展过剩产能化解、电炉短流程炼钢、先进低碳技术研发等工作，走脱碳化发展道路，实现钢铁生产的高质量发展。

3.2 中国钢铁行业的展望预测

3.2.1 中国钢铁行业的产量预测

中国工程院发布的报告对我国钢铁产量进行了预测。该报告统计分析 1970—2018 年包括中国、美国、日本、德国、法国、韩国、伊朗等 34 个世界经济体单位国内生产总值（GDP）钢材表观消费量、人均钢材表观消费量与 GDP 之间的相互关系，综合考虑未来我国经济发展和人口增长情况，立足于满足国内需求，研究认为 2030 年和 2060 年我国粗钢产量定位 8×10^8t 和 6×10^8t 比较合适，具体见图 3-6。在 2060 年 6×10^8t 粗钢产量情景下，我国人均钢材表观消费量为 422.5kg，低于目前德国的人均钢材表观消费量水平（500～550kg），高于美国的人均钢材表观消费量水平（300～400kg）。

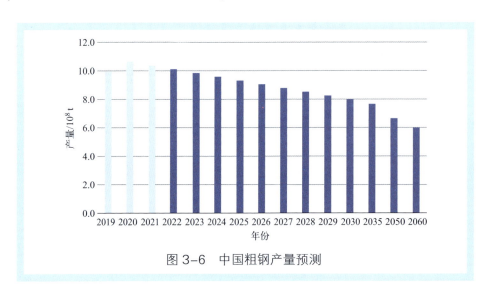

图 3-6 中国粗钢产量预测

3.2.2 中国钢铁行业的能耗预测

E3G 对中国钢铁行业的能源需求进行了预测。当前，中国钢铁行业使用的能源主要为煤炭，而随着碳中和的推进，煤炭使用量逐渐减少，电的比例逐渐增大，配备 CCS 能源的比例增大，同时随着氢冶金的采用，氢气需求量将有较大幅度的增长。具体见图 3-7。

图 3-7　中国钢铁行业能耗需求预测

3.2.3　中国钢铁行业的碳排放预测

中国工程院发布报告对我国钢铁行业碳排放量进行了预测，对钢铁行业碳排放情况采用基础情景和碳达峰碳中和目标情景进行了分析预测。基础情景：按照当前的环保政策和产业规划，不考虑碳约束条件，只考虑正常的产业结构调整和节能减排措施，不采用严格的降碳减排措施。碳达峰碳中和目标情景：在碳达峰碳中和目标下，严格执行能耗总量和强度"双控"政策，大力调整产业结构、能源结构，大幅提高能效、降低能耗，全面实施电气化和绿氢替代化石能源，大规模利用可再生废旧资源，推广应用 CCUS/BECCS（生物质能 - 碳捕集与封存）。按照上述两种情景，对钢铁行业 CO_2 排放情况进行了预测，其中碳达峰碳中和目标情景下钢铁行业的碳排放见图 3-8。在 2020 年，中国钢铁行业碳排放量为 17.38 亿吨，以此为基础，在碳达峰碳中和目标约束下，钢铁行业碳排放量持续下降，预计到 2030 年碳排放量下降到 9.60 亿吨，到 2050

年下降到 0.84 亿吨。

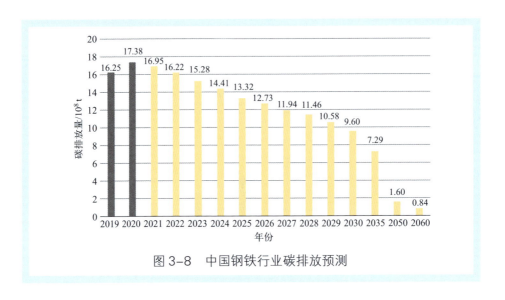

图 3-8　中国钢铁行业碳排放预测

3.3　中国钢铁行业面临的挑战与问题

钢铁行业是中国国民经济的基础性产业，也是高资源消耗、高能耗、高排放产业。进入 21 世纪以来，中国粗钢产量长期保持世界第一，品种质量不断提高，能耗逐年降低，支撑了国民经济建设的需求。但是，中国钢铁工业绿色制造、节能减排的总体水平与世界先进水平之间还存在差距，与世界钢铁第一大国的地位不相适应。主要面临的挑战与问题有以下几方面。

（1）低碳转型时间紧、任务重

一方面，钢铁行业碳排放量较高。中国钢铁行业是碳排放量较高的制造业部门，碳排放量占全国 15% 以上，是落实碳减排目标任务的重要责任主体。面对国家提出的"双碳"目标，钢铁行业减排压力巨大，未来将面临碳排放强度的"相对约束"、碳排放总量的"绝对约束"以及严峻的"碳经济"挑战。另一方面，钢铁能源结构高碳化。受中国能源结构、废钢资源等条件限制，钢铁生产以高炉-转炉长流程为主，其中煤、焦炭等化石能源占钢铁生产能源投入的近90%，并且短期内难以改变。

（2）突破性低碳技术支撑不足

突破性低碳创新技术是中国钢铁行业真正实现大规模脱碳的最重要途径。当前，虽然中国宝武、河钢集团等企业已尝试开展了氢冶金、碳捕集等技术的研发和示范，但总体上中国钢铁行业突破性低碳技术支撑能力仍显不足，绝大多数仍停留在设计研发阶段，尚未形成可工业化、规模化应用的创新低碳技术。

（3）基础能力建设有待提升

一是钢铁企业低碳发展水平参差不齐。中国钢铁企业数量较多，具有冶炼能力的企业在结构、水平上差异较大，加之钢铁行业碳排放机理复杂，涉及能源燃烧排放、生产过程排放、电力和热力消耗所对应的各种排放机理，因此钢铁行业推进碳减排的能力建设有待提升。二是钢铁企业参与碳市场的能力建设有待提升。当前，碳交易试点的企业积累了一定经验，但是碳试点地区的钢铁产能仅占全国的16%左右，钢铁行业参与碳市场的基础能力还不足，需要进一步提升钢铁企业碳排放数据管理、碳资产管理、碳市场交易等能力。

3.4 中国钢铁企业的低碳发展布局

自2020年9月我国明确提出"双碳"目标以来，各行业开始持续调整结构，推进企业向绿色、低碳发展转型。作为制造业的中坚力量，钢铁行业积极推动低碳发展，头部钢铁企业已经明确提出低碳发展路线，并为实现"双碳"目标不懈努力。2021年年初，中国宝武在国内钢铁行业率先发布了实现"碳达峰""碳中和"目标的时间表：2023年力争实现碳达峰，2025年具备减碳30%的工艺技术能力，2035年力争减碳30%，

2050年力争实现碳中和。鞍钢集团提出，2025年实现碳排放总量达峰，2035年碳排放总量较峰值降低30%。河钢集团提出，2022年实现碳达峰，2025年较碳排放峰值降低10%以上，2030年较碳排放峰值降低30%以上，并最终在2050年实现碳中和。国内其他钢铁企业也纷纷提出了碳达峰碳中和的具体时间点、行动方案或者路线图，如表3-4所示。

表3-4　国内部分钢铁企业碳达峰、碳中和行动规划

公司名称	碳达峰、碳中和时间节点
中国宝武	2021年提出低碳冶金路线图，2023年力争实现碳达峰，2025年具备减碳30%工艺技术能力，2035年力争减碳30%，2050年力争实现碳中和
鞍钢集团	2021年底发布低碳冶金路线图，2025年前实现碳排放总量达峰，2030年实现深度降碳工艺大规模推广应用，力争2035年碳排放总量较峰值降低30%
河钢集团	2021年发布低碳冶金路线图，2022年实现碳达峰，2025年碳排放量较峰值降10%以上，2030年碳排放量较峰值降30%以上，2050年实现碳中和
包钢集团	2021年5月发布碳达峰碳中和时间表和路线图，力争2023年实现碳达峰，2030年具备减碳30%的工艺技术能力，力争2042年碳排放量较峰值降低50%，力争2050年实现碳中和
建龙集团	2022年3月发布绿色低碳发展路线图，2025年碳排放总量将达到峰值；2033年碳排放总量较峰值下降20%，碳排放强度较2020年下降25%；2060年实现碳中和

数据来源：张琦等，典型钢铁制造流程碳排放及碳中和实施路径。

2022年8月，中国钢铁工业协会印发了《中国钢铁工业"双碳"愿景及技术路线图》（以下简称《路线图》），阐述了钢铁"双碳"愿景、技术路径、实施"双碳"工程和下一步的重点任务（表3-5）。该报告提出了中国钢铁工业碳达峰碳中和愿景：2020—2030年，为碳达峰阶段；2030—2050年，为碳减排阶段；2050—2060年，为碳中和阶段。《路线图》中设置了各个阶段的减排目标。

表3-5　中国钢铁工业"双碳"愿景及技术路线图阶段目标

时间阶段	目标和减排量（相比2020年）
近期：到2030年	实现碳达峰，具备二氧化碳排放总量降低15%的资源和技术能力
近中期：到2040年	二氧化碳排放总量降低40%

续表

时间阶段	目标和减排量（相比2020年）
中远期：到2050年	二氧化碳排放总量降低85%
远期：到2060年	二氧化碳排放总量降低95%，并借助碳汇与社会力量，实现碳中和

考虑到中国资源禀赋、能源结构和钢铁工业发展现状，以科技创新为核心，以资源、能源结构调整为依托，以流程优化、能效提升和工艺突破为主线，以绿色低碳产品、产业链协同为保障，《路线图》明确了中国钢铁工业"双碳"技术路径，包括系统能效提升、资源循环利用、流程优化创新、冶炼工艺突破、产品迭代升级、捕集封存利用（图3-9）。

图3-9 中国钢铁工业"双碳"技术路径

3.4.1 中国宝武

2021年11月，中国宝武发布了《中国宝武碳中和行动方案》，方案中表明了中国宝武在钢铁行业谋求低碳发展的责任，同时也详细阐述了中国宝武在碳中和冶金技术方面的六大计划以及目前的行动进程。其中，中国宝武碳中和冶金技术主要包括极致能效、富氢碳循环高炉、氢基竖炉、近终形制造、冶金资源循环利用和碳回收及利用等六方面的内容。图3-10为中国宝武的碳中和技术路线图，图3-11是主要技术的减排潜力和部署时间表。

第3章 中国钢铁行业的发展概况

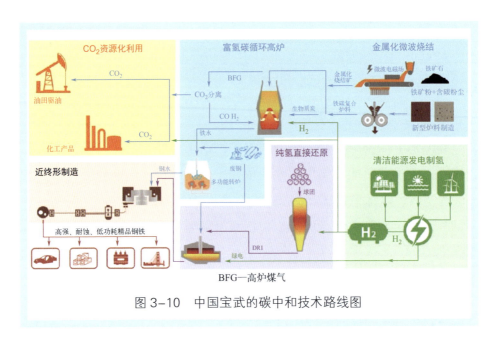

图 3-10 中国宝武的碳中和技术路线图

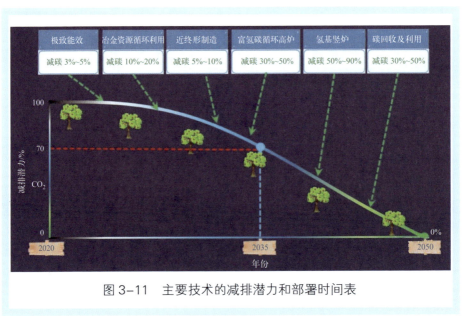

图 3-11 主要技术的减排潜力和部署时间表

3.4.2 鞍钢集团

2021年12月29日，鞍钢集团发布低碳冶金路线图（图3-12），提出了低碳发展愿景、"三个使命"和"五大路径"。其中，鞍钢集团低碳发展"五大路径"具体内容如下所述。①格局流程再造。推进兼并重组，产业布局优化，工艺流程再造，能效提升、减排降碳。②资源消耗减量。推进产品全生命周期管理，推动绿色生产，制造低碳材料，降低社会资源消耗。③能源结构优化。布局新能源产业，调整能源结构，发展储能技术，构建源网荷储、多能互补能源体系。④绿色矿山示范。发挥先进采选技术优势，提高矿产资源利用效率；充分利用矿山土地资源，发展绿色能源；加大复垦力度，增加生态碳汇。⑤前沿技术创新。坚持科技创新引领，加快研发应用低碳冶金技术和碳捕集、利用与封存技术，成果开放共享。

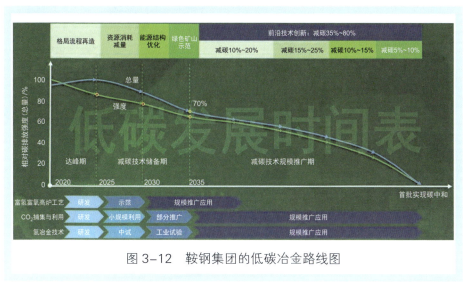

图 3-12 鞍钢集团的低碳冶金路线图

从鞍钢集团低碳发展时间表可以看出，"五大路径"在不同阶段将各自发挥主体作用，协同实现碳达峰、碳中和目标。"十四五"期间，鞍钢集团将以"格局流程再造"为主，实现碳达峰；2026—2035 年，通过"资源消耗减量、能源结构优化"，持续降碳；2035 年之后，在前期技术研发、试验成功的基础上，规模化应用低碳工艺技术，深度降碳，最终实现碳中和。

3.4.3 河钢集团

2022年3月2日,河钢集团发布《低碳发展技术路线图》(以下简称《路线图》)(图3-13),提出了推进碳达峰碳中和的低碳发展目标和"6+2"低碳技术路径。《路线图》中,河钢集团按照"碳排放总量和碳排放强度'双控'"原则,划分河钢集团低碳发展三个阶段:碳达峰平台期

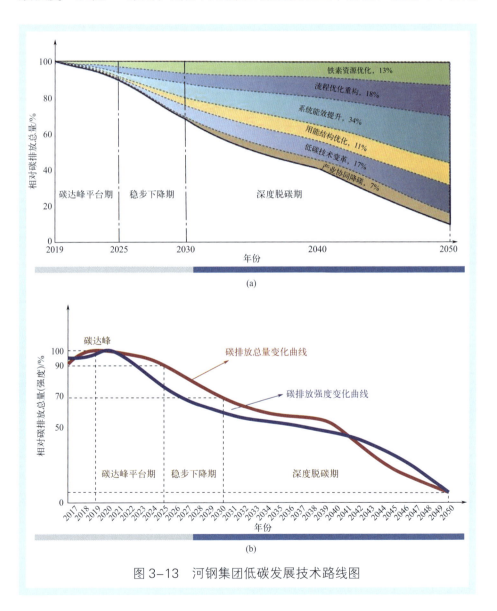

图3-13 河钢集团低碳发展技术路线图

（2022—2025年）、稳步下降期（2026—2030年）、深度脱碳期（2031—2050年）。明确河钢六大降碳技术路径：①"铁素资源优化"路径，具体措施包括长流程球团比提高、废钢比提高；②"流程优化重构"路径，具体措施包括全废钢电炉流程比例提高和界面优化；③"系统能效提升"路径，具体措施包括各种节能技术的应用、智能化管控水平的提高和提高自发电比例；④"用能结构优化"路径，具体措施为绿电应用和绿色物流；⑤"低碳技术变革"路径，具体措施为氢冶金和CCUS技术应用；⑥"产业协同降碳"路径，具体措施为发展森林碳汇、绿色建材和城市共融。此外，河钢将着力推进碳数据管理平台建设，依托全过程碳排放核算管控平台，在集团内和行业内开展对标工作，构建减污降碳协同治理的工作机制。构建产品生命周期评估（LCA）管理平台，建立钢铁产品生命周期数据库，搭建低碳节能绿色产品生产体系，打造绿色产品供应链。

第 4 章

钢铁行业碳减排系统框架和低碳技术

在中国钢铁产能过剩、钢铁产量饱和的大背景下,"碳达峰"主要依靠"双碳"政策驱动,严格限制新增钢铁粗钢产能,进而实现控制钢铁产量。然而,由于中国资源禀赋,能源结构以煤为主,同时在全社会钢铁蓄积量不足的情况下,"碳中和"必须依靠技术创新进行驱动。当前钢铁生产碳减排技术路线研究主要集中在源头减碳、过程节碳、末端用碳以及相关辅助支撑技术等方面(图4-1)。

源头减碳主要侧重于开发新的钢铁生产工艺,期望通过氢基直接还原、氢等离子体熔融还原和铁矿石电解等工艺技术的研究,开发无碳冶金新技术,从源头减少钢铁行业化石能源消耗。

过程节碳重点关注现有钢铁生产路线,对现有流程进行调整或优化,进行升级、改造,节约能源、降低消耗,以减少二氧化碳的排放,或与CCUS进行组合,实现深度脱碳。主要技术方向包括高炉喷吹、氧气高炉、熔融还原等。

末端用碳主要是从钢铁生产中煤气/烟气中捕集 CO_2 或 CO,并利用捕集的含碳资源进一步生产高值含碳产品,从而减少 CO_2 排放。重点开展 CO 转化和 CO_2 的 CCUS 等新技术研究。

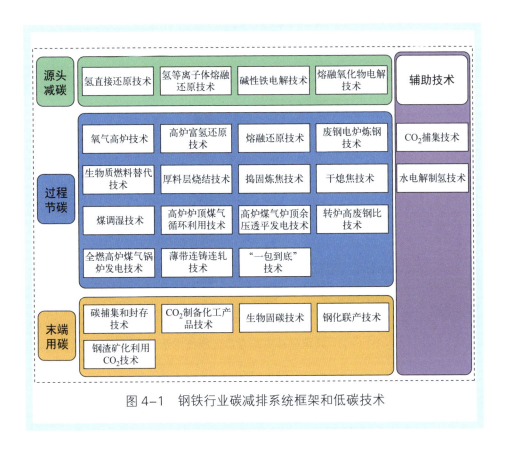

图 4-1 钢铁行业碳减排系统框架和低碳技术

4.1 源头减碳

4.1.1 氢直接还原技术

4.1.1.1 技术内涵

氢直接还原铁是指以氢气为还原剂和燃料,在低于铁矿石熔化温度下,不熔化、不造渣,即将铁矿石从氧化态还原得到固态直接还原铁的生产工艺。氢直接还原铁技术以氢气代替碳还原铁矿石,从源头减少二氧化碳的排放量,是实现钢铁生产零碳/低碳排放最重要的一条途径。

典型氢基竖炉直接还原如图 4-2 所示。

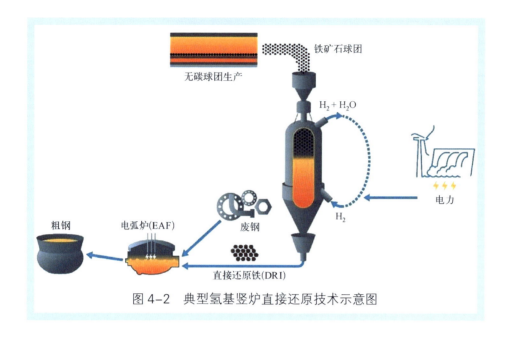

图 4-2 典型氢基竖炉直接还原技术示意图

4.1.1.2 发展方向与趋势

在全球碳减排的背景下，国外许多钢铁企业对氢直接还原炼铁技术进行了深度布局。目前，大多数项目处于中试试验或者初步建设阶段。

2016 年，瑞典钢铁公司（SSAB）、铁矿石生产公司（LKAB）和电力公司联合发布了"突破性氢能炼铁技术"HYBRIT 项目，利用可再生能源发电电解水制取氢气，用于直接还原炼铁。2018 年 6 月，HYBRIT 项目在瑞典吕勒奥动工建设中试。2021 年 6 月，该中试工厂成功生产出氢直接还原产品。HYBRIT 项目计划于 2024 年进入示范生产阶段，目标是在 2035 年之前形成无碳钢铁生产解决方案。传统高炉流程与 HYBRIT 氢冶金流程对比如图 4-3 所示。

2015 年，德国萨尔茨吉特公司启动 SALCOS 项目（图 4-4），为了实现无二氧化碳炼钢，在 2016—2019 年的 GrInHy1.0 及 GrInHy2.0 项目实现绿色制氢的基础上，进一步开展了绿氢还原铁矿石制备直接还原铁 - 电炉炼钢工艺集成研发，该路线可以减少超过 95% 的 CO_2 排放。

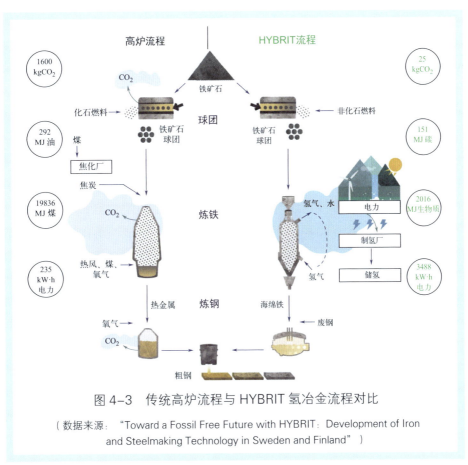

图 4-3　传统高炉流程与 HYBRIT 氢冶金流程对比

（数据来源："Toward a Fossil Free Future with HYBRIT: Development of Iron and Steelmaking Technology in Sweden and Finland"）

图 4-4　SALCOS 项目工艺设想

在世界钢铁产量停滞的情况下，直接还原铁作为生产高品质钢的优质原料得到快速发展，成为钢铁生产中重要的组成部分。同时，在国际"双碳"政策日益严格背景下，直接还原技术的还原气将逐渐由氢、碳混合气向纯氢气转变。

从整体发展趋势上看，当前全球针对氢气直接还原工艺的研究开发可以分为三个阶段：①建立中试装置研究大规模工业用氢能冶炼的可行性；②实现以焦炉煤气、化工等副产品中产生的氢气进行工业化扩大生产；③实现清洁能源及可再生能源生产绿氢的工业化生产，并进行钢铁高纯氢冶炼生产，其中绿氢以光伏、风电等可再生能源发电电解水制氢为主。

4.1.1.3 拟解决的关键科技问题

（1）原料、反应温度的控制

氢还原铁氧化物为强吸热反应，故当还原气体为纯氢气时，还原气体进入竖炉进行反应后直接还原铁会被冷却，这将影响到反应器内温度场分布，而反应温度的变化将影响氢气利用效率；氢还原反应器内热量均依靠高温还原气的物理热带入，解决热量不足问题将是未来研发重点；通过提高还原气温度和增加还原气流量来补充热量，将影响氢气的流速，进一步影响氢气还原率及利用效率，同时给气体加热炉装备、反应器的耐高温、耐高压、防泄漏、耐氢蚀性等带来巨大挑战。

（2）氢基还原铁产品的应用

全氢还原无渗碳条件，不含碳的直接还原铁熔点高、极易再氧化和自燃，难以安全储存和运输。此外，根据氢直接还原铁产品的特点，大多数直接还原铁适用于电炉炼钢路线。目前电炉炼钢工艺的补碳方式主要是利用金属炉料或纯碳。在注入氧气后，碳燃烧会产生巨大热量，减少电力消耗，并实现快速熔化。大多数电炉钢厂更倾向于采用碳含量为1.5%～3%的直接还原铁，而氢基直接还原工艺生产的直接还原铁中碳含量极低，会对电炉冶炼产生不利影响，因此氢基直接还原铁的应用成为未来需要解决的问题之一。

（3）绿氢生产成本过高

氢气的来源比较广泛，主要有化石能源制氢、含氢物质制氢、化工副产品氢气回收、太阳能和风能制氢等。但就目前来看，大部分的绿氢生产成本过高，未来期待制氢技术不断突破，实现绿氢成本的大幅降低。

4.1.2 氢等离子体熔融还原技术

4.1.2.1 技术内涵

氢等离子体熔融还原是通过在空心石墨电极和液态氧化铁之间产生氢等离子体电弧来还原氧化铁的过程（图4-5）。使用氢等离子体还原氧化铁，较高的等离子体温度和氢气的应用强化了还原过程，这使得整个钢铁制造过程可以直接完成，进而实现一步法炼钢。

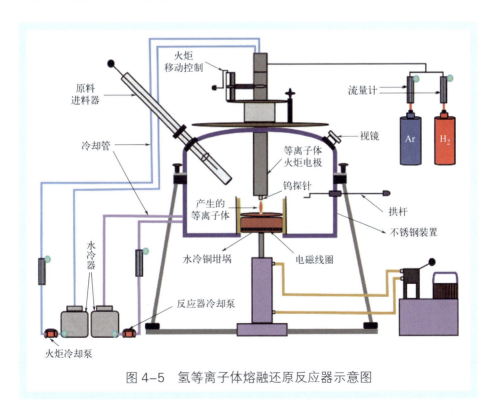

图4-5 氢等离子体熔融还原反应器示意图

等离子体还原炼钢工艺的优势在于，能够容纳细碎的铁精矿，不需要其预先团聚。与高炉工艺相比，等离子体炉的控制程度更高。等离子体熔炉可能会在未来的钢铁生产流程中消除对焦炉、烧结、高炉和氧气转炉炼钢的工序要求。

4.1.2.2 发展方向与趋势

目前已对氢等离子体熔融还原技术开展了基础性科学工作和技术攻关。基于实验室结果形成了工业规模等离子体氢还原工厂的概念，该工厂具有利用铁矿石粉尘在单一阶段连续生产无碳和无硫铁水的能力。相关技术评估表明，等离子体氢熔融还原工厂有望使钢铁生产比传统炼钢路线便宜20%，且产品质量更高、灵活性更强，而且绝对环保。

项目合作伙伴 Voestalpine、K1-MET、Primatals 和 MUL 在奥地利钢铁厂 Voestalpine Stahl Donawitz 开展了 SuSteel 研究项目，该项目已从小型试验（100g）扩大到小型中试规模（90kg），原型工厂于2020年1月首次成功运行。目前正在对该设施进行优化，以实现连续运行，并适应不同类型的铁矿石。

4.1.2.3 拟解决的关键科技问题

氢等离子体熔融还原技术需要解决的问题包括：①如何连续预热矿粉并将其输送到等离子体氢熔融还原反应器；②如何进行反应器设计和高能量的控制；③如何选择反应器的耐火衬里和冷却方式等。

4.1.3 碱性铁电解技术

4.1.3.1 技术内涵

碱性铁电解，即低温碱性铁矿石或电解沉积，是将铁矿石中的铁直接沉积在电极上（图4-6）。这项技术需要对铁矿石进行初步研磨，并在电还原之前浸出部分脉石。非常规原料（即有色金属冶金残渣的副产品）

也可用于该工艺。同时，碱性铁电解技术需要合适的电解质和工艺条件。

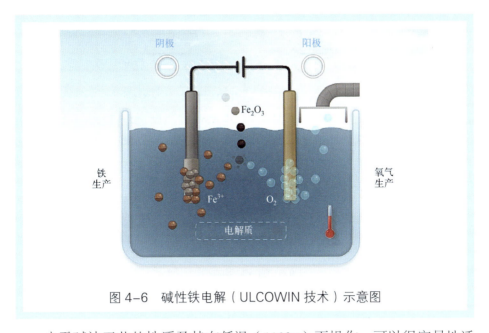

图 4-6　碱性铁电解（ULCOWIN 技术）示意图

由于碱法工艺的性质及其在低温（110℃）下操作，可以很容易地适应可再生电力的间歇性问题：该工艺可以很容易地停止和重新启动，以充分利用低成本电力周期，同时避免在昂贵的高峰期进行生产。电解产生几乎纯净的铁板，这些铁板必须在电炉中进一步熔化，为后续精炼过程提供粗钢。电炉工序仍然需要使用天然气或煤粉，除非用其他非化石替代品进行替代。此外，废铁、直接还原铁或任何其他铁源可添加到电炉中。粗钢主要由矿石进行生产，因此该工艺可提供低残留的优质钢。在电解过程中，释放的气体几乎是纯氧，可以回收、压缩并用于电炉和其他下游工序。

4.1.3.2　发展方向与趋势

对于碱性铁电解技术，如果利用可再生能源发电的电力，二氧化碳排放量可能非常低，与传统的高炉-转炉路线相比，直接二氧化碳排放量的减排潜力高达 95%。

针对该技术已在多个项目中有布局研究，如 ULCOS、IERO、

VALORCO 和 SIDERWIN（通过电解法开发工业无 CO_2 钢铁生产的新方法）等项目。其中，SIDERWIN 于 2021 年初在法国开始建设工业中试厂。截至 2022 年，施工基本完成，正在进行调试工作。

由于绕过了其他生产路线所需的上游工序，如生产焦炭或氢气作为还原剂，电解工艺有可能成为最节能的炼钢方法。此外，因为在电解的情况下，只需要很少的团聚，还有助于大幅降低投资。不过，当前这项技术，特别是铁矿石的电解，仍处于研发阶段。

4.1.3.3 拟解决的关键科技问题

①碱性铁电解技术需要进一步研究和开发，并进行规模放大，并验证工业可行性；②与氢直接还原类似，碱性铁电解技术的产品中碳含量接近于零，需要解决渗碳问题；③碱性铁电解过程中，需要解决如何持续装料问题等。

4.1.4 熔融氧化物电解技术

4.1.4.1 技术内涵

熔融氧化物电解（MOE）是一种能够从氧化物原料直接生产液态金属的电冶金技术（图 4-7）。与传统的冶炼方法相比，熔融氧化物电解可以大大简化工艺并显著降低能耗。这是一条电气化的路线，从铁矿石到钢水，属于一步法工艺，包括铁矿石分解、铁金属熔化。

熔融氧化物电解不需要任何浸出操作，矿石直接在电解渣中熔化。基本上，该工艺只需要原矿和用于炉渣处理的添加剂作为原料，并且能够提供液态粗钢（几乎是纯铁水），而无须任何进一步的工艺步骤。到目前为止，已经证明熔融氧化物电解使用的阳极材料是易耗材料（与铁钛合金一起使用的石墨）或昂贵材料（与铁一起使用的铱）。为了在不使用工艺碳的情况下实现金属生产，熔融氧化物电解技术需要能够在维持析氧的同时具有耐耗的阳极材料，或者使用不同的阳极原理。电解渣和一些粉尘与铁一起产生，释放的气体几乎是纯氧，可以回收、压缩并用于下游工序。

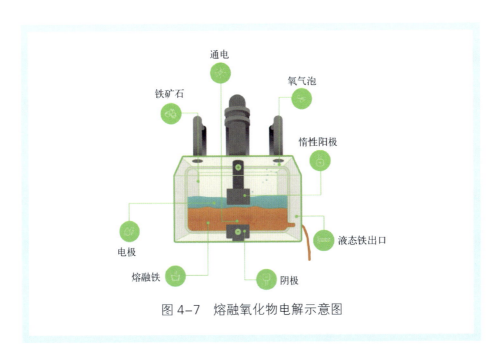

图 4-7 熔融氧化物电解示意图

4.1.4.2 发展方向与趋势

与高炉-转炉（BF-BOF）路线相比，熔融氧化物电解的 CO_2 减排潜力非常显著，其 CO_2 排放量可直接减少 96%。原则上，电解在金属生产中并不是一项新技术，然而，当前熔融氧化物电解的技术成熟度等级较低，仍然被认为是一种相对不成熟的技术，预计到 2050 年之后，才能进行工业示范。

4.1.4.3 拟解决的关键科技问题

①由于工艺温度非常高，特别是熔渣的腐蚀性，需要解决电解槽难以密封问题；②需要开发足够惰性以及具有长期稳定性的阳极材料；③需要解决工艺规模放大问题，以及为原材料、钢水和副产品开发可能的上下游工艺。

4.2 过程节碳

4.2.1 氧气高炉技术

4.2.1.1 技术内涵

我国钢铁生产以高炉-转炉路线为主，传统高炉冶炼生产过程中，利用空气鼓风，使得炉顶煤气中含有大量的 N_2，造成循环煤气热值较低，影响循环率。氧气高炉技术是将空气鼓风改为富氧或纯氧，进而提高鼓风中氧气的浓度，强化炉内燃料燃烧（图 4-8）。在不增加风量、不增加鼓风机动力消耗的情况下，提高生产效率，减少炉顶煤气中 N_2 的含量，进而提高 CO 和 CO_2 的浓度。高炉富氧鼓风是现代高炉炼铁工

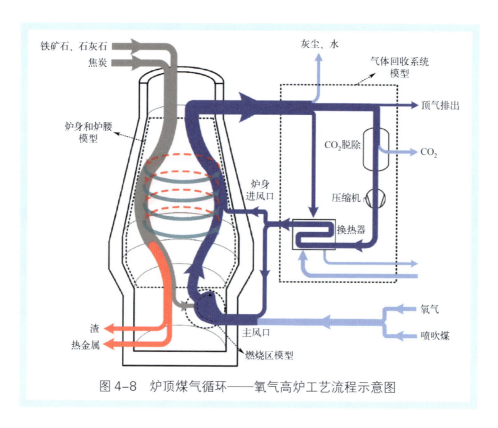

图 4-8 炉顶煤气循环——氧气高炉工艺流程示意图

艺中强化冶炼生产的重要技术手段。与传统的高炉炼铁工艺相比，氧气高炉工艺生产流程产生的 CO_2 排放量可减少 50% 以上，生产效率提高 0.5～2.0 倍以上。

由于高浓度的 CO_2 不利于高炉内铁矿石的还原反应，因此，对高炉煤气进行碳捕集是煤气循环利用的关键。此外，与传统高炉相比，氧气高炉能提高煤气中 CO_2 浓度，更有利于煤气进行碳捕集。综上，氧气高炉技术需要与煤气碳捕集技术进行耦合集成应用，形成煤气循环利用，从而实现高炉低碳冶炼。

4.2.1.2 发展方向与趋势

在钢铁生产以高炉 - 转炉路线为主的情况下，氧气高炉技术不仅可以提高高炉冶炼和装备技术水平，更为重要的是能够大量节约焦炭，减少二氧化碳和污染物的排放。随着煤炭和焦炭的价格差异不断扩大以及大规模低成本制氧技术的不断发展，氧气高炉技术将在降低冶炼成本、减少二氧化碳排放和实现钢铁清洁生产、可持续发展等方面发挥更大的优势。因此，从长远来看，发展氧气高炉技术对于实现钢铁低碳生产意义重大。

4.2.1.3 拟解决的关键技术问题

（1）高效喷吹及全流程优化控制问题

氧气高炉可以增大喷煤量，降低燃料消耗和减少二氧化碳排放，但这建立在风口煤粉高效燃烧和全流程优化控制基础之上。现代高炉炼铁工艺已经发展非常成熟，自动化水平很高，但是氧气高炉尚未进行过工业化长期生产，未知数较多，还需要对整个流程进行优化控制研究，开展工业示范验证。

（2）炉顶循环煤气加热问题

氧气高炉为了降低能耗，对炉顶煤气进行了循环利用，需要将循环煤气加热到一定温度，否则大量冷煤气吹入氧气高炉将会破坏炉内的热平衡，能耗反而增大。目前，相较于成熟的高炉热风加热技术，煤气加热难度较大。主要有两方面原因：①氧气高炉循环煤气中 CO 含量远远高于 H_2，因此在煤气加热过程中 CO 会发生析碳反应（$2CO=C+CO_2$），不仅会降低有效煤气量，同时也会影响煤气加热效率；②煤气加热存在安全隐患，在加热过程中容易发生爆炸和煤气泄漏等事故。

（3）炉顶煤气 CO_2 分离问题

目前，二氧化碳的捕集成本较高，同时捕集后的二氧化碳封存或利用成本也较高，因此，氧气高炉发展还受限于 CCUS 技术的发展。

4.2.2 高炉富氢还原技术

4.2.2.1 技术内涵

高炉富氢还原技术（图4-9）是将含氢介质注入高炉中，从而减少煤/焦炭的使用和二氧化碳的排放；同时，就热力学和动力学而言，氢作为氧化铁的还原剂，比一氧化碳具有更多的优势。因此，通过将高氢含量的介质注入高炉来实现富氢还原已成为研究的热点。富氢还原技术主要包括将废塑料、天然气（NG）和焦炉煤气（COG）注入高炉中。

4.2.2.2 发展方向与趋势

目前来看，高炉富氢工艺多以焦炉煤气改质或者天然气裂解制氢得到的还原气进行高炉风口喷吹。高炉通过喷吹富氢还原气实现碳减排的潜力受到限制，一般认为高炉富氢还原的碳减排幅度能够达到 10%～20%。

国际上，日本 COURSE50 项目、德国蒂森克虏伯钢铁"以氢代煤"项目、韩国 COOLSTAR 项目均开展了以高炉喷吹富氢或者纯氢介质的试验或者示范。国内，中国宝武集团在新疆八钢开展富氢碳循环高炉的工业级别试验。2021 年 8 月，富氢碳循环高炉风口成功喷吹焦炉煤气，开始富氢冶炼，并最终实现了 50% 富氧、碳减排 15% 的二期试验目标。

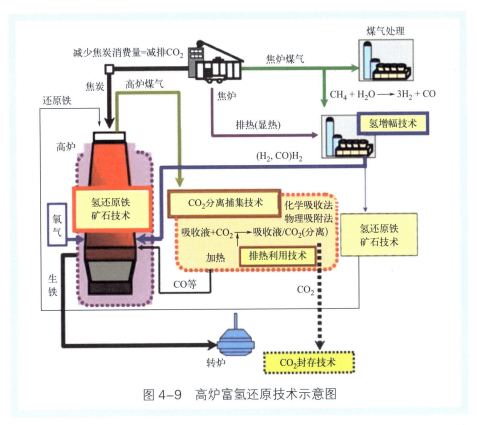

图 4-9 高炉富氢还原技术示意图

在传统高炉路线碳冶金基础上,从以减少对焦炭和焦煤资源的依赖为初衷,发展到以降低二氧化碳排放、实现钢铁冶金过程低碳或零碳排放为目标,钢铁生产逐渐形成了基于高炉炼铁开展的高炉喷吹富氢(或纯氢)工艺和基于现有气基还原工艺的富氢(或纯氢)还原技术两条氢冶金发展主线。目前钢铁生产主要采用高炉-转炉路线,开展高炉富氢工艺可以在原有钢铁生产流程基础上,以较小的调整来实现钢铁生产巨大减排潜力,因此,高炉富氢工艺将是传统高炉-转炉长流程减排的重要技术之一。

4.2.2.3 拟解决的关键科技问题

国内外对含氢焦炉煤气和天然气参与高炉喷吹炼铁进行了一些基础研究和工业实践,但公开的报道多是一些整体工艺结果,涉及的关键技术理论和信息较少。需要进一步研究的问题包括:①用氢替代碳实现

CO_2 最大减排，氢对高炉内从上到下连续冶炼过程的规律；②富氢的天然气、焦炉煤气或氢气喷吹及与煤粉共喷吹时高炉中燃烧行为的变化及影响；③高炉富氢冶炼过程的调控方法。

此外，在富氢气体或纯氢气体加热时，如何确保安全稳定运行也是研发的难点。

4.2.3 熔融还原技术

4.2.3.1 技术内涵

熔融还原法是在高温下，使渣铁熔融，再用碳把铁氧化物还原成金属铁的非高炉炼铁方法，其产品是液态生铁。熔融还原以煤炭为主要能源，直接使用粉矿或块矿，对矿石品位要求相对较低，无须烧结和炼焦，具有良好的反应动力学条件。但缺点是燃料消耗高于高炉炼铁工艺，且铁水硫含量较高，铁水含硅不稳定，渣中的 FeO 侵蚀炉衬导致设备操作寿命较短。

4.2.3.2 发展方向与趋势

熔融还原工艺最初是以非焦煤为主要燃料，不用或仅使用少量焦炭生产液态热铁水的炼铁方法。以煤为能源、气体为还原剂的称为"氧煤工艺"，以煤为还原剂、电为主要能源的称为"电煤工艺"。熔融还原工艺经历了"一步法"和"二步法"演变，主要有 HIsarna、COREX、FINEX 和 HIsmelt 工艺。其中，HIsarna 是一种煤基铁浴法熔融还原炼铁工艺，属于"一步法"，该工艺直接使用煤粉和粉矿作为原燃料，熔剂选用石灰石和白云石（图 4-10）；COREX 是由奥钢联开发的一种使用块矿或球团矿作原料、非焦煤作还原剂和燃料的熔融还原炼铁工艺，属于"二步法"；FINEX 工艺是韩国浦项制铁在 COREX 工艺基础上开发的创新型熔融还原炼铁工艺（图 4-11）；HIsmelt 熔融还原炼铁工艺系统主要核心包括熔融还原炉、原燃料喷吹系统和水冷喷枪，其主要原料为铁矿粉和非焦煤。

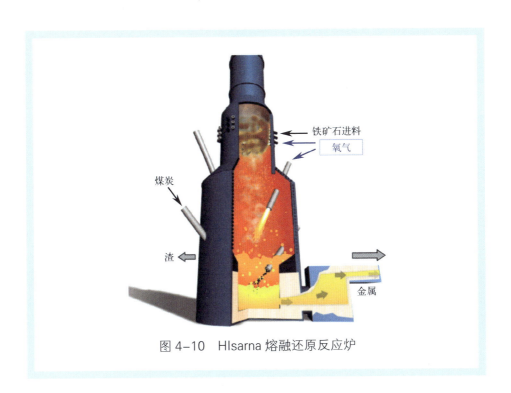

图 4-10 HIsarna 熔融还原反应炉

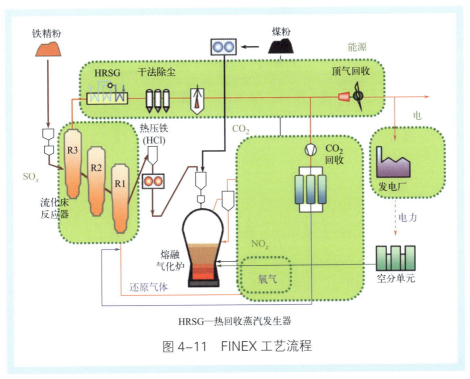

HRSG—热回收蒸汽发生器

图 4-11 FINEX 工艺流程

第 4 章 钢铁行业碳减排系统框架和低碳技术

4.2.3.3 拟解决的关键科技问题

①提高能源的综合使用效率，积极开发熔融还原炼铁技术副产品的利用途径，降低能源成本，提升熔融还原技术的竞争力；②进一步完善熔融还原炼铁技术，提高设备的稳定性、可靠性以及经济性。

4.2.4 废钢电炉炼钢技术

4.2.4.1 技术内涵

电炉炼钢技术是以电力为主要能源介质，以回收的废钢为主要原料，利用电弧热效应加热炉料，将废钢熔化为钢水进行钢铁生产的一种工艺（图4-12）。废钢电炉流程实现了"以电代煤"，同时利用社会大宗废弃物（废钢），因此具有良好的节能减排效益。

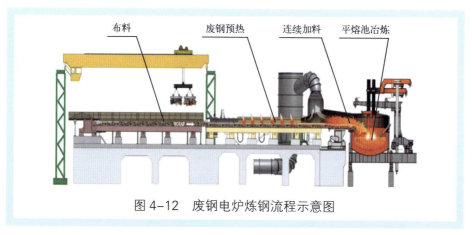

图4-12 废钢电炉炼钢流程示意图

废钢电炉炼钢流程具有排放低、生产组织灵活以及产品适用性好等特点，在世界范围内发展较快。废钢电炉短流程炼钢属于废钢资源的再生循环利用，可以大幅度降低化石能源消耗和CO_2排放。与传统的高炉-转炉长流程炼钢相比，废钢电炉短流程不需要铁矿石，不消耗焦炭和煤粉，主要消耗的能源为电。电炉短流程炼钢工序不仅能耗低，而且消耗的电可利用可再生能源发电，因此可以大幅减少煤炭消耗和降低碳排放。不同钢铁生产流程参数对比如表4-1所示。

表4-1 不同钢铁生产流程参数对比

流程	吨钢铁矿石消耗量/t	吨钢CO_2排放量/t	吨钢能耗（标煤）/kg
高炉-转炉长流程	约1.65	2.0～2.4	600～700
全废钢电炉短流程	0	0.5～0.7	350

数据来源：《中国钢铁工业碳达峰及低碳转型路径》。

4.2.4.2 发展方向与趋势

目前，中国是世界上最大的废钢产生国，电炉钢产量也位居世界首位。但是由于中国钢铁生产流程中高炉-转炉路线占主导地位，同时粗钢产量巨大，因此电炉钢占比依然较低。在钢铁行业绿色低碳和高质量发展的大背景下，电炉炼钢是行业节能降碳的重要途径，提高粗钢生产中电炉钢占比是降低中国钢铁行业碳排放最直接、最有效的措施。随着供电、冶炼、操作方面的自动化系统投入以及废钢供应量的增加，电炉炼钢占比将逐步提升，并将呈现更高效、更环保及更智能等特点。

根据欧美发达国家钢铁工业发展经验，随着中国钢铁社会蓄积量的增加以及相关政策推动废钢回收利用，废钢电炉炼钢路线占比将会逐渐提高，预计2060年前中国电炉钢比例将达到60%～70%，废钢电炉炼钢流程将是中国钢铁行业实现"碳中和"的主要途径之一。

4.2.4.3 拟解决的关键科技问题

①废钢电炉炼钢技术基础较低。废钢原料供应及质量不稳定、回收筛选技术不够成熟导致废钢组成无法控制，同时，现有电炉炼钢技术水平较难控制产品杂质含量，因此，无法满足高品质钢材产品的要求。②电炉炼钢余热回收问题。因为电炉炼钢工艺的特殊性和历史原因，电炉炼钢过程中余热的回收、利用研发较为滞后，有10%～20%的能量无法充分利用，为提高能效，相应余热回收、利用技术需要进一步发展。③废钢预热烟气中二噁英抑制及治理技术。废钢在预热升温过程中会产生二噁英气体，这种气体是强致癌物质，因此，在废钢电炉炼钢过程中，如何抑制其烟气中二噁英生成及处理是重要的课题之一。

4.2.5 生物质燃料替代技术

4.2.5.1 技术内涵

生物质通常是指动植物、微生物等有生命的物质经过自身生存活动产生的有机物质,主要包括农作废弃物(例如秸秆、木材等)、动物粪便以及其他有机物。生物质能是指自然界中生物质提供的能量,属于清洁可再生能源,可直接用于替代化石能源,也可以将其转化为气体、液体、固体燃料和其他化学产品或材料。

生物质具有水分高、能量密度低且可磨性差等特点,还有些生物质碱金属含量较高,不适宜直接用于高炉。生物炭是指由生物质经过热化学过程(热解、聚合等)生成的一类多孔富碳基固态物质,在一定条件下处理后,其成分组成和物化性能都得到明显改善。生物质热处理后得到的生物炭增加了其碳含量,热值和能量密度都得到了提高,与煤粉接近,因此具备替代煤粉应用于高炉喷吹的优势(图4-13)。

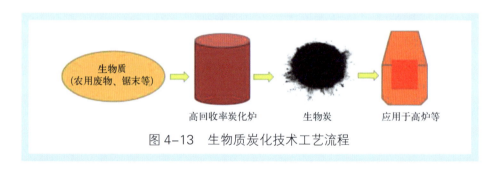

图4-13 生物质炭化技术工艺流程

4.2.5.2 发展方向与趋势

随着世界范围内传统化石能源的逐渐枯竭和人类对绿色低碳问题的日益重视,采用生物质能替代传统化石能源用于钢铁生产冶炼的技术已经成为世界范围内研究创新的热点课题。在生物质能方面,日本、欧洲以及美国等发达国家或地区研究较为深入。

日本的主要钢铁公司对生物质能在钢铁行业中的运用做了大量积极探究,不仅是为了降低生产成本,更是为了减少炼铁工序中对煤、焦炭的依赖，从而降低化石能源消耗和 CO_2 的排放。日本公司开发的生物炭化技术主要是利用生物质能生产生物炭，然后将获得的生物炭作为燃料或者辅助还原剂应用到钢铁生产的各个工序中，但主要适用于高炉炼铁工序。欧洲钢铁工业采用木炭作为高炉的燃料，从而达到降低二氧化碳排放的目的。欧洲钢铁巨头安赛乐米塔尔公司实施了 Torero 项目，该项目利用废木材生产生物煤（循环碳的一种），用来替代目前高炉喷吹的煤粉等。未来，该项目将会使循环碳的来源扩大到其他生物基废物以及塑料垃圾等。

从日本、欧洲等地区对生物质能的研发和实践应用来看，虽然在当前阶段下，生物质能还未大规模应用到钢铁生产来替代化石能源，存在一定的局限性。但是从目前"双碳"的大背景以及国内外的研究和技术发展情况来看，在未来，生物质作为碳中性能源将会大规模应用。

4.2.5.3　拟解决的关键技术问题

①目前制备生物炭燃料的成本比较高，需要进一步优化改进工艺技术；②生物质的利用，需要进一步拓展其在钢铁其他工序中的应用范围并进行工业示范，包括生物质能用于焦炉炼焦、铁矿造块、非高炉炼铁以及炼钢等。

4.2.6　厚料层烧结技术

4.2.6.1　技术内涵

厚料层烧结技术是指通过加高烧结机台车栏板，增大料层厚度，进而采用料层的自动蓄热，减少混合料的配碳量，发展烧结料层中的氧化气氛。该工艺能有效改善烧结矿的质量，提高烧结矿机械强度，同时减少粉末量和降低氧化铁含量，进而改善还原性能。此外，厚料层烧结技术还可以降低固体燃烧消耗和提高烧结矿质量等。厚料层烧结技术对现有和新建烧结机均具有适用性。

4.2.6.2 发展方向与趋势

随着世界铁矿石资源的逐渐劣质化,以及国家绿色环保政策的日益严格,作为高炉-转炉流程主要工艺之一,同时烧结工艺在钢铁生产长流程中最为耗能且污染严重,因此烧结工艺需要进行改进和升级。如何减少烧结工序的能源消耗、降低污染物排放以及提高烧结矿产品质量,成为了钢铁生产流程中的热点问题。

一般而言,料层厚度越高,烧结固体燃耗越低。我国主要钢铁生产企业烧结生产数据统计表明:烧结层每提高10mm,固体燃料消耗可降低1～3kg/t。目前厚料层烧结技术已经趋向1000mm以上。据报道,截至2020年,天钢联合特钢、鞍钢、马钢、陕钢等部分钢铁企业的烧结机料层厚度均已经超过了900mm,其中天钢联合特钢的烧结工艺料层厚度长期维持在1000mm。

4.2.6.3 拟解决的关键技术问题

①支撑烧结技术。需要通过在料层底部添加烧结支撑板,减少焙烧过程中因为荷重压力带来的透气性差的问题。②双层烧结技术。改善料层厚度增加带来的透气性差、烧结矿质量低、料层下部缺氧等问题。③强混技术。④料面打孔技术等。

4.2.7 捣固炼焦技术

4.2.7.1 技术内涵

捣固炼焦技术是根据焦炭的不同用途,将炼焦配合煤按炭化室的大小,在煤箱内用捣固机将炼焦配合煤捣打成略小于炭化室的煤饼,从焦炉机侧推入炭化室内进行高温干馏的炼焦技术。捣固炼焦将煤料捣成煤饼后,一般堆积密度可由顶装工艺散装煤的$0.74 \sim 0.76t/m^3$提高到$0.95 \sim 1.15t/m^3$,因煤料颗粒间距缩小、接触致密、堆积密度大,有利于多配入高挥发分煤和弱黏结性煤,并改善和提高焦炭质量。

与传统顶装炼焦相比，捣固炼焦具有如下特点。①当配煤比相同时，捣固炼焦可以提高焦炭质量；入炉煤的质量越差，焦炭质量提高的幅度就越大。②当焦炭质量相同时，捣固炼焦可以多用高挥发分或弱黏结性煤；所要求的焦炭质量越高，捣固炼焦多用高挥发分或弱黏结性煤的比例就越小。③捣固炼焦的入炉煤成本低于顶装炼焦。④捣固焦炉与顶装焦炉的炉体结构相同，只是炉体强度更大些，以抵抗更大的煤饼膨胀压力。捣固焦炉按组合方式的分类如表4-2所示。

表4-2 捣固焦炉按组合方式的分类

组合方式	焦炉机械配置
一体式	捣固装煤推焦机（SCP机）、导烟车、拦焦车、熄焦车
分体式Ⅰ	固定捣固站、装煤推焦机、导烟车、拦焦车、熄焦车
分体式Ⅱ	固定捣固站、装煤车、推焦车、导烟车、拦焦车、熄焦车

4.2.7.2 发展方向与趋势

由于我国高炉-转炉长流程路线占主导地位，钢铁生产对焦炭的需求将会在很长一段时间保持高位运行，同时炼焦煤作为一次化石资源，其资源短缺问题也日益严重。为了缓解资源紧张局面，降低焦炭生产成本，大型捣固炼焦将会成为主流。预计2025年，我国捣固焦产能占焦炭总产能50%左右，捣固焦炉中炭化室高度在5.5m及以上占比将超过80%，其中炭化室高于5.5m捣固焦炉将日趋完善。预计我国捣固炼焦技术水平将达到一个历史的新高点：①焦炭产能总体减少，捣固炼焦产能增加；②技术装备水平不断提高，整体处于世界领先地位；③投资运行成本降低，生产操作持续优化。

4.2.7.3 拟解决的关键技术问题

① 配入优质强黏结性煤比例过高，未能发挥捣固焦优势；②超大型捣固机设计制造技术需要引进。

4.2.8 干熄焦技术

4.2.8.1 技术内涵

传统的焦化熄焦工艺采用湿法熄焦，炽热的焦炭出炉后由装焦车运至熄焦塔内，从上部喷淋装置喷洒冷却水，冷至200℃左右运至凉焦台，经筛分处理后送至高炉。这种湿法熄焦工艺因为投资小、建设快，在我国曾得到了广泛的应用。但是湿法熄焦工艺损耗了炽热焦炭的显热，由于熄焦过程急冷产生的热应力会使焦炭破裂，进而焦炭机械强度变小，导致高炉炼铁情况严重恶化。此外，湿法熄焦的焦炭水含量增加，加之含有硫化物容易产生腐蚀等问题，最终造成了一系列的不利影响。

干（法）熄焦（coke dry quenching，CDQ）技术是相对于湿法熄焦工艺技术而言的，其基本原理是采用冷的惰性气体，在干熄炉内与炽热红焦进行换热，实现冷却焦炭和回收热量。与湿法熄焦技术相比，干法熄焦技术可回收约80%的焦炭显热，不仅改善了焦炭的质量，而且也可以减少环境污染。我国宝钢、鞍钢、武钢、马钢和济钢实施干熄焦技术后，在回收蒸汽、发电、改善焦炭质量、降低高炉焦比等几个方面均获得了较好的经济和环境效益，直接降低焦化工序能耗（标煤）约40kg/t。干熄焦余热利用工艺流程如图4-14所示。

4.2.8.2 发展方向与趋势

干熄焦技术作为现阶段焦化行业的重要节能减排技术，为了充分发挥其技术优势，需要降低干熄焦技术的运营成本，同时让干熄焦技术可以在大型场合得到应用。干熄焦装置的大型化和高温高压自然循环余热锅炉的开发，是未来干熄焦技术的发展方向。将干熄焦技术国产化，利用专业设备来提升技术水平，实现投资比例的大幅降低。同时，根据具体流程情况调整配置，使干熄焦装置配置系列化，增加干熄焦装置设备的寿命，实现长期稳定运行。

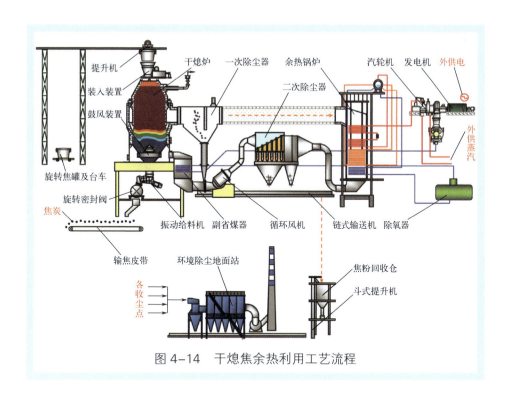

图 4-14 干熄焦余热利用工艺流程

4.2.8.3 拟解决的关键技术问题

根据干熄焦技术的实际运行情况来看，大部分钢铁企业仍然未能实现预期的节能减排效果，同时也存在较多困难，需要解决的问题如下。

①关键设备需要进一步优化，锅炉生产效率需要进一步提升，尽可能减小设备运行中的烧损程度，减少循环风机的磨损，还需要对系统的降噪除尘进行改进和升级；②对于焦化废水需要进一步深度处理，研发出低成本的回收技术，提升废水的利用率；③在设计生产及施工等方面需要攻克各方面难题，有效解决运行问题，提升该项技术的管理水平，在整体上节省投资费用，为实现干熄焦技术的推广应用奠定良好的基础。

4.2.9 煤调湿技术

4.2.9.1 技术内涵

煤调湿（coal moisture control，CMC）是"装炉煤水分控制工艺"

的简称。煤调湿是以蒸汽或者高温烟气为热源，与炼焦煤间接或者直接换热，进而将煤在装炉前脱除一部分水的一种炼焦用煤的预处理技术。煤调湿技术可以实现通过加热来降低并稳定、控制装炉煤的水分，从而控制炼焦耗热量、改善焦炉操作、缩短结焦时间、提高焦炭产量，同时还有利于焦炉连续稳定操作，延长焦炉寿命。煤调湿技术主要有两种：以蒸汽为热源的蒸汽管回转干燥机技术和以热废气为热源的流化床技术。

4.2.9.2 发展方向与趋势

从目前煤调湿技术发展的情况来看，使用含氧量少、相对湿度低的热焦炉废气，开发出安全高效的炼焦煤干燥功能新工艺是未来煤调湿技术发展的趋势。煤调湿及成型一体化技术是综合利用煤调湿技术和粉煤成型的技术，可以有效地解决煤干燥后转运、装煤和化产回收过程中的粉尘问题，是适合中国焦化现状的改良版煤调湿技术。

4.2.9.3 拟解决的关键科技问题

①重点是开发煤调湿核心设备以及智能化控制系统，从而解决细颗粒煤过干燥的问题；②合理控制调节烟道气量，提高煤调湿装置和焦炉生产稳定性；③处理好煤调湿过程中产生的煤尘，防止造成二次污染。

4.2.10 高炉炉顶煤气循环利用技术

4.2.10.1 技术内涵

高炉炉顶煤气循环利用（TGR-OBF）技术是将高炉炉顶煤气经过净化除尘和脱除 CO_2 后，将其中具有还原性的组分（CO 和 H_2）通过风口或者炉身适当位置喷入高炉中，从而重新返回到炉内参与铁氧化物的还原反应，充分实现碳、氢元素的化学利用（图 4-15）。高炉炉顶煤气循环利用技术被认为是优化高炉炼铁操作、降低能源消耗以及减少 CO_2 产生和排放量的有效手段。

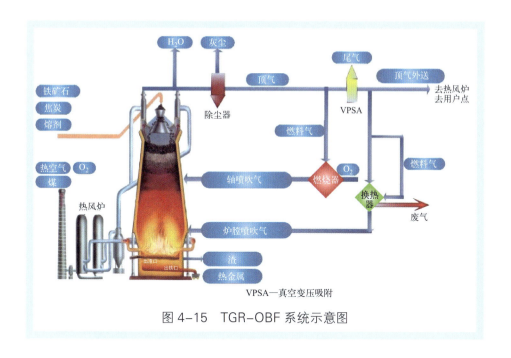

图 4-15 TGR-OBF 系统示意图

4.2.10.2 发展方向与趋势

目前的研究热点为欧洲 ULCOS 项目的高炉炉顶煤气循环再生工艺。该工艺的技术特点包括：①循环利用含有 CO 和 H_2 组成的高炉炉顶还原性煤气；②用低温纯氧代替热风从高炉炉缸风口吹入；③高炉炉顶煤气中 CO_2 的回收与利用；④实现较低还原剂消耗的操作。

欧洲启动 ULCOS 项目以来，把高炉炉顶煤气循环利用技术作为首要研发任务，通过炉顶煤气 CO_2 捕集和封存技术，实现了高炉炼铁 CO_2 排放量降低 20%～100% 的幅度。高炉炉顶煤气 CO_2 脱除采用真空变压吸附技术，与膜分离法和氨溶液吸收法脱除 CO_2 技术相比，具有脱除效率高、成本低等优点。

4.2.10.3 拟解决的关键科技问题

高炉炉顶煤气循环利用关键在于煤气的分离处理。需要解决还原性气体与 CO_2、N_2 高效、低成本分离的问题。若是追求更深度的碳减排，还需解决 CO_2 捕集和封存方面的问题。

4.2.11 高炉煤气炉顶余压透平发电技术

4.2.11.1 技术内涵

高炉煤气炉顶余压透平发电（top gas pressure recovery turbine，TRT）技术是利用高炉炉顶排出的具有一定压力和温度的高炉煤气，推动透平膨胀机旋转做功并驱动发电机进行发电的一种能量回收装置技术（图4-16）。高炉煤气炉顶余压透平发电技术主要包括透平机和发电机两大部分。高炉煤气炉顶余压透平发电技术可以回收原来经高炉减压阀组泄压泄放的能量，同时又可以降低噪声、稳定高炉炉顶压力，从而改善高炉生产条件，实现高炉炼铁过程中的节能减排作用。

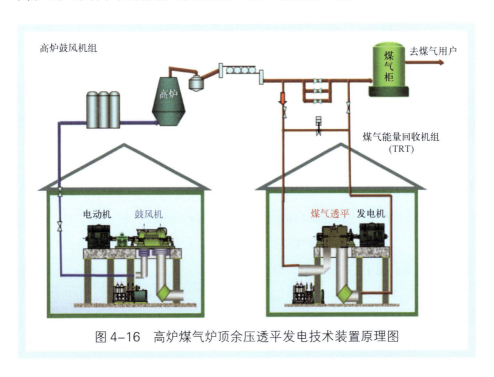

图4-16 高炉煤气炉顶余压透平发电技术装置原理图

4.2.11.2 发展方向与趋势

随着高炉的大型化、高顶压及干法除尘技术的成熟应用，安装干式TRT是发展方向，其在节能、节水、环保等方面效果愈发明显。今后，总的发展趋势是淘汰小高炉，注重开发和完善大型高炉干法除尘技术，稳定高炉炉顶压力。因此，从能量利用的角度，TRT 技术应注重大型干式 TRT 的技术升级，更好地发挥干式 TRT 的利用效果，同时 TRT 与高炉生产操作进行协同优化，提高 TRT 的作业率等。

4.2.11.3 拟解决的关键科技问题

大型高炉配备干式 TRT 技术、TRT 与高炉操作协同优化和提高 TRT 作业率等方面的研究，以进一步提高 TRT 技术的节能减排效果。

4.2.12 转炉高废钢比技术

4.2.12.1 技术内涵

相对于铁矿石而言，废钢是一种直接利用的铁资源，提高转炉废钢比不仅可以节省原料，还可以减少 CO_2 的排放。据估算，转炉增加 10% 的废钢比，全流程 CO_2 的排放量可以降低 6% 左右，与使用铁矿石的高炉 - 转炉炼钢流程相比，以全废钢为原料的转炉炼钢工艺可以减少 50% ~ 60% 的 CO_2 排放量。

4.2.12.2 发展方向与趋势

国外研究机构及钢铁企业已成功开发了多种增加废钢使用量的冶炼工艺，国内冶金专家和钢铁企业也开展了转炉高废钢比冶炼的研究和工业试验，为开发高废钢比冶炼技术奠定了坚实的基础。研究预测，2020 年后国内废钢产量将呈现持续上升的趋势，在废钢量增加和废钢价格下降双重因素的刺激下，开发出能够提高转炉废钢使用量的冶炼工艺成为目前亟待解决的技术问题。

4.2.12.3 拟解决的关键科技问题

随着国内社会废钢积蓄量的增加和废钢成本的下降，以及碳减排压力驱动，转炉流程将消耗更多的废钢。因此，高废钢比冶炼技术在转炉炼钢领域将变得越来越重要。但是转炉高废钢比炼钢需要相关配套技术支撑,例如废钢预热、二次燃烧、燃料添加和底喷粉等,需要进一步研发和整合。对于转炉高废钢比炼钢的降本增效,既能喷吹碳粉又能喷吹氧气和石灰粉的转炉底喷粉技术是关键。为此,需要进一步加大转炉底喷粉技术的研发力度,推动转炉高废钢比和高效、低成本炼钢。

4.2.13 全燃高炉煤气锅炉发电技术

4.2.13.1 技术内涵

全燃高炉煤气锅炉发电技术是以钢铁企业富余煤气为锅炉燃料,从而用于驱动蒸汽轮机发电机组进行发电的技术,主要包括锅炉、汽轮机、发电机三大核心设备。它充分高效回收利用了钢铁企业各类富余煤气,且可作为企业重要的煤气缓冲用户,同时省去了常规火力发电厂输煤和制粉系统、排渣及除尘系统等。

该技术的基本原理是钢铁企业副产的富余煤气经净化处理后,由管道输送至锅炉炉膛内,锅炉内由于煤气的不断燃烧,由化学能转变为热能,将产生具有一定压力和温度的蒸汽引入汽轮机,经过膨胀做功将热能转换成机械能。最终,汽轮机通过联轴器带动发电机上具有磁场的转子,将机械能转换成电能。按锅炉运行参数分类,该技术在钢铁行业的应用主要包括两种:中温中压参数通常指锅炉所产蒸汽参数为3.82MPa、450℃;高温高压参数通常指锅炉所产蒸汽参数为9.82MPa、540℃。

4.2.13.2 发展方向与趋势

全燃高炉煤气锅炉发电技术在国内各类型钢铁企业均已得到成功应用,且主要设备包括锅炉、汽轮机、发电机均已完全实现国产化,取得了显著的经济和节能效益。目前在重点大中型钢铁行业的普及率已达90%以上。

4.2.13.3 拟解决的关键科技问题

全燃高炉煤气锅炉发电技术提高了能效利用率，减少了 CO_2 排放量。但是实际减排效果有限，需要探索与 CCUS 联合，实现深度减排。

4.2.14 薄带连铸连轧技术

4.2.14.1 技术内涵

薄板坯连铸技术是近终形连铸技术之一，最初是为电炉短流程钢厂生产板带而开发的，它与工艺成熟、控制手段完善的热带连轧技术结合，形成了生产热轧板卷的薄板坯连铸连轧短流程生产工艺。

典型的薄板坯连铸连轧工艺流程由炼钢（电炉或转炉）、炉外精炼、薄板坯连铸、连铸坯加热、热连轧等五个单元工序组成。与传统钢铁生产工艺流程相比，该工艺将相对独立分散的炼钢、加热、轧制等工序有机地融合在一起，因此在工序简约、生产高效以及节能减排等方面具有显著优势。薄带连铸连轧技术是世界钢铁工业在氧气转炉炼钢、连续铸钢之后，取得的又一项使钢铁生产变革的新技术。

4.2.14.2 发展方向与趋势

1989 年 7 月，美国纽柯公司建成并投产了全球第一条薄板坯连铸连轧生产线。自该生产线投入工业化生产运行以来，世界各地冶金工业公司持续开展薄板坯连铸连轧技术开发和相关装备的研制，经过不断改进和创新，出现了 ISP（inline strip production）、QSP（quality slab production）、FTSR（flexible thin slab rolling）、ESP（endless strip production）、QSP-DUE（quality slab production-danieli universal endless）等多种生产技术，其发展历程如图 4-17 所示。

根据生产过程的连续化程度，薄板坯连铸连轧工艺技术可划分为三代。第一代技术以单坯轧制为特征；第二代技术以半无头轧制为特征；第三代技术以完全连续化生产的无头轧制为主要特征，2009 年首次工业

图 4-17　薄板坯连铸连轧技术发展历程

化生产在意大利阿维迪的 ESP 产线上得以实现。与前两代技术相比，第三代技术具有如下特点：为使单流连铸机达到与第一代和第二代双流连铸机同样的产能规模，显著增加了铸坯厚度和拉坯速度，大幅度提高了钢通量；无均热炉或均热炉长度缩短等因素，降低了氧化铁皮烧损、能耗和排放；轧钢过程带钢头尾性能及板形差异小，无须切除，成材率提高；轧制过程稳定，超薄规格产品比例大幅度提高。

目前，薄板坯连铸连轧成为热轧板带一种重要的生产方式。在碳中和目标的背景下，薄板坯连铸连轧技术具有生产流程更加简约、高效等特点，因此节能减排效果显著，未来将会成为钢铁生产流程再造的重要技术路径之一。

4.2.14.3　拟解决的关键科技问题

①发挥薄板坯连铸连轧流程本身的特点，以实现连续化生产。②充分发挥薄板坯连铸连轧的特点，开发有竞争力的产品。

4.2.15　"一包到底"技术

4.2.15.1　技术内涵

传统高炉 - 转炉流程界面任务是将高炉铁水按时、按质、按量送达炼钢转炉，以满足炼钢生产对于铁水在时间、成分、质量、温度等参数指标上的要求，为此必须解决好高炉连续出铁与转炉间歇冶炼这种不协调问题，同时追求最小的铁水温降、最少的设备运输数量、最稳定的铁水质量（包含成分、温度等）。在钢铁行业中，所谓的"一包到底"是指在炼钢过程中完成对铁水的运输过程需要用到统一的铁水包并且进行全部的承载任务，该工艺中包含了对铁水在高炉内的承接、运输全过程、适当的缓冲和储存等多项工艺技术。"一包到底"技术因其投资、节能环保等方面的显著优势引起了国内外广泛研究。

4.2.15.2　发展方向与趋势

"一包到底"理念首先由日本提出，日本新日铁拥有"一包到底"技术，但其作为商业机密对外严格封锁。国内对于"一包到底"技术的研究虽然起步较晚，但目前已经在国内各大钢厂顺利推行。

"一包到底"技术符合国家节能降耗的政策，具有简化钢铁生产工艺流程、便于吊运、降低能耗、减少环境污染等特点，构造了清洁的钢铁生产平台，是钢铁生产铁钢界面运输技术的重要趋势。

4.2.15.3　拟解决的关键科技问题

①铁水质量准确称重与控制技术。这是实现"一包到底"技术的关键环节，突破该项技术才可以保证高炉出准率和转炉装准率。②合理的铁水包结构设计技术。包括大容量铁水包的合理结构与重心计算、高炉出铁槽标高与铁水包高度之间的相容性设计等，突破该项技术，才可以设计并制造出适合高炉生产的铁水包。③铁钢界面合理时空结构设计。突破该项技术才可以给出较为合理的输送装备、输送系统。④铁水包快速周转及定位技术。突破该项技术，才可以给出适合实际生产的在线铁水包个数及周转率，加快铁钢界面生产节奏，并将"一包到底"技术优势发挥出来。

4.3 末端用碳

4.3.1 碳捕集和封存技术

4.3.1.1 技术内涵

碳捕集和封存技术（carbon capture and storage，CCS）通常是指捕获从大型排放源产生的CO_2，将其运输至储存站点并进行封存，避免CO_2排放到大气中的一种技术组合。被封存的CO_2被注入地质结构中，这些地质结构可以是废弃油气田，或是其他适合的地质结构。在CO_2永久性封存之前，还可以将CO_2注入成熟的油田，将岩层中的剩余油气驱出。该工艺被称为强化采油技术（EOR），也是碳捕获、碳使用及碳封存工艺（CCUS）（图4-18）的一种形式。CO_2地下储存包括三个主要环节，分别是碳捕集、碳运输和碳储存。

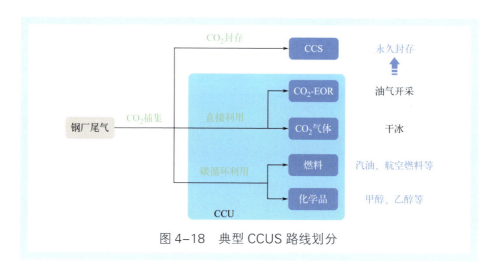

图 4-18 典型 CCUS 路线划分

4.3.1.2 发展方向与趋势

中国已有相关石化企业进行了CO_2驱油、驱气工业化应用，取得了较好的经济和环保效益。由于大多数钢铁企业一般与油田区域距离远，

CO_2长距离输送经济成本较高,因此钢铁企业CO_2采用地质封存经济性差,难以大规模实施。随着中国钢铁企业逐渐从内陆向沿海搬迁,CO_2海洋封存省去了长距离输送,因此具有一定的可行性,但海洋封存CO_2可能会破坏海洋生态平衡,需要进一步开展海洋生态风险评估。

4.3.1.3 拟解决的关键科技问题

①如何将大批量的压缩CO_2从排放点源运输到大规模的CO_2封存站点,尤其是海上封存站点;②海洋CO_2封存方式及对生态影响的进一步考察。

4.3.2 CO_2制备化工产品技术

4.3.2.1 技术内涵

CO_2制备化工产品是指采用物理分离或化学吸附的方法将钢铁工业尾气中的CO_2富集,并进行资源化利用。CO_2资源化利用作为末端用碳的重要工艺,是实现碳中和目标不可或缺的环节。此外,二氧化碳作为一种廉价易得、环境友好的可再生碳一资源,其资源化利用不仅可减少二氧化碳排放,而且可提供绿色制备的技术路线,对绿色与可持续发展意义重大。

CO_2制备化工产品可以通过二氧化碳加氢生产甲醇、甲酸、烯烃以及汽油、芳烃等,并以甲醇为平台化合物,生产甲醇下游衍生物。CO_2还可以与甲烷进行重整制备合成气,这是煤化工合成的最基础原料。此外,CO_2可以与环氧化合物或不饱和烃类进行共聚,生产可降解塑料等。钢厂尾气CO_2制化学品的主要路线如图4-19所示。

4.3.2.2 发展方向与趋势

目前,国内外主要利用CO_2制备甲醇、甲烷、烯烃、甲酸等高价值化工产品解决CO_2的大规模利用问题。CO_2加氢合成甲醇工艺已进行了中试示范,目前主要是开发高效的合成催化剂,提高产品气的合成效率。

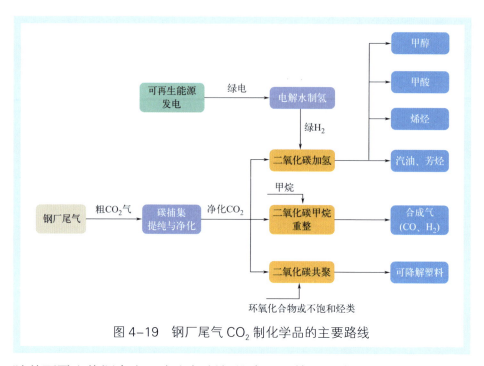

图 4-19 钢厂尾气 CO_2 制化学品的主要路线

随着可再生能源发电、水电解制氢技术的成熟和成本的降低，CO_2 加氢制备化工产品未来将会有更大的市场竞争力。氧气高炉和全氧熔融还原等低碳炼铁工艺都需要将炉顶煤气中的 CO_2 分离出来并进行利用，利用 CO_2 制备化工产品不仅能够实现钢铁行业碳的资源化利用，也可以利用钢铁行业产生的余能余热，降低化工产品制备成本，实现末端 CO_2 低成本资源化利用。

4.3.2.3 拟解决的关键科技问题

①钢铁副产煤气中低成本 CO_2 分离提纯技术；②高效、低成本的 CO_2 转化制备化学品或燃料技术。

4.3.3 生物固碳技术

4.3.3.1 技术内涵

生物固碳是利用植物的光合作用，吸收大气中的 CO_2，并将 CO_2 转化成多糖类固体物质的技术。利用光合作用实现 CO_2 的彻底转化利用，属于最绿色的末端 CO_2 治理方式。微藻类固碳是生物固碳中具有经济成本竞争力的固碳技术，该技术是利用微生物将大量 CO_2 转化为生物质的过程。微藻类固碳具有光合速率高、繁殖快、环境适应性强等优点，相当于森林固碳能力的 10~50 倍，可在淡水、海洋、盐碱湖和工农业废水等多种水环境下生长。微藻基碳捕集与利用流程如图 4-20 所示。

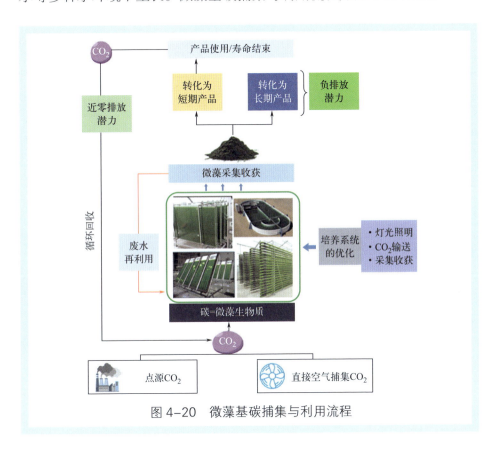

图 4-20 微藻基碳捕集与利用流程

4.3.3.2 发展方向与趋势

世界范围以煤、石油等为主的化石燃料持续消耗，温室气体积累效应不断凸显，以 CO_2 为原料的生物固碳技术不仅减少 CO_2 排放，而且能够通过提供碳基燃料、化学品和食物等方式实现 CO_2 的资源化利用。因此随着"双碳"目标的推进，基于生物固碳的 CO_2 资源化利用技术在未来具有广阔的应用前景。

微藻固碳技术还处于中试试验阶段,但该技术在碳循环利用、可持续发展等方面具有较大的潜力。随着钢铁企业向沿海地区转移,沿海地区钢铁企业有条件开展碳捕集及微藻固碳等技术的研究和开发,这将促使微藻固碳成为钢铁生产碳减排技术的重要方向之一。

4.3.3.3 拟解决的关键科技问题

①利用微藻大规模工业化生物固定 CO_2 仍处于初级发展阶段,需要开发新型光生物反应器系统,同时需要研究藻类高效固碳机制,实现微藻大规模培养以及高附加值产品的生产;②为实现从工业碳排放源头高效捕集 CO_2 以及其他 NO_x 和 SO_x 等有害气体,需要系统研究微藻处理烟道气化合物技术;③油田微生物 CO_2 的原位转化技术等。

4.3.4 钢化联产技术

4.3.4.1 技术内涵

钢化联产是指以钢铁企业高炉、转炉和焦炉煤气为原料,经过一系列的净化分离工艺,提取出一氧化碳、氢气和甲烷等有价值的原料气组分,经化工合成工序制成甲醇、乙醇、液化天然气(LNG)等高附加值产品的过程。钢化联产跨行业耦合模式如图 4-21 所示。

4.3.4.2 发展方向与趋势

从政策上看,2021 年 10 月国务院印发的《2030 年前碳达峰行动方案》,明确提出了"推广先进适用技术,深挖节能降碳潜力,鼓励钢化联产";2022 年 2 月,国家发展改革委、工信部和生态环境部联合印发《关于促进钢铁工业高质量发展的指导意见》,提出"积极推进钢铁与建材、电力、化工、有色等产业耦合发展,提高钢渣等固废资源综合利用效率"。因此,产业间耦合发展是实现钢铁行业"双碳"目标的有效措施。

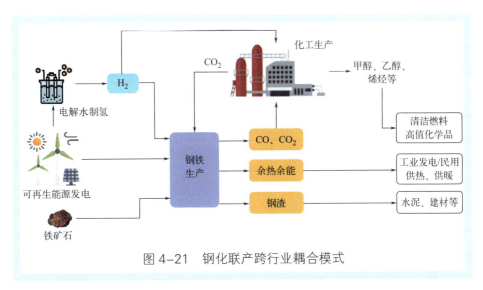

图 4-21 钢化联产跨行业耦合模式

从钢化联产协同发展的方向上来看,钢化联产不仅能使钢铁生产中的副产物得到高效利用,还能促进化工原料多元供应,最重要的是将钢铁行业排放的碳元素固定到化工产品中,是实现化石资源替代、减少钢铁和化工行业碳排放的有效途径。副产煤气进一步衔接利用化工制造技术生产化学品,特别是煤化工企业,可省去煤气化工段,减少煤炭资源的使用,大幅降低化工行业碳排放。

4.3.4.3 拟解决的关键科技问题

①钢化联产最关键的是原料的分离、提纯,对于高炉煤气的利用,采用常规的手段较难将 CO 从 N_2 含量很高的混合气体中分离出来,因此需要开发高效的、低成本的 CO 分离方法。② CO 转化通常需要使用大量的氢气。因此,需要开发大规模、低成本、碳排放少的制氢方法。

4.3.5 钢渣矿化利用 CO_2 技术

4.3.5.1 技术内涵

钢渣矿化利用 CO_2 技术是将钢铁生产产生的钢渣与 CO_2 碳酸化反应,将其中的钙、镁组分转化为稳定的碳酸盐产品,进行钢渣中钙、镁资源的回收利用,进而实现 CO_2 固定减排的技术(图 4-22)。钢渣矿化利用 CO_2 技术优势包括:①钢铁行业内部形成废渣和废气的协同消化能力;②过程产物可作为建筑材料,节省原料运输成本与研磨等预处理的能耗;③可以获得贵重金属等高附加值产物;④协同进行 CO_2 固定减排。

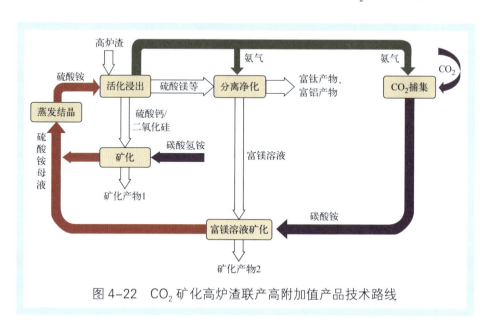

图 4-22　CO_2 矿化高炉渣联产高附加值产品技术路线

4.3.5.2　发展方向与趋势

我国已经进入工程示范阶段,在矿化工艺集成、专用装备等方面取得重要进展,并完成了千吨级 CO_2 矿化装置的研制及集成。预计到 2050 年技术大范围推广,产能达到 $500 \times 10^4 \sim 600 \times 10^4 t/a$,产值将达到 220 亿~270 亿元(4500 元 /t 矿化产品),二氧化碳减排潜力达到 $500 \times 10^4 \sim 600 \times 10^4 t/a$。需要指出的是,尽管 CO_2 矿化利用技术总体已经进入了工程示范阶段,但是相关科学问题的阐述仍然有待进一步加强,特别是快速碳酸化反应通道的构建和工艺条件的优化等,这也是该领域基础研究的热点问题之一。

4.3.5.3　拟解决的关键科技问题

①需要改善钢渣与 CO_2 反应条件来提升矿物碳酸化效率;②在钢渣

碳酸化固定 CO_2 的基础上，降低碳酸化成本，进一步协同改善钢渣组成和应用性能，从而提高钢渣处置后的产品附加值，促进钢渣处置和协同碳减排技术的应用；③探索高温热态钢渣碳酸化的工业化应用。

4.4 辅助技术

4.4.1 CO_2 捕集技术

4.4.1.1 技术内涵

CO_2 捕集技术是指利用吸收、吸附、膜分离、低温分馏、富氧燃烧等技术将排放源的 CO_2 进行分离和富集的过程，可应用于大量使用一次化石能源的工业行业，包括燃煤和燃气电厂、石油化工、煤化工、水泥和建材、钢铁和冶金等行业。CO_2 捕集技术根据 CO_2 捕集系统与能源系统集成方式不同主要分为燃烧前捕集、燃烧后捕集和富氧燃烧三大类（图4-23），根据 CO_2 捕集原理的差异可分为溶液吸收法、固体吸附法、膜分离法、低温分馏法、富氧燃烧法、化学链燃烧法等。

燃烧前捕集是指在含碳和含氢燃料燃烧前将 CO_2 从燃料或者燃料变换气中分离的技术，如天然气、煤气、合成气和氢气中的 CO_2 捕集。由于燃烧气中的 CO_2 浓度高，因此，与燃烧后分离相比，燃烧前 CO_2 捕集的能耗相对降低。考虑到煤的富碳特性，煤炭经整体煤气化联合循环（integrated gasification combined cycle，IGCC）技术转化生成的合成气往往比天然气更适合用于燃烧前 CO_2 捕集。

燃烧后捕集是指从燃煤电厂和其他工业燃烧过程除尘和脱硫后的尾部烟气中分离和回收 CO_2，该技术工艺相对简单，技术成熟度高，对现有电厂影响小，具有较高的灵活性，相比于IGCC、富氧燃烧等投入相对较少。

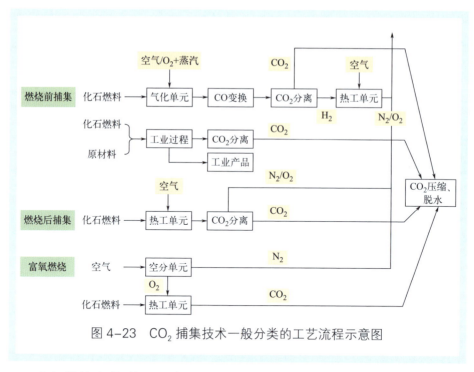

图 4-23 CO_2 捕集技术一般分类的工艺流程示意图

富氧燃烧和化学链燃烧是新型的 CO_2 捕集技术。与燃烧前、燃烧后 CO_2 捕集技术相比，富氧燃烧和化学链燃烧技术的特点是燃烧烟气中几乎不含 N_2，CO_2 纯度高，从而避免了从复杂烟气中分离提纯 CO_2。

对于在钢铁行业的应用，目前燃烧后捕集是最相关、最适合的。

4.4.1.2 发展方向与趋势

化学吸收法燃烧后 CO_2 捕集技术是现阶段最具规模化应用的捕集技术，已经完成了从燃煤/燃气电厂等大型固定排放源捕集 CO_2 的工业示范。化学吸收法可直接应用于燃煤/燃气电厂、工业锅炉等烟气的大规模减排。但烟气的流量大、CO_2 分压低，导致化学吸收系统的投资成本和运行能耗较高；且烟气中含有 O_2、SO_2 等复杂组分，导致吸收剂降解损失严重。研发低能耗、环境友好的吸收剂及吸收技术，实现可持续的 CO_2 捕集，有助于化学吸收技术的发展，也是我国中长期控制温室气体排放的重要技术路线。

4.4.1.3 拟解决的关键科技问题

化学吸收法具有 CO_2 捕集率高（>90%）、捕获 CO_2 纯度高（>99%）、烟气适应性较好等特点。吸收剂是化学吸收法的核心，常用的吸收剂是基于有机胺的溶液，如乙醇胺（MEA）等。氨基吸收剂的 CO_2 吸收速率快、吸收容量高，适用于燃煤/燃气烟气等低 CO_2 分压烟气的 CO_2 分离。但吸收剂再生能耗较高，需要消耗大量低温蒸汽。因此低能耗吸收剂研发是该技术发展的关键。

4.4.2 水电解制氢技术

4.4.2.1 技术内涵

各种各样的脱碳技术都依赖于氢气的使用，例如氢直接还原铁、CO_2 的转化利用、高炉喷吹氢以及氢等离子体熔融还原等，因此需要研究氢气的制取技术。

电解水制氢是在直流电的作用下，通过电化学过程将水分子解离为氢气与氧气，分别在阴、阳两极析出。按照工作原理和电解质不同，可分为碱性电解水技术（ALK）、质子交换膜电解水技术（PEM）、高温固体氧化物电解水技术（SOEC）和固体聚合物阴离子交换膜电解水技术（AEM）。不同类型的电解技术原理见图 4-24，相关特性对比见表 4-3。

4.4.2.2 发展方向与趋势

水电解技术的工业化应用始于 20 世纪 20 年代，碱性液体电解槽电解水技术已经实现工业规模的产氢，应用于氨生产和石油精炼等工业。20 世纪 70 年代之后，能源短缺、环境污染以及太空探索方面的需求带动了质子交换膜电解水技术的发展。同时特殊领域发展所需的高压紧凑型碱性电解水技术也得到了相应的发展。

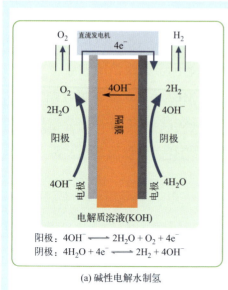
(a) 碱性电解水制氢

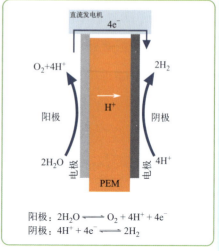
(b) 质子交换膜电解水制氢

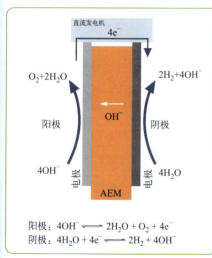
(c) 阴离子交换膜电解水制氢

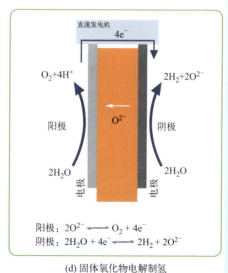
(d) 固体氧化物电解制氢

图 4-24　不同类型的电解技术原理

表 4-3　不同电解水技术特性

类型	ALK	PEM	SOEC	AEM
电解质隔膜	30%KOH石棉膜	质子交换膜	固体氧化物	阴离子交换膜
电流密度/(A/cm^2)	<0.8	1~4	0.2~0.4	1~2

续表

类型	ALK	PEM	SOEC	AEM
电耗（标况）/ (kW·h/m³)/效率	4.5~5.5	4.0~5.0	预期效率约为100%	—
工作温度/℃	≤90	≤80	≥800	≤60
产氢纯度/%	≥99.8	≥99.99	—	≥99.99
相对设备体积	1	约1/3	—	—
操作特征	需控制压差，产气需脱碱	快速启停，仅水蒸气	启停不变，仅水蒸气	快速启停，仅水蒸气
可维护性	强碱腐蚀强	无腐蚀性介质	—	无腐蚀性介质
环保性	石棉膜有危害	无污染	—	无污染
技术成熟度	充分产业化	初步商业化	初期示范	实验室阶段
单机规模（标况）/(m³/h)	≤2500	≤200	—	—

数据来源：《电解水制氢技术研究进展与发展建议》《2022中国电解水制氢产业蓝皮书》。

由可再生能源电解水制氢，是一条颇具前景的清洁能源技术路径。其中碱性电解水制氢技术成熟度最高、成本最低，但存在腐蚀问题，且启停响应时间较长，不适合波动性电源。质子交换膜电解水制氢目前已实现初步商业化，其响应速度快，能适应波动性电源，但成本较高，且中国在质子交换膜等核心技术上有待进一步突破。固体氧化物电解水制氢效率高，工作温度高，目前仍处于实验室阶段。阴离子交换膜电解水制氢结合了碱性电解水制氢和质子交换膜电解水制氢的优点，成本较低，且能很好地适应波动性电源。该技术目前尚处于研发阶段，生产规模受到限制。

4.4.2.3 拟解决的关键科技问题

在电解水制氢方面，如何提升电解水制氢的效率，降低技术成本，是突破电解水制氢技术发展的关键，需要不断优化现有的电解水制氢技术，重点在降低成本、减小能耗、提高效率等方面进行开发创新。对核心关键部件，如电解槽、隔膜、电极材料等加大研发投入力度，以解决限制其发展的关键问题。

第5章

钢铁行业低碳技术发展路径

我国是世界上最大的钢铁生产和消费国，具有完备、先进的钢铁工业体系。由于受到能源结构、废钢资源等条件限制，在短期内我国钢铁行业以传统高炉-转炉长流程为主的工艺结构难以改变。中国钢铁行业应该始终秉承绿色低碳发展理念，以淘汰落后、节能降耗、超低排放、智能制造等方式积极行动，促进钢铁行业低碳发展。但钢铁行业低碳发展是一项复杂、庞大的系统工程，挑战巨大，任重道远。

钢铁行业实现"双碳"目标根本的解决途径在于钢铁生产低碳技术进步，核心是技术创新、技术突破和技术推广。在"碳达峰、碳中和"的"双碳"目标约束下，钢铁行业低碳发展关键技术的路线图见图5-1。

近期（2021—2030年），钢铁行业积极推进稳步实现碳达峰。此阶段，钢铁行业产量规模处于平台期，降碳以系统能效提升、资源循环利用、流程优化创新等技术路径为主，积极推进产品迭代升级。通过深度节能技术应用与装备升级改造，实现能源精细化管控，余热余能应收尽收，做到钢铁生产全系统极致能效。利用好废钢资源，加强废钢比冶炼工艺研发应用和收集，提高废钢判定、分选和加工技术效率。随着新能源技术发展，提高绿色能源占比，工艺流程重塑降低能源消耗和金属损耗。

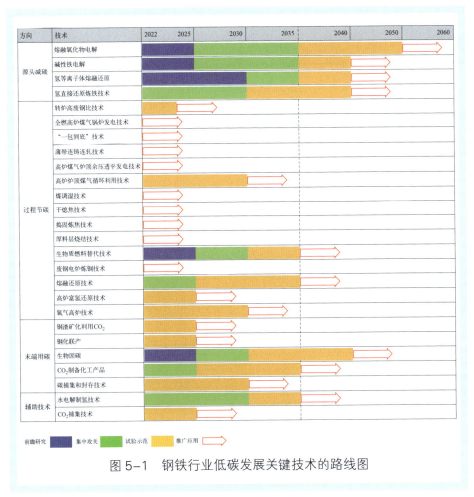

图 5-1 钢铁行业低碳发展关键技术的路线图

中期（2031—2040 年），钢铁行业创新驱动实现深度脱碳。该阶段应以流程优化创新、产品迭代升级为主，继续推进资源循环利用和系统能效提升。重点关注高炉-转炉工艺流程和电炉流程的创新突破，高炉-转炉流程如何在减碳技术上寻求更大突破，电炉流程如何更大提升工艺装备的节能环保技术水平。随着全社会废钢的积累和用钢需求的缓慢下降，采取以高效节能的高炉-转炉和废钢-电炉相结合，进一步提高废钢-电炉短流程的比例。此外，钢铁行业应加快替代能源的发展，努力减少化石能源的使用量，使能源结构多样化。同时，加快氢冶金和 CCUS 项目的工业示范与实施。

中远期（2041—2050 年），钢铁行业重大突破冲刺极限降碳。该阶段以冶金工艺突破为主，持续推进流程优化创新和产品迭代升级，加强绿色能源、清洁能源的应用，推广富氢冶炼技术，寻求"零碳"冶炼技术突破，实现钢铁生产过程的大幅降碳，深度降碳推动碳中和进入冲刺阶段。在"碳中和"目标下，钢铁冶炼工艺摆脱传统工艺流程和装备的束缚，氢冶金等重大的冶炼工艺取得突破，并形成以高效节能的高炉-转炉、全废钢-电炉和氢基直接还原-电炉等工艺流程相结合的流程结构，清洁能源和制备技术的应用比例大幅提高。继续提高资源循环利用效率，全面推动钢铁行业与化工、建材、机械等行业的协同降碳。

远期（2051—2060 年），钢铁行业融合发展助力碳中和。此阶段，在国家非化石能源占比达到预期 80% 以上前提下，氢冶金、CCUS 等低碳工艺取得突破，实现商业化应用。钢铁行业不断推广成熟的、可行的低碳生产方案，全面深化流程优化创新和冶炼工艺突破，最终实现钢铁行业的碳中和。

第6章

钢铁行业低碳发展的政策建议

在当前世界各国协力推动"碳中和"的时代背景下，钢铁行业必须要革新发展理念。中国钢铁要加快做好行业低碳转型发展的顶层设计，提前谋划与布局碳减排工作，完善碳排放管理支撑体系建设，从自身实际出发，加强科技创新，用碳排放管理的抓手有效推动化解过剩产能、电弧炉短流程炼钢、先进低碳技术研发等工作的开展，让低碳转型真正成为钢铁工业实现高质量发展、提高竞争力的重要引擎。具体措施建议如下。

（1）统筹规划、科学制定政策标准

以"双碳"政策为指导，统筹规划，科学制定钢铁行业碳减排相关政策标准，做好顶层设计。加快制定我国钢铁行业碳达峰碳中和行动方案和路线图，明确碳减排过程的主要目标和重点任务，按照短期、中期、中远期/远期分阶段实施；制定钢铁行业能效和碳排放监测与评价体系，健全完善企业能效和碳排放核算、计量、报告、核查和评价机制；制定钢铁行业技术改造清单和实施方案，根据能耗评价标准，科学指导钢铁企业实施节能降碳技术改造；制定钢铁行业纳入全国碳市场的相关标准和规则。

（2）优化完善产业布局，创新驱动行业升级

推进钢铁行业兼并重组，提高产业集中度，解决行业同质化竞争严

重、资源配置不合理、研发创新协同能力不强等问题；科学合理地化解过剩产能、压缩粗钢产量，构建更高水平的供需动态平衡，在满足国内外钢材消费需求的前提下降低增速；基于全生命周期理念开展生态产品设计，开发优质、高强、长寿命、可循环的绿色钢铁产品，推动钢铁全产业链、全供应链、全价值链跨入低碳发展新循环。

（3）调整能源及流程结构，有效促进低碳转型

鼓励企业积极采用可再生能源，加大清洁能源使用比例，研发和推广非化石能源替代技术、生物质能技术、储能技术等，促进能源结构整体清洁低碳化；鼓励企业优化原燃料结构，开展高比例球团矿冶炼、降低高炉燃料比冶炼、喷吹富氢煤气冶炼、提高转炉废钢比等技术研究和应用；加强废钢资源回收利用，有序引导建设电弧炉短流程生产工艺；推广应用铁钢界面衔接、钢轧界面衔接等先进工艺技术，加大力度研究直接还原铁、氢冶金等工艺，实现能源结构和流程结构的低碳转型。

（4）加强能效提升及能耗监控，科学助力减排降碳

强化节能低碳意识，积极推广和应用成熟技术、先进设备，鼓励高能效转化工艺和装备的开发及应用，推动工艺技术改造，提升能效利用水平；建立并优化能源管控体系，利用新技术手段加强能耗监管，提高智慧能源管理水平，实现对能源产生和消耗的精细化管理，及时排查生产过程碳排放总量和可控量，持续提升节能降碳空间；建立并完善碳排放和污染物排放协同治理体系，注重采用源头减排降碳和过程控制减碳的技术措施，利用二次能源和资源，实现减排降碳协同治理。

（5）研发突破性低碳技术，引领新型低碳发展

注重科技创新，自主研发或借鉴国外先进的低碳技术，重点围绕"以氢代煤"关键冶炼技术的突破，温室气体的排放控制与处置利用技术，包括生物与工程固碳技术，煤炭、石油和天然气的清洁、高效开发和利用技术，CCUS技术，等等；建立相关标准体系，实现知识产权保护；鼓励有条件的企业开展低碳冶金工业化研究试验，加快推动先进低碳技术在钢铁工业的应用，形成示范项目工程，引领中国钢铁向新型低

碳发展。

（6）协同行业及区域合作，共同打造低碳经济圈

发挥钢铁生产的加工转化功能，延伸以钢铁生产为核心的上下游产业链，以"两业融合"为抓手发展循环经济园区，打造循环经济产业链，实现能源、资源的协同优化；根据钢铁工业的碳排放贡献，与各行业发展合作关系，在全社会共同参与的情况下，增加生态碳汇的开发，研究不同情景下减碳效益及实现可能性，为实现碳中和提供方向；加强碳交易领域国际合作，积极拓展国际合作渠道，构建国际合作平台，将中国碳交易市场与全球接轨，实现低成本、高效率减少温室气体排放的目标。

第二篇
水泥工业篇

第7章

水泥工业概述

7.1 水泥的发明与工艺革新

水泥作为最常用的凝胶材料，其发明是基于古人对于石灰在空气与水中固化现象的使用。据考古发现，早在新石器时代中国的仰韶文化中，人们就运用石灰石烧成后的粉末涂抹建筑的立面，这是目前考古发现中对石灰最早的运用。随后的历史发展中，古埃及、古希腊、古罗马以及中国古代都成熟地使用石灰的固化反应来黏合石块砖块，并逐步发展为混合有黏土等多种原料的石灰石浆。1824年英国水泥匠阿斯谱丁发明了真正意义上的硅酸盐水泥，因其颜色似英国波特兰地区的石材，人们也称之为"波特兰水泥"，奠定了现代水泥的基础。后来一般将1824年作为现代硅酸盐水泥的发明时间。水泥的发展历程如图7-1所示。

如图7-2所示为世界水泥工业的发展历程。水泥工业诞生于第一次工业革命，最初是间歇式土立窑。第二次工业革命，冶炼技术具有开创性，1877年回转窑问世，随后又出现了单筒冷却机、立式磨机、单室球磨机，这些设备的发明都提高了水泥的质量。1910年实现了立窑机械化连续生产，1928年引进立窑，实现了产量的大幅度提高和回转窑热耗的降低。20世纪中叶的第三次工业革命给水泥行业带来了重大变革。1950年悬浮预热器的发明和应用使热耗大幅度降低，1971年日本水泥公司在悬浮余热技术的基础上进一步研发水泥窑外预分解技术，即新型干法水泥生产技术，奠定了现代水泥生产技术和装备的基础。同时，在水泥制造过程中，不断改进原料预均化、原料均化、应用X射线化学成分检测方法和计算机自动控制技术等多种生产技术，提高了产量，干法窑炉改造质量显著提高，在节能降耗、降低生产成本方面均取得长足进步。

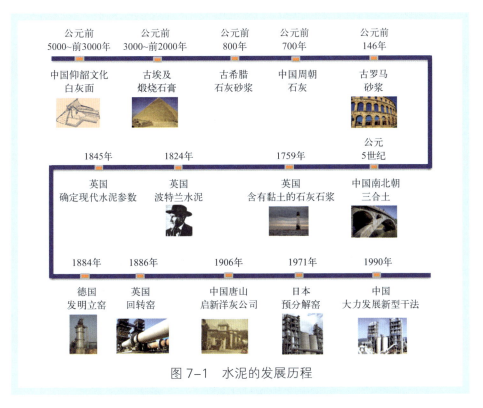

图7-1 水泥的发展历程

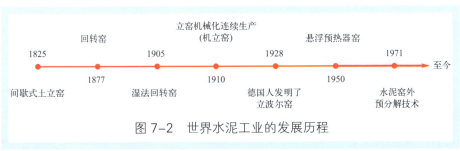

图7-2 世界水泥工业的发展历程

我国水泥工业起步较晚。最早的水泥厂是 1886 年成立的澳门青洲英坭厂，采用外国立窑技术。1889 年在唐山创办细棉土厂，后因为技术等原因，这两家水泥厂先后停产。1900 年唐山重新建立启新洋灰公司（图 7-3），有了现代意义上的中国水泥工业。启新洋灰公司不仅在中国水泥工业中占有重要地位，而且是近代中国民族工业发展的伟大代表，其生产的"马牌"水泥经英国亨利·菲加公司和小卢森科学实验室检测，其细度、强度、凝固、膨胀率和化学成分均优于英国和美国标准。1911 年启新水泥在意大利杜兰特博览会上获得优秀奖，1912 年启新洋灰公司向美国洛杉矶出口水泥 10000 多桶，是我国历史上首次出口水泥。1919 年，启新在国内销售的水泥占全国总量的 92.02%，成为当时我国最大的水泥厂。

图 7-3　唐山启新洋灰厂旧址

新中国成立前我国水泥工业产量低、品种少，1949 年我国水泥产量只有 66 万吨。新中国成立以后，水泥工业和其他工业一样得到迅速发展。我国在 20 世纪 50 年代已经进行过悬浮预热器的研究；60 年代初开发了四级旋风预热器回转窑。1969 年建成第一台带立筒预热器的回转窑。

1976年在石岭建成第一台悬浮分解炉，窑外分解技术得到快速推广使用。我国自行研究设计的2000吨熟料窑外分解工艺生产线建成并投产。在粉磨技术方面，我国自行研制成功高细磨设备，并引进开发立式辊磨的制造技术。20世纪90年代后，我国大力发展以预分解为中心的新型干法工艺线，使我国水泥生产工艺进入一个新的阶段。1991年，我国水泥产量已达2.4亿吨，跃居世界首位。水泥工业的新技术、新工艺、新装备也不断取得进步。近20多年来，我国水泥产量已占世界水泥总产量的一半以上；同时，我国水泥产业结构调整迅速，大量新型干法水泥生产线投入使用。中国水泥的发展历程如图7-4所示。

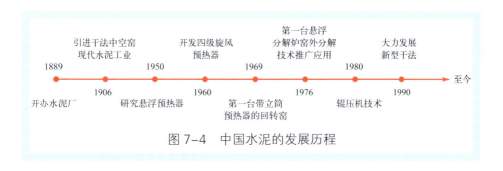

图7-4　中国水泥的发展历程

7.2　水泥与人类社会发展

水泥被称为建筑的"粮食"，在人类文明中占有重要地位。随着人类经济社会的不断发展与城镇化的不断推进，水泥的产量呈现上升趋势，大致与人口和GDP增长趋势一致（图7-5）。未来随着全球经济社会的发展和人口的递增，对水泥等建材的需求将保持在高位。

中国自20世纪90年代以来经济社会快速发展，自1994年以来GDP扩大20余倍，城镇化等社会基础建设取得跨越式发展，也极大地拉动了水泥的需求，水泥产量也扩大了5倍。近年来随着经济增速的放缓，水泥的产量也逐步进入平台期（图7-6）。

图 7-5 世界总 GDP、人口与水泥产量

图 7-6 中国的水泥产量、GDP 与城镇化率

发达国家如德国、美国，其经济社会发展水平已达到一个较高的水平，城镇化率达到 80% 左右，已处于平台期，因而对于水泥的需求也位于平台期，水泥年产量趋于稳定（图 7-7 和图 7-8）。参考美国的社会发展与水泥的关系，经济社会高度发达的国家人均水泥消费最高为 25 吨每人，峰值时间大致是深度城市化后期。

图 7-7 德国的水泥产量、GDP 与城镇化率

图 7-8 美国的水泥产量、GDP 与城镇化率

未来随着全球经济社会水平的进一步发展，特别是发展中国家人口的持续增加与城镇化率的提高，对水泥的需求仍将保持在高位，导致水泥的碳排放量也将维持在较大数值，水泥低碳技术和路径的研究与应用将对整个碳减排目标的实现起到重要推进作用。

7.3 水泥的分类

硅酸盐水泥出现后，应用日益普遍。100多年来，随着水泥生产工艺的研究及改进，硅酸盐水泥生产技术不断提高和完善，同时水泥制品也相应得到发展。由于工业不断发展，以及军事工程和特殊工程的需要，先后制成了各种特殊用途的水泥，如铝酸盐系列水泥、硫铝酸盐系列水泥、高强快硬硅酸盐水泥、膨胀水泥、抗硫酸盐水泥、油井水泥等。

水泥的种类如表7-1所示。水泥具体可以按用途及性能分为通用水泥、专用水泥及特种水泥。按主要的水硬性矿物组成可分为硅酸盐水泥、铝酸盐水泥、硫铝酸盐水泥等系列。目前水泥品种已达100余种。

表7-1 水泥的种类

分类方法	大类	小类
按用途及性能分类	通用水泥（土木建设工程）	硅酸盐水泥即波特兰水泥（P.Ⅰ和P.Ⅱ） 普通硅酸盐水泥（P.O） 矿渣硅酸盐水泥（P.S） 火山灰硅酸盐水泥（P.P） 粉煤灰硅酸盐水泥（P.F） 复合硅酸盐水泥（P.C）
	专用水泥（专门用途）	G级油井水泥、道路硅酸盐水泥
	特种水泥（具有特殊性能和用途）	快硬硅酸盐水泥、低热矿渣硅酸盐水泥、膨胀硫铝酸盐水泥、磷铝酸盐水泥和磷酸盐水泥
按主要水硬性物质分类		硅酸盐水泥 铝酸盐水泥 硫铝酸盐水泥 铁铝酸盐水泥 氟铝酸盐水泥 磷酸盐水泥 火山灰或潜在水硬性材料以及其他活性材料为主成分的水泥

7.4 水泥的主要成分

水泥主要由熟料、石膏、矿渣粉煤灰等混合材组成，如图7-9所示。熟料起最主要的水硬性作用，石膏的主要作用是减缓熟料的水硬性，混合材中高炉矿渣等也具备一定水硬性，称为活性混合材，其他非活性混合材主要起支撑强度作用。

图 7-9 水泥的组成成分

① 水泥熟料，以适当成分的生料烧至部分熔融所得的以硅酸钙为主要成分的产物。

② 石膏，主要为天然石膏或工业副产石膏，掺量 2%～5%。

③ 水泥混合材，在水泥生产过程中，为改善水泥性能、调节水泥标号而加到水泥中的矿物质材料，称之为水泥混合材料，分为活性和非活性两种。活性混合材即具有火山灰性或潜在水硬性的混合材料，如粒化高炉矿渣、粉煤灰等；非活性混合材即活性指标不符合标准要求的潜在水硬性或火山灰性混合材料以及砂岩和石灰石等。

④ 窑灰是指从水泥回转窑窑尾废气中收集的粉尘。

⑤ 助磨剂，用于在水泥粉磨时起助磨作用而不损害水泥性能的一种外加剂，加入量＜1%。

通用硅酸盐水泥的组成成分如表 7-2 所示。

表7-2 通用硅酸盐水泥的组成成分

品种	代号	组成成分（质量分数）/%				
		熟料+石膏	粒化高炉矿渣	火山灰质混合材料	粉煤灰	石灰石
硅酸盐水泥	P.Ⅰ	100	—	—	—	—
	P.Ⅱ	≥95	≤5	—	—	—
普通硅酸盐水泥	P.O	≥95	—	—	—	≤5
矿渣硅酸盐水泥	P.S	≥80且<95	>5且≤20	—	—	—
		≥50且<80	>20且≤50	—	—	—

水泥熟料主要由四种矿物相组成，C_3S（硅酸三钙）占比65%，C_2S（硅酸二钙）占比20%，C_3A（铝酸三钙）占比8%，C_4AF（铁铝酸四钙）占比7%。其中 C_2S 是由 CaO 和 SiO_2 在1000℃下反应生成的，即 $2CaO+SiO_2 \longrightarrow 2CaO \cdot SiO_2$；$C_3A$ 是由 CaO 和原料中的 Al_2O_3 在1200～1300℃反应生成的，即 $5CaO \cdot 3Al_2O_3+4CaO \longrightarrow 3(C_3A)$；$C_4AF$ 由 CaO 和原料中的 Al_2O_3、Fe_2O_3 在1250℃反应生成。以上三种矿物相反应均为固相反应。温度继续升高至1450℃，矿物变成熔融态，进一步发生液相反应 $2Ca \cdot SiO_2+CaO \longrightarrow 3CaO \cdot SiO_2$ 得到熟料中最主要成分 C_3S。水泥熟料晶相及相变化如图7-10所示。

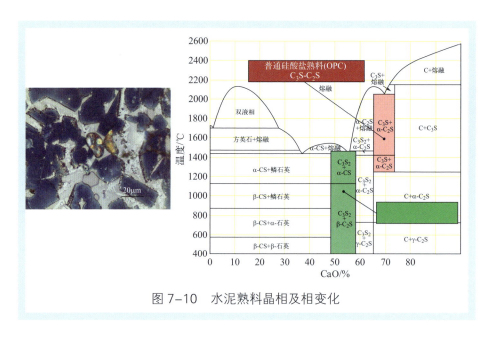

图7-10 水泥熟料晶相及相变化

7.5 水泥原料资源的分布

水泥生产的主要原料是石灰石，我国的石灰石矿资源总量为3719.29亿吨，分布在32个省（区、市），主要分布在山东、河北、陕西、湖南、河南、广西、江西等地，其中山东占总储量的33.19%，河北占24.3%，陕西占13.99%，全国石灰岩分布面积达43.8万平方千米，约占国土面积的1/20，其中能供做水泥原料的石灰岩资源量占总资源量的1/4～1/3。我国的石灰石资源比较丰富，但为了环境保护和生态平衡，特别是随着我国小城镇化建设规划的不断翻新，可供水泥行业开采的石灰石并不富裕，而且越来越少。表7-3是我国石灰石资源的地理分布。

表7-3　我国石灰石资源的地理分布

分布地区	保存储量/10^8t	大型矿床		中型矿床		大中型矿床储量合计/10^8t	大中型储量占总量比例/%
		个数	保存储量/10^8t	个数	保存储量/10^8t		
华北	64	22	36	23	13	49	76.6
东北	34	12	18	17	9	27	79.4
华东	141	58	93	38	22	115	81.6
中南	140	56	82	51	29	110	78.6
西南	77	22	30	35	19	49	63.6
西北	86	35	64	15	8	72	83.7
合计	542	205	323	179	100	423	78.0

7.6 水泥的生产工艺及流程

近30多年来，国内外广泛采用的主流生产方式是以窑外分解技术为核心,把现代科学技术、工业生产成就、自动控制技术及各种节能技术广泛应用于水泥干法生产的全过程,使水泥生产具有高效、优质、低耗、环保和大型化、自动化特征的现代水泥生产方法,称为新型干法水泥。

硅酸盐水泥应用面广,使用量大。现以硅酸盐水泥的生产为例,水泥生产分为三个阶段,简称"两磨一烧"。

第一阶段是生料制备。将石灰石原料、硅铝质原料与少量铁质、铝质、硅质校正原料经破碎或烘干后,按一定比例混合、磨细,并调配为成分合适、质量均匀的生料。

第二阶段是熟料煅烧。生料通过悬浮预热、预分解以及回转窑的煅烧,使生料中碳酸盐迅速分解并发生一系列的固相反应,生成水泥熟料中的矿物,随着温度升高,矿物会逐渐变成液相,最后反应生成熟料。熟料通过箅冷机冷却。得到以硅酸钙为主要成分的硅酸盐水泥熟料。

第三阶段是水泥粉磨。水泥熟料通过粉磨达到适宜的粒度。同时水泥的原材料石膏以及其他需要掺加的工业废弃物,如粒化高炉矿渣、火山灰质混合材料、粉煤灰、石灰石等,都进行粉磨处理后与水泥熟料混合。具体请参见图7-11。

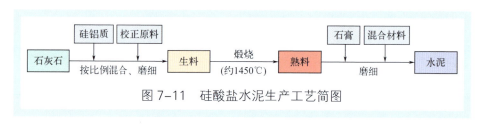

图7-11 硅酸盐水泥生产工艺简图

具体而言,预分解窑新型干法制备硅酸盐水泥的生产流程主要包括以下几道工序。

① 原料开采。我国水泥生产的主要原料是石灰质原料和硅铝质原料。石灰质原料是以碳酸钙为主要成分的石灰石、大理石、泥灰岩、白垩土等。硅铝质原料是指以二氧化硅、三氧化二铝以及少量三氧化二铁

为主要成分的黏土、黄土、页岩、粉砂岩等。从采石场挖掘水泥生产所需的原料，经破碎后，通过汽车、船运等交通工具输送到水泥生产工厂。

② 原料预均化。破碎后的石灰质原料和硅铝质原料送入堆场或储库，进行预均化处理，使原料成分趋于均匀一致，以消除入磨原料的成分波动。

③ 生料粉磨。预均化后的原料送入配料站，按一定配比配料后，送入生料磨进行烘干与粉磨。生料粉磨过程中的配料与调整可以进一步消除成分波动。

④ 生料均化。经烘干粉磨后的生料送入生料均化库进行均化与储存，可消除生料成分的全部波动，以获得均匀稳定的生料。

⑤ 熟料烧成。经过粉磨、均化后制成的水泥生料，喂入水泥窑系统内，经烘干、预热、预煅烧（包括预分解），最后烧制成水泥熟料，送入熟料库储存。水泥熟料煅烧过程分为干燥、脱水、碳酸盐分解、固相反应、液相烧成、冷却等过程。

⑥ 废气处理。新型干法水泥回转窑窑尾的废气排放量较大，并含有NO_x、SO_2、粉尘等。废气先经窑尾风机送入增湿塔降温增湿并预收尘后，进入生料磨用废气余热干燥水泥生料，然后经窑尾收尘进一步除去固体粉尘后，送入烟囱排放。

⑦ 煤粉制备。我国水泥生产大多以煤做燃料，运输至水泥生产工厂的煤炭先后经过破碎、均化、粉磨、除尘等处理后，送入煤粉仓储存，供回转窑和分解炉使用。

⑧ 水泥粉磨。水泥熟料与石膏、混合材料经一定配比混合后进入水泥磨粉磨，得到粉状的水泥产品，送入水泥库储存。

⑨ 水泥运输。储存的水泥可经包装机制成袋装水泥，再出厂外售；或者作为散装水泥出厂外售。

⑩ 辅助生产。是指水泥生产所需的公用工程系统。

新型干法制备硅酸盐水泥的生产流程如图 7-12 所示。

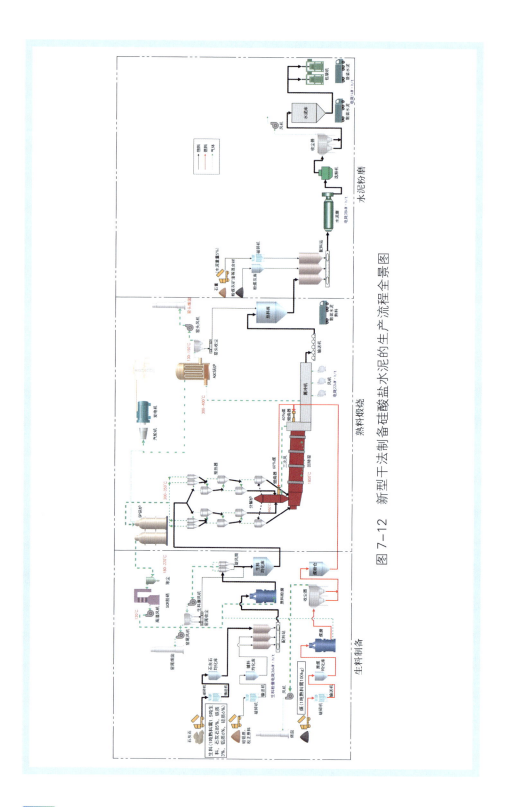

图7-12 新型干法制备硅酸盐水泥的生产流程全景图

在水泥生产过程中，生产 1 吨熟料需要生料约 1.5t，对于普通硅酸盐水泥，石灰石占比 85%，硅质占比 6%，铝质占比 6%，铁质占比 3%。在燃料方面，生产 1t 熟料需要标准煤 100kg。经粉磨、均化、配比后的生料经悬浮预热器、分解炉、回转窑和篦冷机，经过一系列反应后形成水泥熟料。在这一过程中，碳酸盐的分解主要发生在窑外分解炉，固相反应和液相反应主要发生在回转窑，在这一流程中约 60% 的煤粉进入分解炉，约 40% 的煤粉进入回转窑。目前大型水泥生产线普遍配有余热回收及发电系统，可提供生产线约 20% 的电力需求。水泥的废热主要来源于两方面，一是篦冷机出口处因冷却熟料而产生的余热气体，温度为 300～400℃，这部分气体进入 AQC 锅炉进行余热回收发电；二是在悬浮式预热器顶部有高温烟气排出，温度为 300～350℃，高温烟气经 SP 锅炉回收余热，再经除尘、脱硝后温度降至约 120℃，此部分气体可通入原料粉磨机中对原料进行干燥。

水泥生产过程中的物质平衡如图 7-13 所示，固相物质流入主要是生料的消耗，固相物质流出主要为熟料产出，产出比约为 1.65∶1。气相物质流入主要来自冷却机冷却熟料的进风，气相物质流出主要是预热器出口废气和篦冷机排出空气。

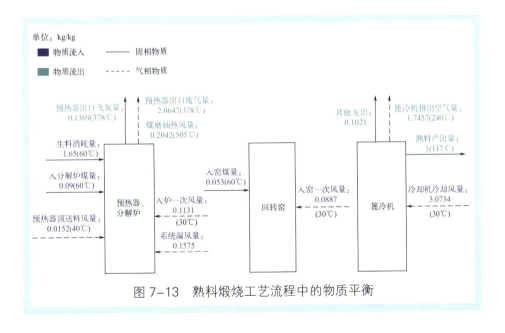

图 7-13 熟料煅烧工艺流程中的物质平衡

7.7 水泥生产主要设备

（1）原料开采设备

常用的矿山钻孔设备有：手持式风动凿岩机（孔径 35～45mm）、潜孔钻机（孔径 150～170mm）、回转钻机（孔径 90～120mm）、牙轮钻机（孔径 150～250mm）。水泥生产中 90% 以上的水泥矿山采用潜孔钻机，少数采用切削旋挖钻机和圆锥滚子钻机。潜孔钻机的工作方式属于气动冲击钻进，冲孔过程中，气动冲击器随钻头插入孔内，可充分利用冲击能量，提高冲孔效率。我国潜孔钻机的钻孔直径一般为 100～200mm，而国外最大钻孔直径已达到 762mm。使用的风压主要为 0.7～0.8MPa，目前使用的最高风压为 2.5MPa。旋挖钻机在国外广泛应用于建筑材料和非金属矿山，在我国也用于水泥原料矿山，适用于抗压强度小于 1200kgf/cm²❶ 的中硬石灰岩、大理石、页岩，但不宜钻孔。对于抗压强度高、SiO_2 含量在 7% 以上的岩石，如果岩石不易破碎，为防止钻机走偏，应加装导向装置。牙轮钻机是一种新型高效钻井设备，其效率比潜孔钻机高 40%～100%，生产能力大，设备成本高，主要用于大型矿山。回转钻机和牙轮钻机如图 7-14 所示。

图 7-14 回转钻机与牙轮钻机

---

❶ 1kgf/cm²=98066.5Pa。

（2）原料粉碎设备

水泥生产中应用的原料破碎设备主要是颚式破碎机和圆锥式破碎机。

颚式破碎机（图7-15）在水泥工业中广泛用作原料的粗破装备，它具有构造简单、坚固耐用、操作维修方便、适用性广泛的特点，其利用活动颚板和固定颚板作周期性往复运动对物料进行挤压而使物料破碎。颚式破碎机工作时，活动颚板相对于固定颚板作周期性往复运动，周期性靠近和分开。在接近时，材料在两个颚之间的冲击下被挤压、分裂和粉碎。无人看管时，粉碎后的物料靠重力从排料口排出。在将大块岩石破碎成小块岩石的过程中，初级破碎机通常是"主"破碎机。给颚式破碎机喂料时，物料从上部进料口倒入装有齿的破碎腔内，臼齿以极大的力将物料压在腔壁上，破碎成小石块。支撑臼齿运动的是穿过机架的偏心轴，偏心运动通常由固定在轴两端的飞轮产生。调心滚子轴承常用于飞轮和偏心支撑轴承，轴承必须承受高冲击载荷、磨蚀性污水和高温。

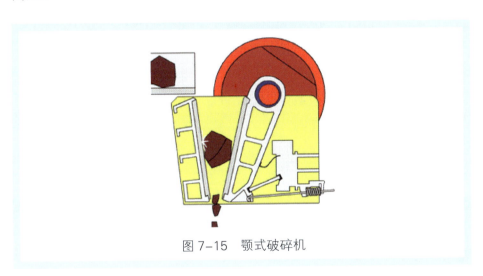

图7-15　颚式破碎机

圆锥式破碎机（图7-16）是目前应用最为广泛的硬物料中碎、细碎的一种典型设备。圆锥式破碎机主要由机架、传动轴、偏心套、球面轴承、破碎锥、调节装置、调节套、弹簧和出料口组成。圆锥式破碎机工作过程中，电机通过传动装置驱动偏心套旋转，并且运动锥体在偏心轴套力的作用下旋转和摆动，静态圆锥体被多次挤压、冲击压碎和破坏。当移动的圆锥体离开该部分时，已破碎到所需粒度的材料在其自身重力作用下下落，并从圆锥体底部排出。

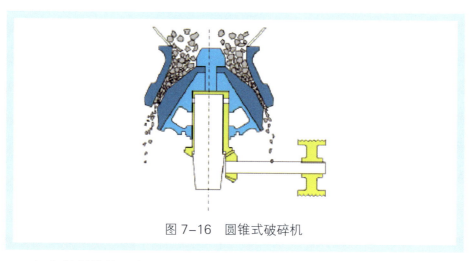

图 7-16　圆锥式破碎机

（3）熟料煅烧设备

从水泥生产发展的过程来看，最初使用的是竖式窑（立窑），后来发明了回转窑。立窑只能煅烧水分含量约为 15% 的料球，故只能采用半干法制备生料，或在干法生料制球过程中另外加入适量水，立窑生产被称为半干法生产。回转窑可以适应各种状态的生料，故回转窑又有干法窑、半干法窑和湿法窑之分。立窑是填充床式的反应器，具有设备简单、钢材耗用少、投资省、单位容积产量高、热耗较低、建设周期短等优点，但存在单机产量低、熟料质量不够均匀（料粉之间、料球之间相对运动少，缺少窑内均化作用）、劳动生产率低、通风动力消耗高等缺点，只能适应交通不便、市场规模小的地区，属于限制发展和淘汰的窑型。

新型干法窑是以窑外的悬浮预热器和预分解技术为核心（图 7-17），把现代科学技术和智能工业生产最新成就引入水泥生产，如将原料矿山计算机控制网络化开采，实现无人化开采，原料预均化，生料均化，挤压粉磨，新型耐热、耐磨、耐火、隔热材料，新型烧成系统以及智能控制技术等广泛应用于水泥新型干法生产全过程，使水泥生产更加具有高效、优质、节约资源、清洁生产、符合环境保护要求和低碳化、大型化、自动化、智能化、科学管理等特征的现代化水泥生产方法。

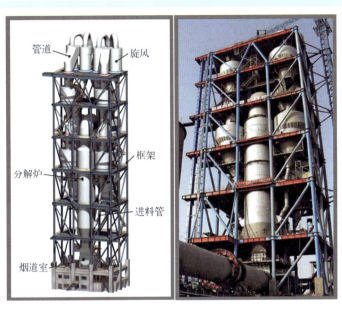

图 7-17　悬浮预热器与预分解炉

悬浮预热器是指将低温粉状物料均匀分散在高温气流中，在悬浮状态下进行热交换，使物料能够快速升温的技术。特点是物料悬浮在热气流中，与气流的接触面积大大增加。通过快速传热传质，可大大提高生产效率和热效率。悬浮预热器包括旋风管和连接管（换热管），作用是使气固相充分分散、分布均匀、快速换热、高效分离。

预分解炉（或窑外预分解炉）是指将通过悬浮预热器的水泥生料在达到分解温度前进入预分解炉与入炉燃料混合，迅速吸收燃料燃烧热的设备。在悬浮状态下将生料中的碳酸钙迅速分解成氧化钙。分解炉的分类按气流主要运动形式可分为旋风式（NSF）、喷腾式（FLS）、旋风-喷腾式（RSP）、流化床式（MFC）。按分解炉与窑的连接方式可分为同线型、离线型、半离线型。

回转窑是水泥生产的重要设备,在回转窑内只进行小部分分解反应、固相反应、烧成反应。回转窑内根据温度的差异分为六个反应带:干燥带、预热带、分解带、放热反应带、烧成带、冷却带。其中干燥带、预热带、分解带、放热反应带统称为过渡带。不同温度带内发生不同的反应。Ⅰ带——干燥带(150℃):30%~40%的水分蒸发,水分接近0时约150℃。Ⅱ带——预热带(150℃→750℃):黏土矿物排出水分,碳酸盐部分分解。Ⅲ带——分解带(750℃→1000℃):主要承担碳酸镁和碳酸钙分解,为吸热反应,温度升高缓慢,1100℃时,碳酸钙分解迅速,游离氧化钙数量达到最多。Ⅳ带——放热反应带(1000℃→1300℃):碳酸盐分解结束,发生固相反应,放出大量的热,物料温度升高300℃。Ⅴ带——烧成带(1300℃→1450℃→1300℃):1250℃→1280℃出现液相,至1450℃时游离氧化钙被迅速吸收,水泥熟料化合物形成。Ⅵ带——冷却带(1300℃→1000℃):熟料向前运动,到达窑头端部位置与温度较低的二次空气相遇,温度下降,出窑进入冷却机。从窑尾至物料温度1280℃左右的区间,主要是少部分物料的碳酸盐分解和全部物料的固相反应;物料温度1300℃→1450℃→1300℃区间为烧成带,主要完成熟料的烧成过程。

熟料冷却机是一种将高温熟料向低温气体传热的热交换装置,作业原理在于高效、快速地实现熟料与冷却空气之间的气固换热。国内外使用的熟料冷却形式有:单筒式、多筒式(短多筒和长多筒)、篦式(包括振动式、推动篦式和回转式)、立筒式。冷却机的功能有以下四种:作为工艺设备,高温熟料骤冷;作为热力设备,对二次风、三次风进行加热;作为热回收设备,对窑炉熟料进行热回收;作为熟料输送设备,输送高温熟料。目前,在新型干法生产中采用第四代推进篦冷机和从窑罩抽取三次风可认为是最佳方案。回转窑与冷却机如图7-18所示。

(4)水泥粉磨设备

水泥熟料的粉磨主要使用粉磨设备和选粉设备,现就其代表性设备作简要介绍。

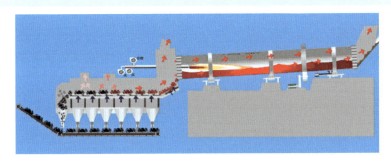

图 7-18 回转窑与冷却机示意图

辊压机（图7-19），又名对辊磨和对辊机，是20世纪80年代中期开发的新型节能水泥粉磨设备，可替代高能耗、低效率球磨机的预粉磨系统，降低钢耗和工作噪声。0.08mm的细料占挤压料的20%～35%，而小于2mm的占65%～85%。颗粒内部结构因压缩而充满细小裂纹，大大提高了耐磨性。辊面采用热堆焊，耐磨层易于维护。辊压机是根据料床粉碎原理设计的，其主要特点是：高压、全速、全料、料床破碎。辊压机由两个反向同步转动的挤压辊组成，一个为固定辊，一个为活动辊。物料从两辊上方喂入，由挤压辊连续带入辊隙，经100～150MPa的高压后，成为致密的料饼，从机内排出。排出的饼中含有一定比例的细粒成品。非成品颗粒内部产生大量裂纹，提高了物料的可磨性，进一步粉碎可大大降低粉碎能耗。物料通过磨辊主要分为三个阶段：满料密集、层压粉碎、结团排料。普通辊压机由机架、两个辊系、传动装置、扭矩支承、辊罩、进料装置、液压（加压）系统、主轴承润滑系统、干油润滑系统、电气系统、拆辊装置等组成。精密辊压机除了具有普通辊压机主要零部件和装置外，还增加了保证压延精度的装置。

OSEPA选粉机（图7-20）是于1979年由日本小野田公司开发的，也称"第三代高效选粉机"，已在水泥企业的粉磨系统中得到了广泛应用。OSEPA选粉机原理先进、分级机理明确，与传统的离心式、旋风式选粉机相比主要有如下优势：提高产量、降低能耗、提高质量、降低成本、操作简单、细度调节方便、磨损小、维护简单、处理粉料量大、选粉效率高。其工作原理为：选粉机的原料从进料口引入，在撒料板上受到冲击分散后，沿圆周方向飞散；与缓冲板碰撞后，被引入选粉室；选粉室内被气流分散的粉粒经导叶和转子涡流调节，离心力与向内气流之间产生平衡，从而实现分级；细粉随第一、二次进风口送来的分级风（空气或含尘风）被送至选粉室中央，然后进入出风管；此外，受到离心力作用的粗粉被导向外导叶并沿导叶内侧流动；粗粉表面的细粉随着流入一、二次风口的空气被冲刷，实现粗粉的二次分级；粗粉落入下灰斗实现收集。

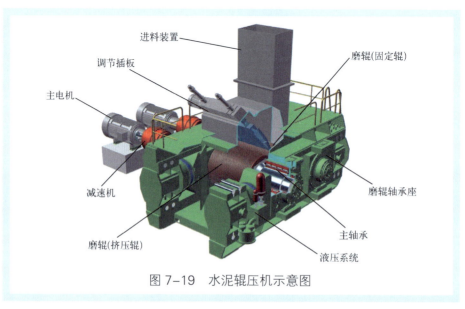

图 7-19　水泥辊压机示意图

图 7-20　OSEPA 选粉机示意图

第8章

水泥行业的低碳发展

8.1　"双碳"目标下的水泥市场

8.1.1　水泥的生产

水泥是国民经济发展的主要建筑材料，用量大、用途广，主要应用在基建工程、房地产、交通工程、水利工程等方面。21世纪初期，水泥的产量增加迅速，在2000—2013年的十余年间水泥产量增长了近150%。2013年至今，世界水泥总产量保持在40亿吨左右，处于一个高位的平台期。2018年以来水泥总产量呈现出逐年增加的趋势，2021年世界水泥总产量约43亿吨，达到近年的高点，2022年由于需求端下滑，全球水泥产量下降到41亿吨。具体请见图8-1。

统计数据显示（图8-2），水泥生产主要来自发展中国家，特别是亚洲国家。截至2022年，中国、越南、印度的水泥年产量位居世界水泥生产国家的前三位，这也与三国巨大的人口基数和与之相匹配的基础设施建设需求有密切关联。其中，中国的水泥产量在近30年内连续位居世界第一，2022年中国水泥产量21亿吨，约占全球水泥总产量的51%。

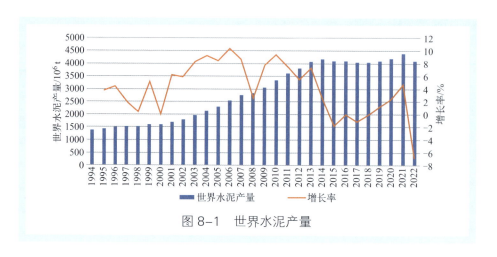

图 8-1　世界水泥产量

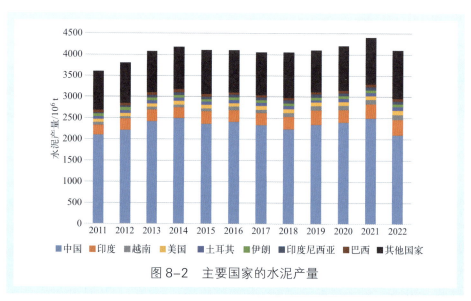

图 8-2　主要国家的水泥产量

虽然水泥区域性生产较为突出，但水泥的产业集中度仍然较高，2022年，全球20大水泥企业合计水泥产能约为27亿吨，约占世界总产能的42%，其中有9家中国水泥企业，产能合计16.2亿吨每年，约占20大水泥企业总产能的60%（图8-3）。大型龙头水泥生产企业在生产技术和能耗指标上的示范带动作用，对整个水泥行业具有积极意义。

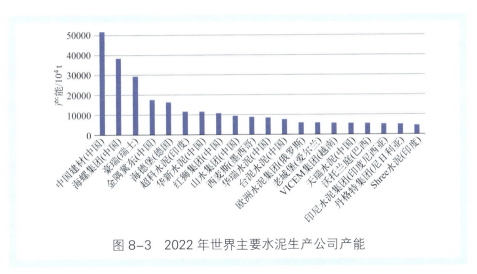

图 8-3　2022 年世界主要水泥生产公司产能

中国作为世界最大的水泥生产国，其近年产量如图 8-4 所示，受政策激励与市场需求的影响，2003—2014 年水泥产量持续增加，并在 2014 年达到 24.9 亿吨的峰值，随后产量波动下降进入平台期，年水泥总产量在 23 亿吨左右，2022 年由于需求端下降及产能调控，总产量下降到 21 亿吨，但增长率仍处于高位波动阶段。

图 8-4　中国水泥年产量

截至 2020 年底，我国共有 1572 条新型干法生产线，设计熟料年产

第 8 章　水泥行业的低碳发展

能 18.4 亿吨，实际熟料年产能超过 20 亿吨。2022 年熟料产能利用率 61%，产能过剩的问题依然较为突出。如图 8-5 所示，目前我国水泥生产线主要集中在华东、中南及西南等水泥需求大的地区，据统计，我国华东地区水泥产量占比 33%，中南地区水泥产量占比 27%，西南地区水泥产量占比 19%。

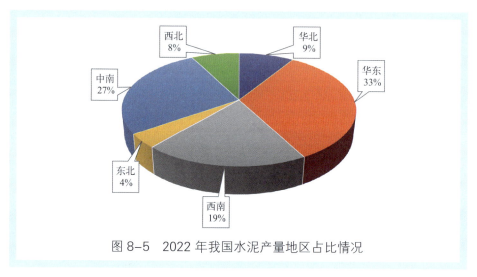

图 8-5　2022 年我国水泥产量地区占比情况

从省份情况来看，山东、江苏、安徽、广东、四川的年产量均超过 1.3 亿吨。广东产量 15131 万吨、安徽 14211 万吨、江苏 14206 万吨、山东 13405 万吨、四川 13069 万吨、浙江 12934 万吨、河南 11440 万吨、湖北 11048 万吨、广西 10422 万吨、湖南 9944 万吨，是中国前十的水泥生产大省和地区（图 8-6）。在东北、西北地区，水泥需求相应减少，近年的水泥产量也较少，水泥的产能利用率较低，供需矛盾也较为突出。

2022 年全国新点火新型干法水泥熟料生产线共有 19 条，熟料设计产能共 3419 万吨每年（图 8-7）。分区域看，在新点火产能中，共涉及 7 个省份，广西最多，共有 8 条，设计熟料年产能 1342 万吨，且多为跨省（区、市）置换项目，占新点火总量的近 40%，其余分布在安徽、湖南、江西、山东、云南、浙江；从生产线规模来看，平均日产规模 5800 吨，其中，万吨线 1 条，15 条规模为 5000～8000 吨每天。

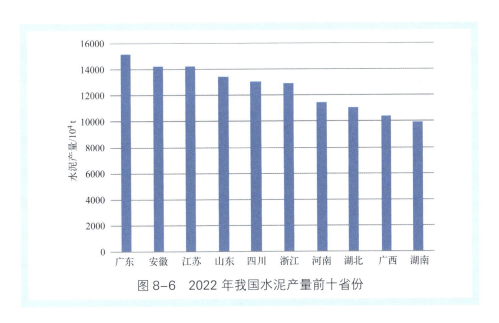

图 8-6 2022 年我国水泥产量前十省份

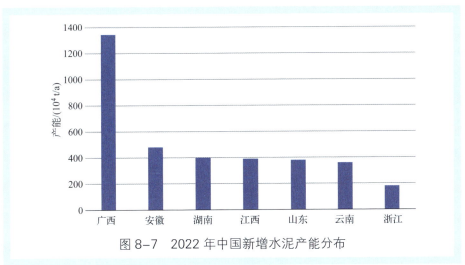

图 8-7 2022 年中国新增水泥产能分布

随着我国去产能与产能优化政策的落实，我国水泥熟料生产线单线规模逐年上升。我国新型干法水泥产能占全国水泥总产量的 90% 以上，图 8-8 为我国不同规模新型干法生产线产能占比，平均规模达到 3610 吨每天。日产 2500 吨（含）以下水泥熟料生产线产能占总产能的 28.4%，主要集中在特种水泥的生产。根据政策要求，3500 吨每天以下产能的普通水泥生产线已属于落后产能，将逐步淘汰。

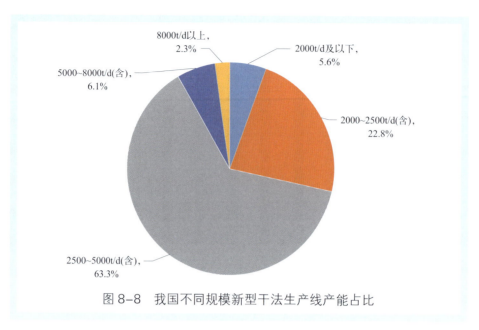

图 8-8　我国不同规模新型干法生产线产能占比

2021年工信部发布最新《水泥玻璃行业产能置换实施办法》，不少地区都陆续出台地方细则，严控水泥行业产能置换，有效缩减过剩产能，促进行业集中度的提高。文件要求所有扩大产能的水泥熟料项目必须制定产能置换方案，实施产能置换。水泥熟料项目产能置换比例不低于1.5∶1，每建设1吨产能须关停退出至少1.5吨产能；使用国家产业结构调整目录限制类水泥熟料生产线作为置换指标和跨省置换水泥熟料指标，产能置换比例不低于2∶1；新建白色硅酸盐水泥熟料项目，其产能指标可减半，但新建白色硅酸盐水泥熟料项目产能不能再置换为通用水泥和其他特种水泥熟料；其他特种水泥产能置换比例与通用水泥相同。2021年各省（区、市）产能置换排行如图8-9所示，山东、云南、湖南、浙江、安徽等水泥生产大省和需求旺盛地区，在产能置换方面也有积极落实，位列产能置换总量前五位。

2022全国水泥熟料产能共182325万吨，在企业方面产能前十的水泥生产企业依次为：中国建材、海螺水泥、金隅冀东、红狮集团、华润水泥、华新水泥、台泥水泥、山水集团、天瑞水泥、亚洲水泥（图8-10）。前十大水泥生产企业总产能约占全国总产能的57%，具有一定的产业集中度。

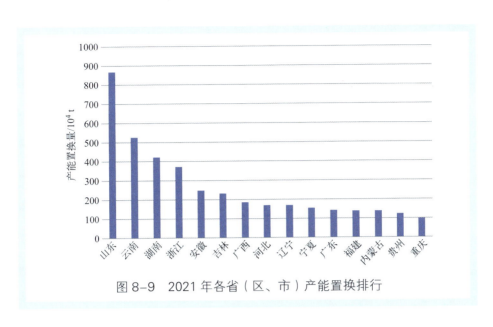

图 8-9　2021 年各省（区、市）产能置换排行

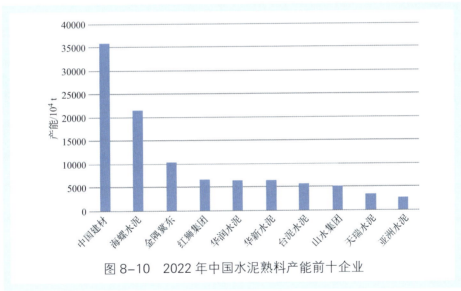

图 8-10　2022 年中国水泥熟料产能前十企业

水泥生产区域性非常明显，各水泥企业主要经营与布局的市场范围也不同，各主要水泥生产企业在国内的布局区域如图 8-11，龙头企业如中国建材和海螺水泥下属百余家子公司，除经营省内基地外，还横跨华东、华南、西部和东北 20 个省（区、市）及海外，已形成了集团化管理和国际化、区域化运作的经营管理新格局。

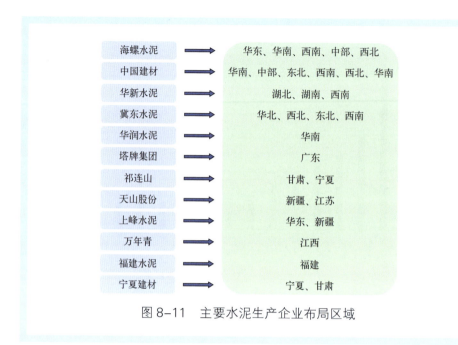

图 8-11 主要水泥生产企业布局区域

国内水泥供需关系的变化直接影响近年水泥的进口情况（图 8-12）。在水泥熟料进口方面，自 2016 年以来由于我国的错峰生产政策，我国东南沿海地区在停产期水泥价格会出现明显上升，同时近年邻国越南水泥产量旺盛、价格低廉，通过海运至我国的经济性也较合适，使得自 2016 年以来水泥熟料的进口出现增加，在 2020 年达到峰值为 3337 万吨，随后受到供需、燃料价格、海运价格等经济性因素影响，进口量下降，在 2022 年中国水泥熟料进口量延续了 2021 年下降趋势，全年进口水泥熟料总量 838.48 万吨，同比大幅下降 69.75%。进口量大幅下降的主要原因，一是我国沿海地区水泥熟料价格持续低位，南方水泥熟料价格已经跌至 340～370 元每吨的低水平，价格比 2021 年同期大幅下跌 100 元每吨左右。二是主要进口来源国越南等地原材料价格上涨，成品油和煤炭价格大幅上涨以及供应紧缺，导致水泥生产成本大幅增加。外加海运费等的大幅上涨，以美元结算的熟料成本大幅上升。

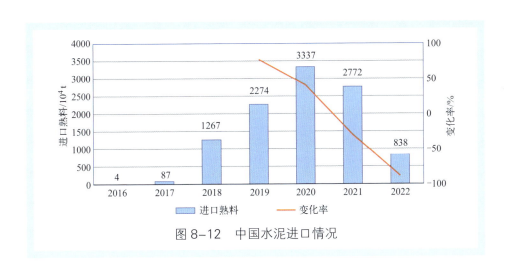

图 8-12 中国水泥进口情况

8.1.2 水泥的消费

世界水泥的消费领域集中在房地产和基础设施建设领域。各领域的消费占比见图 8-13。公路、桥梁等市政基础设施和民用建筑所用水泥总量占比较高,二者合计占水泥消费的 58%。

图 8-13 水泥消费领域

2022 年主要国家的水泥消费量见图 8-14,中国是最主要的水泥消费国，占全球水泥消费总量的 55% 以上。在水泥消费前十五的国家中，发展中国家有 11 个，占比 73%；亚洲国家有 9 个，占比 60%；亚太地区国家有 10 个，占比 67%。而金砖五国中有中国、印度、巴西、俄罗斯四国位列水泥消费前十，可见经济的活跃与增长对拉动水泥需求的快速增加有积极的促进作用。未来随着发展中国家经济社会的发展与城镇化率的提升，发展中国家对水泥的需求也将持续增多。

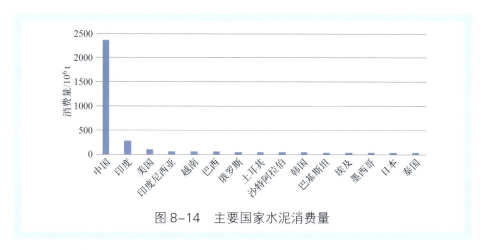

图 8-14　主要国家水泥消费量

世界前十五位水泥消费大国的人均水泥消费情况如图 8-15 所示，中国的人均水泥消费情况最高，达到 1680kg/人，此外，沙特阿拉伯、韩国、土耳其、越南、泰国的人均水泥消费量均在 500kg 以上。发达国家如美国、日本、俄罗斯基建程度和人口都趋于稳定，人均水泥消费量也相应稳定，大致在 300～400kg/人；发展中国家中的人口大国如印度、印度尼西亚、巴基斯坦，目前的人均消费量仍偏低，未来随着对居民建筑和公共设施需求量的增加，人均水泥消费量或迎来快速增长。

中国各省（区、市）水泥消费量如图 8-16 所示，水泥作为典型的"短腿"型基础原材料，其主要生产地区与主要消费地区高度一致。我国东、中部及西南是水泥主要消费地区，前十位的消费大省（区、市）分别为江苏、河南、山东、广东、四川、安徽、浙江、湖南、湖北、广西。前十省（区、市）的水泥消费总量占全国的 57%。

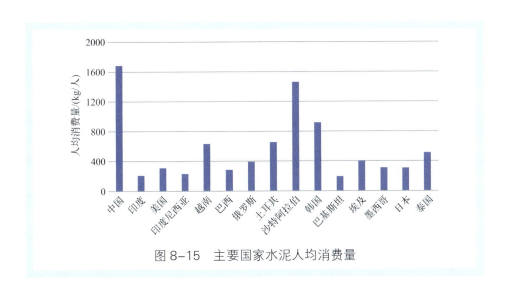

图 8-15 主要国家水泥人均消费量

图 8-16 国内主要省份水泥消费量

8.1.3 水泥行业的产业链

我国水泥行业的产业链如图 8-17 所示。

（1）水泥行业上游

我国水泥行业上游由原材料供应商组成。原材料包括石灰石、黏土、电、煤炭以及其他辅助材料。我国石灰石矿产与煤炭资源较为丰富，且产量长期处于较稳定的状态，除去短期价格的波动，长期来看对水泥行

第 8 章 水泥行业的低碳发展 | 133

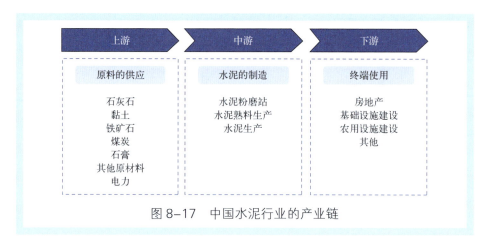

图 8-17 中国水泥行业的产业链

业的影响较小。用电方面,水泥行业用电属于工业用电,价格调控频率低、幅度小,相对较为稳定。产业链原材料供应长期影响较小,上游议价能力相对较弱。

(2)水泥行业中游

我国水泥行业中游由水泥制造商与水泥流通商组成。作为产业链的核心环节,中游企业数量经历了由少变多,又由多变少的过程,行业的集中度逐渐提高。受益于供给侧改革,为解决产能过剩问题,淘汰落后产能。为解决水泥行业环保问题,取缔排放不达标的小企业,鼓励发挥企业的头部优势,提高龙头企业市场占有率,集中高质安全环保的生产加工。在解决行业价格战与产品参差不齐的现象上也有明显成效,整个行业力图走向可持续发展的健康道路。

(3)水泥行业下游

我国水泥行业下游由投资规模较大的行业应用领域组成。主要包括房地产、基建、农村建设等。随着我国经济发展良好、居民生活品质提高,市场对水泥的量与质都有着巨大的需求。房地产与基建两大领域的建设规模将持续保持快增速,对水泥的需求体量较大。国家与个人对于工程质量要求逐步提升,对于高质水泥的需求潜力大。总体来看,下游需求将保持稳定且持续,在整个产业链中的议价能力较强。

8.2 水泥工业是重要的碳排放来源

控制碳排放首先要关注碳排放产生的重点领域。如图 8-18 所示，在全球碳排放总量中，工业生产过程中所产生的碳排放约占 23%，是主要的碳排放来源。而在各主要工业流程中，水泥领域的碳排放又占到世界碳排放总量的 7%，从排放量上看是最主要的碳排放工业流程之一，成为重点关注的领域。

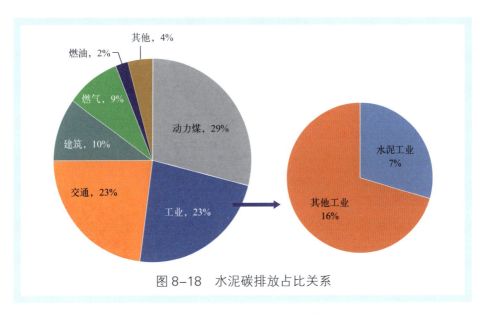

图 8-18 水泥碳排放占比关系

水泥工业是典型的高能耗、高物耗、高污染的行业，如果把水泥工业看作一个国家，它在碳排放榜单上居第三位，仅次于中国和美国。

同时，水泥工业也是国民经济中重要的基础产业，属于能源、资源密集型行业。特别是伴随着我国基础设施建设的高速发展，水泥工业把一座座矿山变成美丽城市、宽敞道路的同时，作为矿石原料和煤炭燃料副产品的二氧化碳也不可避免地被大量排放出来，在我国提出"2030 年碳达峰，2060 年碳中和"的目标后，水泥工业绿色低碳高质量发展成为全行业的重要方向。

8.3 水泥生产的能耗

从世界能源使用上来看（图 8-19），目前世界能源结构仍以化石燃料为主，占能源结构总量的 80%，其中在水泥行业使用更为广泛的煤占全球能源结构的 27%。

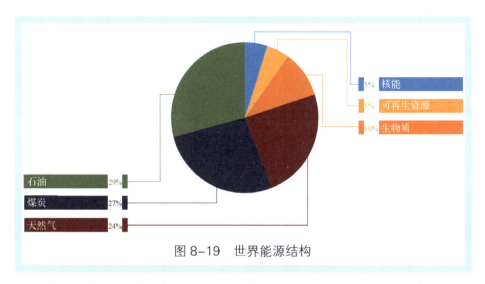

图 8-19　世界能源结构

水泥生产过程中的各项能量流入占比如图 8-20 所示，在整个工艺流程中燃料的消耗占比最高，占到总能耗的 89%，燃料的消耗也主要发生在熟料制备工艺过程中。其他工艺主要是电耗，合计占比约 11%。

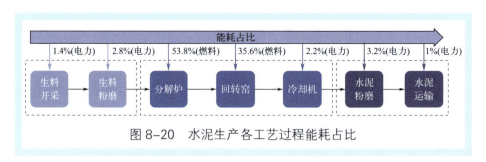

图 8-20　水泥生产各工艺过程能耗占比

水泥生产过程中的能量平衡如图 8-21 所示，以预热器分解炉、回转窑、篦冷机为研究系统，回转窑与分解炉中燃料燃烧提供的能量分别为 1173kJ/t 和 1758kJ/t，是系统中最主要的能量来源。在能量输出端，熟料

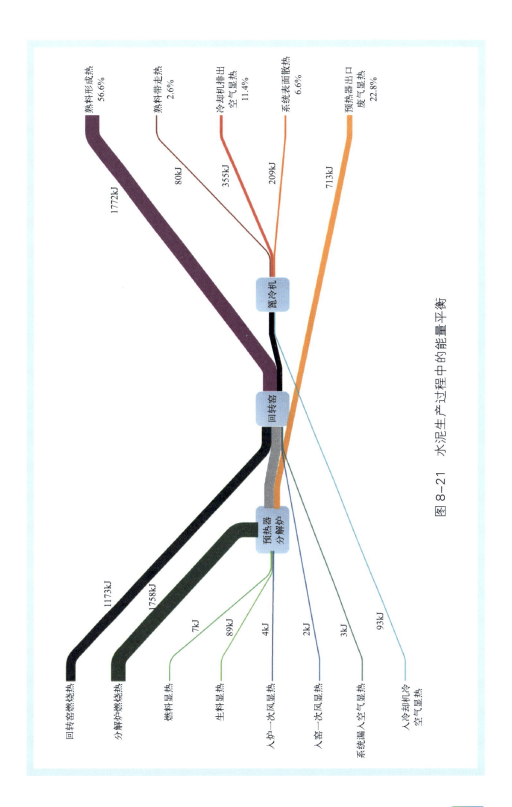

图 8-21 水泥生产过程中的能量平衡

形成所需的能量占比最大为 56.6%，剩余部分主要为热量的损失，占比由高到低依次为预热器出口废气显热、冷却机排出空气显热、系统表面散热和熟料带走热。

主要水泥生产国家的水泥熟料生产能耗基本在 3100～3900MJ/t 之间（图 8-22）。随着传统节能技术的进一步推广应用，单位水泥熟料的生产能耗还会降低，但降幅不会太大。印度的水泥生产主要采用天然气，总体能耗较低，而中国的水泥工业得益于先进生产工艺及设备的普及，也拥有较低的生产能耗。

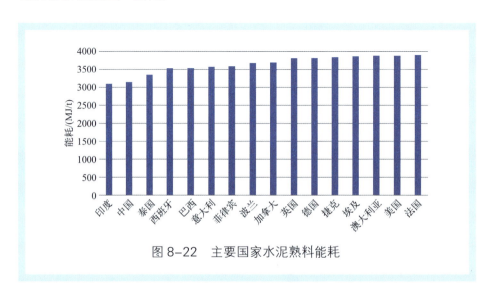

图 8-22　主要国家水泥熟料能耗

8.4　水泥生产的碳排放

我国水泥行业的碳排放核算方法主要由政府间气候变化专门委员会（IPCC）和水泥可持续发展倡议组织（CSI）等国际机构的核算方法转化而来，主要包括：中国建材联合会的《建筑材料工业二氧化碳排放核算方法》；《中国水泥生产企业温室气体排放核算方法与报告指南（试行）》；《碳排放核算与报告要求　第 8 部分：水泥生产企业》（GB/T 32151.8—2023）。

以上标准和计算方法是我国水泥生产企业 CO_2 排放核算方法与报告的标准文件。水泥生产企业在生产过程中，CO_2 排放主要包括燃料燃烧排放、过程排放、购入和输出的电力及热力产生的排放。水泥生产企业 CO_2 核算边界如图 8-23 所示。

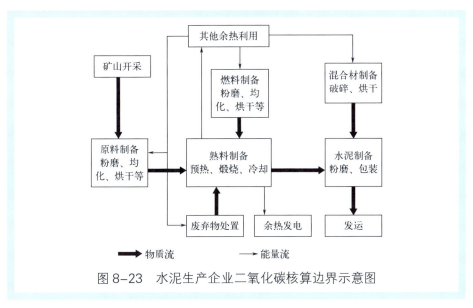

图 8-23　水泥生产企业二氧化碳核算边界示意图

水泥生产企业碳排放计算方法见表 8-1。

表 8-1　水泥生产的碳排放计算方法

类别	计算方法
燃料燃烧排放	燃料燃烧量×燃料碳排放因子
过程排放	石灰石消耗量×石灰石分解碳排放因子
购入的电力、热力排放	电力消耗量×电力碳排放因子
	热力消耗量×热力碳排放因子

8.4.1　水泥的碳排放过程

水泥的碳排放可以划分为来自煤等化石燃料燃烧产生的直接排放、生产过程消耗电力产生的间接排放以及熟料煅烧产生的过程排放（图 8-24）。

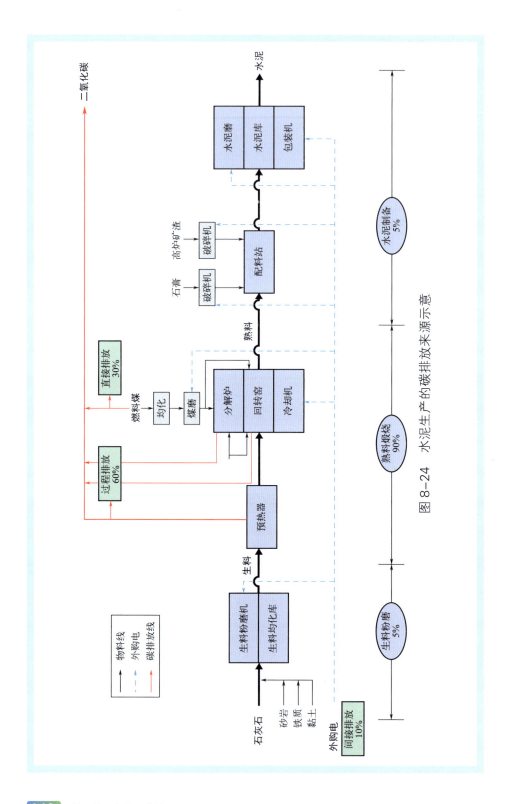

图 8-24 水泥生产的碳排放来源示意

（1）直接排放

来自煤、石油焦等化石燃料燃烧产生的二氧化碳排放量称为直接排放，也可定义为"燃料排放"。燃料燃烧主要为原料（主要成分为 $CaCO_3$）的煅烧分解反应提供高温，以生成熟料的主要成分 CaO。这部分二氧化碳排放量计算的首选方法是根据燃料的消耗结构、各种燃料的低位热值和相应燃料的排放因子进行测算。

水泥生产的燃料消耗主要在熟料煅烧单元产生，包括预热分解用煤和回转窑用煤。预热分解用煤占 60%，回转窑用煤占 40%。以吨（t）水泥熟料为基准，熟料煅烧单位能耗（标煤）为 105kg/t。

（2）间接排放

电力消耗产生的二氧化碳排放量称为间接排放，也可定义为"电力排放"。包括各个工艺生成过程中电机消耗电量所产生的二氧化碳。这部分二氧化碳排放量可通过外购电量乘以供电排放因子计算得到。

三个生产工序的单位水泥电耗见图 8-25。其中水泥制备产生的电耗占比最大，熟料煅烧的电耗主要为冷却风机产生，占比最小。据估算，各工序设备运行的电耗约 97kW·h/t，产生的二氧化碳间接排放约为 77.6kg/t。

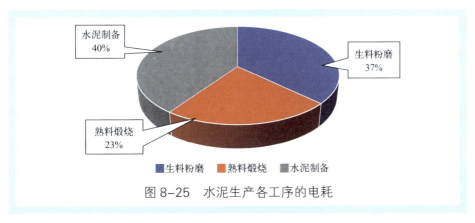

图 8-25 水泥生产各工序的电耗

（3）过程排放

煅烧过程中产生的二氧化碳排放量称为"过程排放"，其来自原料中

主要成分 $CaCO_3$ 受热分解排放的二氧化碳。"过程排放"量由消耗的生料的碳酸盐含量以及各种替代材料和熟料的产量决定。因此，可通过减少需求和提高原材料效率来减少过程排放。这部分二氧化碳排放量可通过碳酸盐的消耗量乘以碳酸盐的排放因子得到。

在所有工序中，熟料煅烧工序产生的碳排放量最大。水泥熟料煅烧是以碳酸盐矿物（石灰石）为主要原料，喷入煤粉进行高温燃烧，并在850℃下分解释放出 CO_2 和 CaO，而 CaO 与 SiO_2、Al_2O_3、Fe_2O_3 等组分形成水泥熟料主要矿物 $3CaO·SiO_2$ 等。这一过程释放的 CO_2 约为510kg/t（熟料），或332kg/t（水泥）。

8.4.2　水泥的碳排放强度

如图8-26所示，根据中国建筑材料科学研究总院对全国水泥生产线消耗和生产数据的统计，以我国水泥行业为例，生产每吨水泥消耗石灰石约754kg，石灰石排放因子0.44kg/kg，过程排放 CO_2 331.76kg；每吨水泥消耗标煤约69kg，排放因子2.66kg/kg，直接排放 CO_2 183.54kg；每吨水泥电力消耗97kW·h，电力的碳排放因子0.8kg/(kW·h)，间接排放 CO_2 77.6kg。综合以上三种碳排放方式，我国的水泥碳排放强度约为593kg/t。根据我国水泥熟料系数0.65～0.7计算，我国水泥熟料的碳排放强度约860kg/t。

比较世界各国碳排放强度（图8-27），不同国家水泥碳排放强度存在一定差异，主要范围为560～750kg/t。不同国家的碳排放系数与生产工艺先进性、设备能效水平、使用燃料类型等有密切关系。中国的水泥生产线由于产能规模大、工艺设备先进，碳排放强度在全球处于偏低的水平。印度的水泥生产主要使用天然气作为燃料，其碳排放也较低。一些欧美国家由于生产线产能低、设备使用久、工艺落后等因素，碳排放强度稍高。

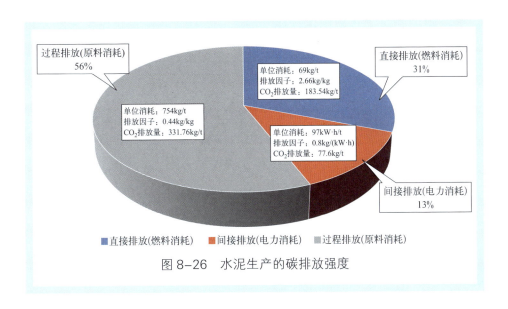

图 8-26 水泥生产的碳排放强度

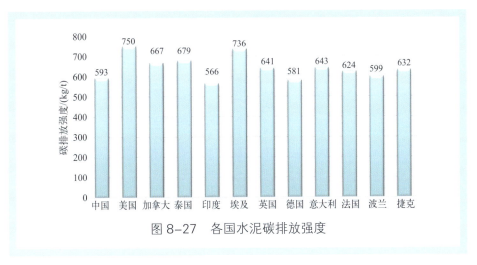

图 8-27 各国水泥碳排放强度

8.4.3 水泥的碳排放总量

我国水泥行业的碳排放包括熟料直接排放（指过程排放与燃料消耗产生的直接排放之和）和间接排放（电力消耗）。2022 年，我国水泥行业碳排放总量约 12.5 亿吨，约占全国总碳排放量的 13%，排在电力和钢铁之后，位居第三。

水泥生产离不开碳酸盐分解，碳酸盐分解产生的碳排放占全部碳排放的56%；碳酸盐分解需要大量的热量，热量是由燃料燃烧提供的，这部分碳排放占比约30%。根据水泥生产原料和生产工艺特点，水泥行业是典型的难减排行业。围绕国家"双碳"目标，我国水泥行业面临严峻的节能减排压力。我国水泥行业的碳排放量如图8-28所示，从2010年至2014年，由于基建投资的大幅投入，水泥产量大幅提高，至2014年水泥产量达到历年峰值的24.92亿吨，相应的水泥碳排放量也达到近年峰值14.7亿吨，2015年至今水泥产量趋于稳定，维持在23.5亿吨左右，碳排放量在14亿吨附近。2022年由于水泥产量的大幅下降，碳排放量也下降10%。

图8-28 中国水泥行业的碳排放量

如图8-29所示，在世界范围来看，水泥行业的碳排放总量呈现缓慢上涨的趋势，2010—2014年中国水泥产量的激增使碳排放总量增加，2015年至今，印度、越南等发展中国家水泥产量的增大继续带动世界水泥行业碳排放总量的小幅波动上涨，2021年为近年峰值25.2亿吨，2022年虽有下滑，从趋势上来看印度、越南等国水泥产量保持增长态势，碳排放总量仍保持在高位。

图 8-29　世界水泥行业的碳排放量

8.5　国际水泥碳减排路径及目标

（1）欧洲水泥协会 2050 年碳中和路线图

欧洲水泥协会是欧洲水泥行业的领导组织，其于 2020 年发布的碳中和路线图"CEMBUREAU 2020"描述了水泥产业链的每个阶段（熟料、水泥、混凝土、建筑、再碳化）如何通过减少碳足迹以实现碳中和，进而到 2050 年实现净零排放。该路线图对各种低碳技术的二氧化碳减排量进行了定量分析，并在此基础上提出了具体的技术和政策建议。欧洲水泥协会提出了与《巴黎协定》一致的目标，即到 2030 年二氧化碳排放总量减少 30%，吨水泥碳排放强度从 1990 年的 783kg 下降到 472kg，并实现到 2050 年水泥和混凝土行业净零排放的目标（图 8-30）。欧盟采取的碳减排政策还包括发展泛欧二氧化碳运输和储存网络，支持在水泥生产中使用不可回收废物和生物质废弃燃料的循环经济活动等；并基于生命周期方法减少欧洲建筑领域的碳足迹，包括鼓励建筑市场使用低碳水泥，在碳排放法规方面创造公平竞争环境，实现净零排放目标，促进水泥产业低碳化转型。

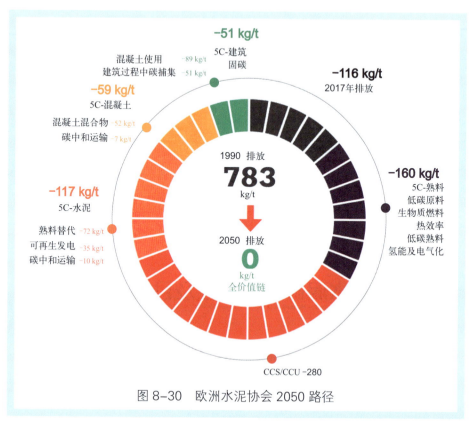

图 8-30　欧洲水泥协会 2050 路径

（2）美国波特兰水泥协会碳中和路线图

2021 年 10 月，美国波特兰水泥协会（PCA）发布了"碳中和"路线图，列出了到 2050 年美国水泥和混凝土价值链的净零排放计划。该路线图包括整个价值链，从水泥厂开始延伸到建筑环境的全生命周期，并将这一产业链整合到循环经济中。价值链中的五个环节包括熟料生产、水泥生产和运输、混凝土生产、建筑环境建设以及使用混凝土养护工艺捕集二氧化碳。

其具体方案涵盖了近期、中期和远期行动（图 8-31），涉及水泥和混凝土价值链中的每一个环节。路线图中包含的一些具体技术如：增加替代燃料的使用比例，特别是使用填埋式垃圾；推动低碳水泥、低水泥配比混凝土等创新产品的研发与使用；引导资金对碳捕集、利用与封存（CCUS）技术和相关关键基础设施建设的投入。

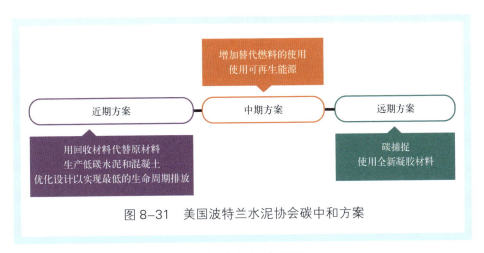

图 8-31 美国波特兰水泥协会碳中和方案

（3）全球水泥和混凝土协会碳中和路线图

2021年10月，全球水泥和混凝土协会（GCCA）发布了"2050年

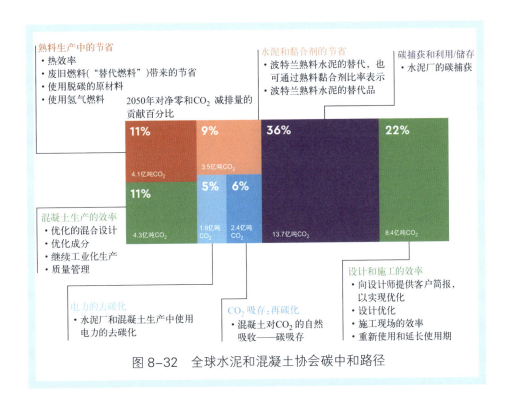

图 8-32 全球水泥和混凝土协会碳中和路径

第 8 章 水泥行业的低碳发展

水泥和混凝土行业的净零排放路线图"，承诺到 2030 年，与混凝土相关的 CO_2 排放量比 2020 年减少 25%，到 2050 年实现混凝土净零排放。GCCA 碳中和路径如图 8-32 所示。

全球水泥和混凝土协会及其成员将通过以下行动和举措加速二氧化碳减排：增加使用水泥熟料替代品，如粉煤灰、粒化高炉矿渣、煅烧黏土、未煅烧和粉碎的石灰石，或回收石灰石等辅助材料细颗粒，如混凝土可用于代替熟料；减少化石燃料并增加替代燃料的使用，为了减少对传统燃料的依赖，GCCA 预计会将替代燃料的使用从目前的 6% 增加到 2030 年和 2050 年的 22% 和 43%。

8.6 "双碳"目标下的我国水泥领域政策导向

我国在第七十五届联合国大会一般性辩论上宣示了力争 2030 年前二氧化碳排放达到峰值，努力争取 2060 年前实现碳中和的"双碳"目标。2022 年，我国水泥工业碳排放达到 13.4 亿吨，占全国碳排放总量的 13%，高能耗、高排放的水泥行业将成为国家减碳工作中重点关注行业之一，近年来国家各部门也陆续出台相关政策，引导并鼓励水泥行业的低碳绿色发展。

水泥行业是工业及建材领域重点减排对象，一方面，通过限产和淘汰落后产能，解决目前多地区存在的产能过剩问题，从产量上减少水泥生产，以减少碳排放总量；另一方面，通过低碳技术的实施，降低单位水泥的碳排放强度。从政策上看，降碳产业政策以淘汰落后产能、产能减量置换、错峰生产、严控新增产能等干预方式为主，同时推动水泥行业产业结构调整优化，促进低碳技术的研发，推广并推进智能生产在水泥工业中的应用普及。近年来，水泥行业政策性降碳减碳相关产业政策见图 8-33。

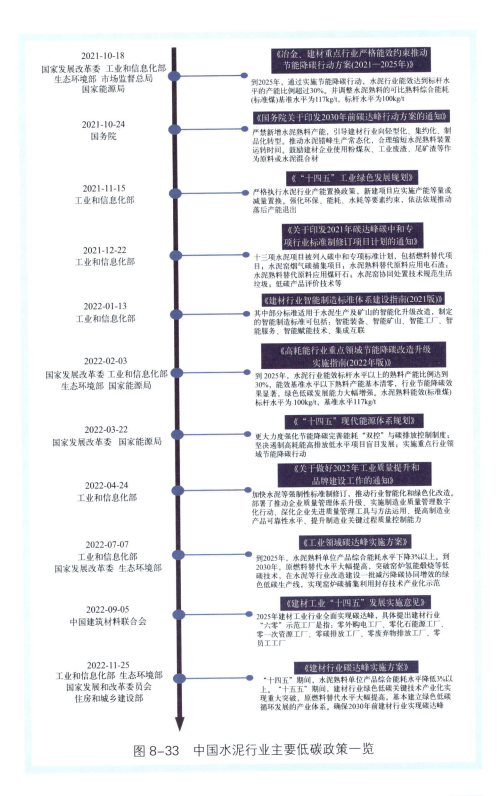

图 8-33 中国水泥行业主要低碳政策一览

8.7 中国水泥行业低碳转型的优势与挑战

随着中国经济由高速增长阶段转向高质量增长，水泥工业也将实现高质量生产的转型。近年来，多部委和行业协会密集发布指导意见和政策，促进水泥行业的绿色化、低碳化、智能化发展。中国的城镇化和基础设施建设在经过20余年的高速发展后，水泥需求将进入平台期甚至下降，人均水泥消费量也将趋于发达国家水平。在强制性政策方面，供给侧改革的推进、能耗标准的准入、错峰生产和减量置换等产业政策常态化，将助力水泥行业缓解日益严重的供需矛盾。政策利好、创新能力的提升利于新技术的落地推广。中国水泥生产企业使用的技术和设备较为先进，投产年份也较近，生产能效在国际上处于领先水平，相关科研单位也拥有一定的绿色低碳新技术研发推广应用的经验和能力。此外，整个建筑建材行业低碳意识的提升将促进以水泥为代表的高碳排、高能耗企业不断深化绿色变革、应用低碳技术，提升低碳标准。2021年，住房和城乡建设部规定，现行工程建设将强制要求进行建筑碳排放计算。建筑业低碳意识的提升将为水泥低碳转型带来市场动力。2022年《建材行业碳达峰实施方案》的发布将进一步为政策的落地指明实践路径。

过程排放是水泥行业碳减排的最大难点，水泥生产过程中约60%的碳排放来自碳酸钙分解产生的CO_2。石灰石作为水泥生产的最主要原材料，具有分布广、储量大、开采易、价格低等特点。以生产1吨水泥需要1.5吨左右石灰石计，全国每年水泥行业消耗的石灰石重量在35亿吨级别。虽然目前行业内在原料替代工艺及新型低碳水泥的研发方面取得了突破，但尚未出现能大规模替代石灰石的低碳替代原料和新型替代性胶凝材料。因此，难以消除的高占比的过程排放会成为水泥行业碳中和道路上的最大挑战。此外，目前我国水泥生产高度依赖化石燃料，特别是煤炭。化石燃料燃烧产生的碳排放占全流程碳排放的约30%。相比欧洲发达国家与世界平均水平，我国煤炭替代能源的替代比例很低。中国每吨熟料的生产所用燃料只有 2% 左右来源于非化石燃料，而欧洲国家得益于广泛的垃圾分类回收社会基础，其替代率可以达到 40% 以上。此外，在过去 20 年间中国基础设施建设快速增长，随之而来的水泥需求量急剧上升，大量水泥产能也是在这一时期内投建。据估计，中国约 90% 的水泥生产设施为近 20 年新建，40% 的水泥厂于近 10 年新建。目前全国的水泥市场已供大于求，加之在未来"双碳"目标的约束下，部分现存的水泥生产设施将更长时间错峰生产与调控，生产效益的下降也将直接影响企业落实绿色低碳技术的积极性。

第9章

水泥低碳技术的发展与应用

9.1 能效提升技术

水泥行业的能效提升技术主要包括两大方面：一是节电的减排贡献（包括原料研磨、预分解炉、水泥生产车间的用电等）；二是节省燃料的减排贡献。

水泥生产工艺中的能效提升技术并不是单一的，而是集合了多种技术的系统方案，通过多种节能技术的联合应用，实现技术优势互补、强强联合的综合优势，推动水泥生产企业节能降耗目标实现。

9.1.1 能效提升技术分析概述

水泥生产过程中主要能耗如图 9-1 所示，水泥生产的过程热损失主要来自预热器出口带走热和冷却机余风带走热。设备升级、余热利用和先进智能的工艺管理，可在一定程度上减少热损失，提高能源效率，做到能耗、碳排双控。

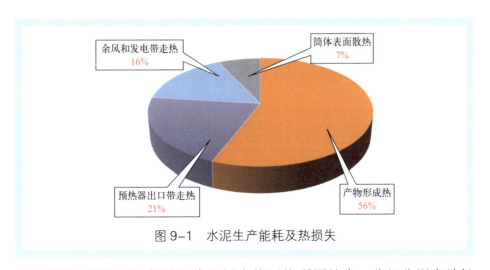

图 9-1 水泥生产能耗及热损失

目前主要的能效提升技术包括余热回收利用技术、分级分别高效粉磨技术、高能效自适应烧成技术、新一代高效篦冷机以及水泥行业能源智能管理和控制系统。各项技术减碳潜力如图 9-2 所示。

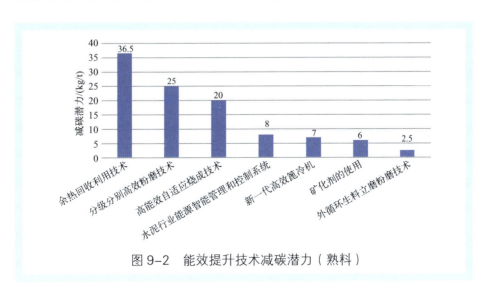

图 9-2 能效提升技术减碳潜力（熟料）

9.1.2 水泥窑余热发电技术

水泥窑余热发电技术是重要的能效提升技术，目前已在我国水泥生产线大规模应用。在新型干法水泥熟料生产线生产过程中，通过余热锅炉将水泥窑炉排出的大量低品位废气余热进行热交换回收,产生过热蒸汽推动汽轮机实现热能向机械能的转换,从而带动发电机发出电能,所发电能供水泥生产过程使用。其工艺流程如图 9-3 所示。

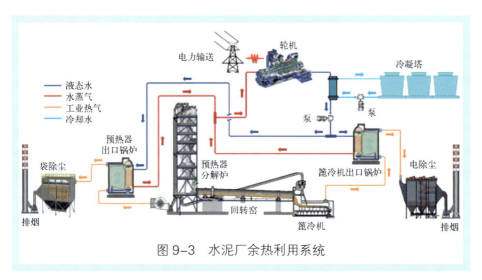

图 9-3　水泥厂余热利用系统

在新型干法水泥熟料生产过程中,窑头熟料冷却器和窑尾预热器排出的废气温度约为 350℃,其热能约占水泥熟料燃烧系统能耗的 35%。通过应用低温余热发电技术,可以回收占熟料燃烧系统向大气排放热量 35% 的废气和热量,提高水泥企业的能源利用率超过 95%,有较好的经济效益。日产 5000 吨水泥熟料生产线每天可利用余热发电 21 万～24 万千瓦时,可解决熟料生产过程中约 60% 的用电量。产品总能耗可降低约 18%,每年可节约标准煤约 2.5 万吨,每年减少 CO_2 排放量约 6 万吨。

9.1.3　高效粉磨技术

随着现代粉磨技术与装备的不断升级与进步,相应的水泥粉磨工艺也已经由以球磨机为主,发展为低碳节能高效的球磨机与辊压机、立磨、筒辊磨及高效选粉机等多种粉磨装置耦合使用的加工系统,并向粉磨设备大型化、组合化和高效化发展,以匹配单体产能更高的水泥生产设备。使用高效节能的粉磨机与选粉机,采用分级分别粉磨的形式,根据水泥熟料与所用混合材料易磨性的差异，将不同材料分别粉磨成不同颗粒分布的水泥组分（图9-4）。根据充分发挥熟料的强度和混合材料的活性以及填充性的原理，合理匹配水泥各组分的种类和细度，以达到水泥的高性能。此技术在保持甚至提高水泥强度的情况下，可以有效提高水泥的需水量和外加剂的适应性。

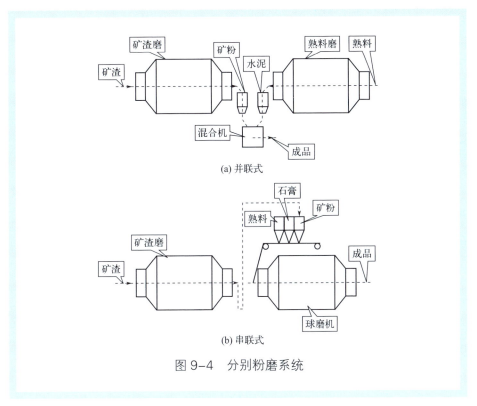

图9-4 分别粉磨系统

外循环原料立磨系统工艺也是一项重要的节能降耗技术（图9-5）。立磨的研磨和分选功能是分开的，物料在外循环立磨磨粉后全部排到磨外，再经提升机进入联合选粉机进行分选。分选后的产品由旋风除尘器收集，粗颗粒返回立磨重新粉磨。所有材料均采用机械增强，使能源利用效率显著提高，系统气阻降低5000Pa，进而实现通风能耗和电耗降低。预计未来五年将节能（标煤）9.6万吨每年，减排CO_2约24万吨每年。

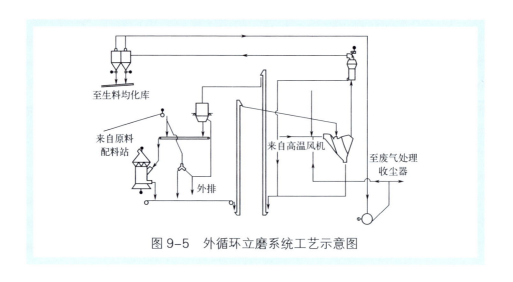

图 9-5 外循环立磨系统工艺示意图

9.1.4 高效冷却技术

第四代水泥篦冷机的使用目前在新型干法水泥生产过程中也是非常重要的。在水泥生产过程中，篦冷机不仅能有效降低水泥熟料的温度，还能有效回收熟料冷却过程中的余热。篦冷机可将熟料冷却的热量分别以二次风和三次风的形式供给回转窑窑内煅烧和进入分解炉预分解，以余热的形式供给发电，并可以作为生产线上磨煤机干燥的热气来源。第四代水泥篦冷机的结构特点与优势主要有以下几点。①在窑头、窑尾的位置增设了发电装置，使得第四代篦冷机的余热供应系统与余热发电可以结合使用。②通过破碎机改造，第四代篦冷机采用篦床内辊式破碎机取代尾锤式破碎机，可以将大熟料块在篦冷机中部破碎至 25mm 以下，使块内热量得到有效回收，同时也降低了篦冷机尾部的废气温度和粉尘浓度。③改进了炉排结构，采用焊接结构的优质固定炉排板，在实际生产过程中，高质量的固定炉排可以更好地控制炉排的尺寸，减少炉排质量对熟料冷却效果的不利影响，使风量在炉排床上分布更加均匀，冷却效率更高。④新一代篦冷机的篦板下方安装自动风量调节阀，进一步提高冷却空气的利用效率，同时保证高效冷却，减少了冷却风量，降低风扇功耗。⑤第四代篦冷机在结构上采用模块化设计和安装，进一步提高了各部件的制造精度和安装精度，安装更加便捷，大大缩短了技改现场施工周期。

9.1.5 智能生产与控制技术

围绕智能制造、智慧生产，多家水泥龙头企业布局开展智能改造，在水泥生产的全流程工艺中实现智慧控制、无人化生产，以提高产品合格率，减少次品的能源消耗，提高单位能耗的生产效率。水泥行业智能制造在2020年已初具规模，形成了若干个标杆示范生产企业，如海螺水泥、华新水泥、中联水泥等都有旗下示范水泥厂。此外，一些传统水泥行业龙头企业率先进行了智能化产品研发，如华新水泥的"水泥智能制造一体化管控集成平台"、中建材信息的"中国建材水泥云工业大数据平台"、海螺水泥的"水泥智能矿山矿车无人驾驶系统"等。一些智能化高科技企业也布局水泥生产行业，研发了如东方国信的"Cloudiip"、树根互联的"根云"、阿里云的"SupET"等工业互联网平台，并在水泥生产中实现质量控制与智能管理。水泥生产企业、工程设计公司与互联网高新技术企业合作研发，将先进的人工智能（AI）、物联网技术等引入水泥生产，主要体现在提高能源利用率、提升水泥产品质量合格率、降低人力资源成本、碳排放监控等。水泥生产智能化平台业务架构如图9-6所示。

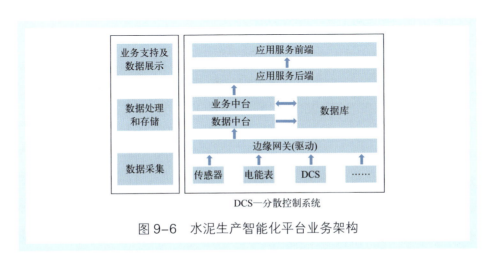

图9-6 水泥生产智能化平台业务架构

9.1.6 矿化剂的使用

水泥矿化剂是可改善水泥粉磨效果和性能，提高水泥强度的一种化学添加剂，可在使用水泥助磨剂的基础上，进一步提高水泥强度和台时产量，改善水泥适应性。其主要是在水泥生料中加入很少量矿化剂，再进行后续分解与煅烧操作，可以达到改善生料易烧性，提高熟料产量、质量，降低能耗的目的。

其主要成分通常为醇胺类及一些具有矿化和助熔作用的物质，可通过与水泥熟料或混合材中的钙、硅、铝等元素发生一系列反应，促进晶格活化，增强反应能力，起到增熔-络合-固化的作用，生成更多的水化产物。

矿化剂的研究也是水泥领域节能降耗方面的热门领域。目前较为常用的萤石与石膏矿化剂含有氟与硫，在高温时会挥发产生有害气体。新型的矿化剂目前有：印度用重晶石作矿化剂，可降低熟料烧成温度约55℃，同时加入 Ba 元素，有利于提高熟料性能和质量；韩国在硫铝酸盐系列水泥（C_2S 为 60%、C_4A_3S 为 20%、C_4AF 为 20%）中加入了约 3% 的硼砂，制成了磷酸钙和硫酸钡复合矿化剂，也可使烧成温度降至 1300℃。

9.1.7 能效提升技术应用实例

海螺水泥携手华为云打造智能化工厂。

海螺水泥熟料产能超 22 亿吨每年，位居全国第二。其重要生产基地芜湖海螺拥有四条日产 5000 吨、两条日产 12000 吨水泥熟料生产线，为世界第一大熟料生产基地。

基于数据传感监测、信息交互集成及自适应控制等关键技术，创新应用了数字化矿山管理系统、专家自动操作系统、智能质量控制系统等，实现了水泥工厂运行自动化、管理可视化、故障预控化、全要素协同化和决策智慧化。如图 9-7 所示，海螺水泥资源利用率提升了 4%，减少废物排放 34 万吨每年，堆平均 CaO 合格率提升 9.08%，检测频次提高 50%，产品标准偏差下降 43%，同比下降 1%。

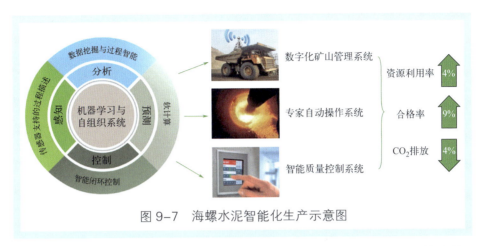

图 9-7　海螺水泥智能化生产示意图

海螺水泥立足于将绿电资源与水泥企业深度融合（图 9-8），将光伏、风电、储能搬进水泥厂，大力发展光伏电站、储能项目等业务，实现下属工厂光伏发电全覆盖。截至 2023 年底，海螺水泥在运行光储发电装机容量 542 兆瓦，全年光伏发电约 4.29 亿千瓦时。并利用 CO_2 作气肥及储能介质，水泥余热作热源发展现代大棚农业，丰富水泥厂二氧化碳的利用途径。

图 9-8　海螺水泥可再生资源绿电工厂

9.2 替代原料技术

从理论上讲，水泥工业中的原料只要化学成分分配比例合适就可以生产出合格的水泥熟料。传统工艺下石灰石原料碳酸盐分解的碳排放率较高。一般每生产1吨水泥熟料，消耗石灰石原料约1.3吨，这些原料在高温分解时会产生约42%的CO_2。使用含氧化钙但在生产过程中不产生额外二氧化碳的物质作为替代原料，可有效减少原料碳酸盐分解产生的碳排放。

9.2.1 替代原料技术分析概述

替代原料技术是指采用工业部门的废渣——粉煤灰、煤矸石、高炉矿渣、钢渣、铝渣、电石渣等，部分或全部替代石灰石以及校正原料，减少水泥生产的过程排放量。最近十年，德国、法国和瑞士等国通过一系列的研究试验与工程实践，已证实对混合材料（矿渣、粉煤灰、火山

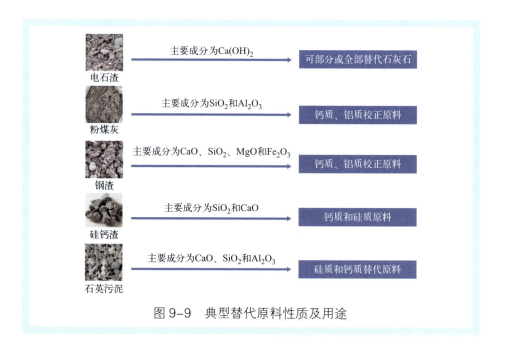

图9-9 典型替代原料性质及用途

灰、石灰石、烧黏土等)进行深加工,提高其胶凝活性后可以发挥部分替代熟料的作用。主要的替代原料成分及替代方式如图9-9所示。

典型替代原料减碳效果分析结果见图9-10。

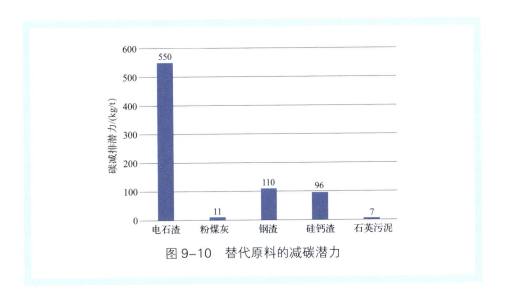

图 9-10 替代原料的减碳潜力

9.2.2 电石渣原料替代

电石渣的主要成分为 $Ca(OH)_2$,含有一定水量的电石渣和渗滤液具有强碱性,并含有硫化物和磷化物等有害物质。按照国家标准《危险废物鉴别标准 通则》(GB 5085.7—2019),电石渣属于Ⅱ类的一般工业废弃物,其大量堆放会对土壤及水造成长期污染。但由于其含有丰富的氢氧化钙,理论上可以完全替代石灰石,具有较高的减碳潜力。

电石渣作为替代原料进行水泥生产的工艺以回转窑生产工艺为主,主要包括湿法工艺、半湿法料饼入窑工艺、湿磨干烧工艺、新型干法生产工艺。由于能耗低、耦合性强,目前主要应用的是新型干法电石渣水泥生产线,出现了产能达4600t/d、5000t/d的主流大型化生产线。电石渣制备水泥生料主要工艺流程如图9-11所示。

图 9-11　电石渣制备水泥生料主要工艺流程

电石渣替代原料的大规模应用主要受限于三方面。一是电石渣本身有较大的含水量，其含水量高达 60%，需要压滤烘干处理，而烘干原料需要较高的能耗，很大程度上限制了电石渣的利用。二是电石渣的产生量在我国的空间分布上非常不平衡，主要分布在新疆、内蒙古、河北等地。三是电石渣作为替代原料生产水泥熟料的工艺过程仍然存在配料组成波动大、不稳定等问题，尚需进一步推进相关工艺技术的研究。

9.2.3　粉煤灰原料替代

粉煤灰主要是火电厂燃煤后在烟气中捕获的细灰，其主要成分是二氧化硅、氧化铝和氧化铁，三者总量占粉煤灰的 85% 以上，这三种物质都是水泥原料，可以通过配料计算和辅助料参配得到满足水泥熟料的配料要求，因此可作为水泥的替代原料。

粉煤灰的化学成分和黏土相近，其二氧化硅含量较低，而氧化铝含量较高，因此通常采用高铝原料的配置方案，并且通常需要选用辅助矿化剂。利用粉煤灰替代原料时，一方面，粉煤灰本身经过了高温煅烧过程，省去了黏土分解过程的能量；另一方面，烧失量较高的粉煤灰中往往含有一些未完全燃烧的碳粒，能够减少熟料烧成的用煤量，在一定程度上降低熟料的烧成热耗。

按照相关标准，用粉煤灰替代原料可替代黏土的 10%～15%。在黏土资源比较匮乏的地区，粉煤灰的使用不仅可以降低水泥的生产成本，还可以有效利用粉煤灰废弃物资源，减少水泥工业对环境和资源的过度消耗，具有显著的经济效益和社会效益。

9.2.4　钢渣原料替代

钢渣中也含有一定量的 CaO、SiO_2、MgO 和 Fe_2O_3，是理想的水泥原料，也是目前较主流的替代原料，水泥厂可将区域附近的钢厂所产高炉矿渣进行合理配比作为替代原料。

钢渣是一种环境友好型替代原料，其中部分钢渣中 CaO 质量分数达 40% 左右，如果替代生料中的石灰石原料，可相应减少因碳酸钙分解产生的过程排放。同时，有研究表明钢渣的使用可明显改善配置后生料的易烧性，进一步减少能耗需求和燃料燃烧产生的碳排放。

钢渣替代燃料的大范围应用，一是来源受钢厂地理分布影响，钢厂与水泥厂的区位因素导致钢渣来源受限；二是钢厂炼钢用的铁矿石产地与成分有不确定性，钢渣的成分也会不稳定，可能导致水泥熟料的品质波动，如早期强度不高、凝结时间较长，甚至安定性不良、水泥强度较低等问题，影响了钢渣应用。

9.2.5 硅钙渣原料替代

硅钙渣是指在粉煤灰中加入碱和石灰石烧结，再通过湿法提取氧化铝，回收碱后剩余的固体残留物，主要含有硅和钙两种元素，其化学成分由 CaO、SiO_2、Al_2O_3、Fe_2O_3、MgO、TiO_2 组成，其中多种成分可作为水泥原料。

目前硅钙渣的主要处理方式是填埋，对土壤和地下水都造成了重金属污染。与传统石灰石原料相比，加入烧结后的硅钙渣，一定程度上起到了矿化剂的作用，在煅烧过程中降低了熟料形成热，使烧成温度降低，且硅钙渣中氧化钙的存在一定程度上降低了因碳酸钙分解产生的过程排放。此外，有研究表明，加入硅钙渣后生成的熟料易磨性好，可降低水泥研磨过程中的电耗，进一步降低了生产过程中的间接排放。

9.2.6 石英污泥原料替代

石英污泥是在玻璃等硅质材料炼制过程中，石英矿砂经破碎、水洗、筛选、烘干、提纯硅后剩下的废弃污泥。石英污泥的主要化学成分是氧化钙、二氧化硅、氧化铝、氧化铁、氧化镁等，具有水泥原料所需的成分。

有生产线应用表明，石英污泥替代黏土进行熟料烧成，可配置成易烧性好、熟料造粒情况好、电耗及煤耗低的生产线工艺，在实现废弃物料综合利用的同时，也具有良好的经济、社会和环境效益。

9.2.7　替代原料技术应用实例

金隅水泥电石渣替代石灰石项目。

金隅水泥集团研发了电石渣100%替代石灰石产业化技术集成项目——水泥窑处置聚氯乙烯（PVC）电石渣项目，金隅集团拥有5家电石制造企业，利用其工业废料，2020年共处置电石渣215万吨。项目攻克了电石渣100%替代石灰石稳定生产的工艺技术难题，同时解决了电石渣堆放过程中对土壤、地下水、空气的污染问题。

张家口宣化金隅水泥日产2500吨的熟料水泥生产线全部以工业废料为原料，依托当地众多钢铁、发电、化工、煤焦企业，采用脱硫石膏替代天然石膏、粉煤灰替代矿渣、钢渣替代铁粉、煤矸石替代烟煤、电石渣替代石灰石（图9-12）。

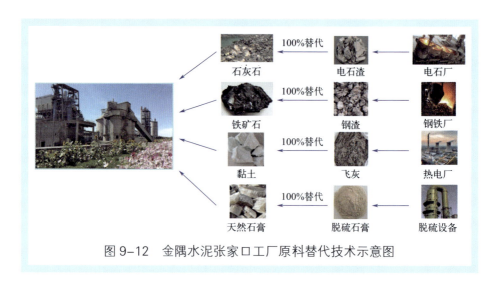

图9-12　金隅水泥张家口工厂原料替代技术示意图

9.3 替代燃料技术

9.3.1 替代燃料技术分析概述

对于水泥领域而言，目前化石燃料仍是最主要的燃料能源类型，如图9-13所示，从全球范围来看，2020年化石燃料的使用比例仍高达81%。

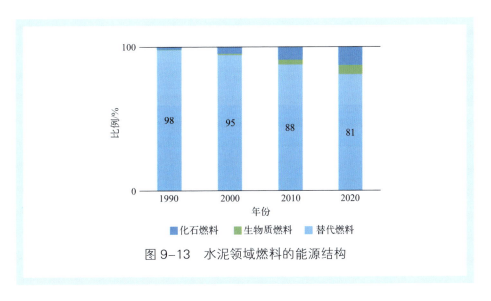

图9-13 水泥领域燃料的能源结构

在传统化石燃料中，由于水泥的产品价格较低、生产工艺较为粗放，价格较为低廉的固体燃料如煤和石油焦是最为主流的水泥生产燃料，共占化石燃料中的82%，其中煤占比48%，如图9-14所示。

目前我国水泥行业的燃料主要是煤，其次是天然气。替代燃料技术是指采用碳中性或者碳排放强度较低的燃料——废旧轮胎、废机油、废塑料、危废、生活垃圾、秸秆、垃圾衍生燃料（residue derived fuel, RDF）、固体回收燃料（SRF）、市政污泥、废纸浆等，代替部分燃煤和天然气，减少燃料燃烧所产生的二氧化碳排放量。

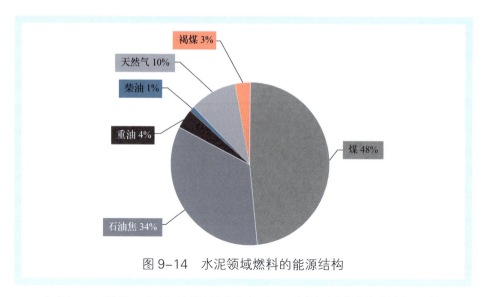

图 9-14 水泥领域燃料的能源结构

如图 9-15 所示,与欧美发达国家相比,我国采用替代燃料的时间短、种类少,年替代量不足 5 万吨标煤,总体的燃料替代率不足 5%。其他发达国家的燃料替代率较高,如荷兰、奥地利、德国和挪威均超过了 60%,荷兰高达 85%。这些国家从烧废轮胎开始已应用了 30 多年,技术成熟可靠,目前其替代燃料(各种废弃物)对煤的热量替代率(TSR)已达 30% 左右。

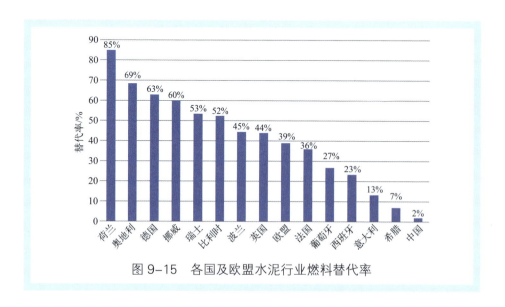

图 9-15 各国及欧盟水泥行业燃料替代率

9.3.2　工业固废与生物质替代燃料

水泥窑中的煅烧具有如下特征：水泥回转窑内气体温度可达2000℃，其中分解炉温度可达1100℃左右；水泥窑内停留时间为8～20s，分解炉内停留时间超过3s；回转窑内为氧化气氛。

以上特质决定了水泥窑煅烧废旧轮胎、固体废物等作为替代燃料的可能性。图9-16和图9-17是其他替代燃料的碳排放强度和低位热值。多种生活垃圾及工业固废经处理后是理想的水泥窑燃料，一方面其燃烧产生热量，另一方面燃烧后的灰烬及不可燃部分可作为熟料的一部分，使固废再利用。

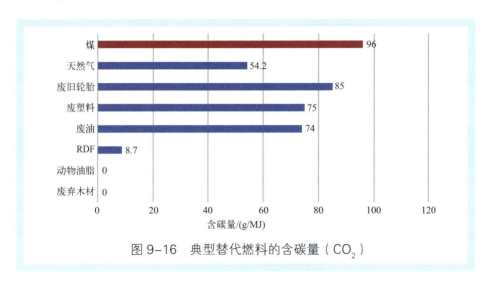

图9-16　典型替代燃料的含碳量（CO_2）

图9-17　替代燃料及标准煤热值

目前水泥领域常用的工业固废替代燃料和生物质燃料的种类及占比如图 9-18 和图 9-19 所示。

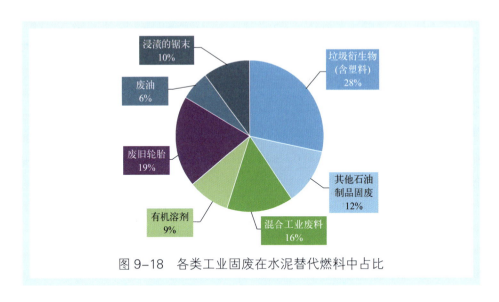

图 9-18　各类工业固废在水泥替代燃料中占比

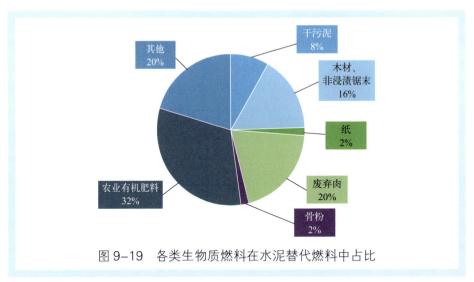

图 9-19　各类生物质燃料在水泥替代燃料中占比

在各种替代燃料中垃圾衍生物是最常用的废弃物类燃料，特别是在欧洲地区垃圾衍生物的替代燃料使用比例较高，这也得益于社会层面广泛的垃圾回收处理体系。

废旧轮胎是一种较优质的可燃废弃物，作为替代燃料可以喂入分解炉和窑尾烟室，如图9-20所示，轮胎处置工艺流程主要分为三部分：整轮胎破碎系统，碎轮胎上料、计量及输送系统和碎轮胎喂料系统。轮胎处置系统主要设备包括一体化破碎机、碎轮胎上料漏斗、管带机。

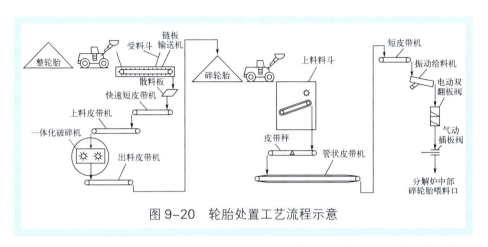

图9-20 轮胎处置工艺流程示意

我国是一个农业大国，秸秆等生物质燃料资源丰富。生物质燃料在水泥窑中替代传统的煤炭燃料具有燃烧后污染少等天然优势，同时其燃烧后的灰分可混入水泥熟料生产中。水泥生产使用生物质替代燃料也是促进秸秆等生物质高效综合利用的有效途径。虽然经过一系列工艺处理后的秸秆等生物质燃料已经在火电厂中得到了应用，但由于生物质燃料存在热值低、燃烧稳定性差、碱性物质多、使回转窑易结皮等缺点，在水泥生产中应用并不广泛，替代率不高。目前仍需要开展水泥与生物质深度耦合的关键技术研究，开发高效的生物质替代燃料燃烧设备等。

9.3.3 水泥窑协同处理城市固废技术

我国作为人口大国，在近年来城市化进程加速推进的过程中，城市固废的处理问题一直较为棘手，水泥窑协同处理固废技术将有效解决此问题。1吨生活垃圾经过预处理后的垃圾衍生燃料含有相当200千克标煤的热值，在水泥窑发挥80%的能源利用效率，替代煤炭减排二氧化碳约0.5吨。正因如此，工信部等多部门发布指导意见，强调加快推进水泥窑协同处置生活垃圾，提升工业窑炉协同处置城市废弃物水平。综合来说，利用水泥窑协同处置生活垃圾可以解决生活垃圾处理过程中废气、废水、废渣等难题，并通过垃圾处理为水泥厂提供原料及燃料，实现生活垃圾的资源化利用。据测算，每年利用全国水泥行业总产能的25%，即可处置全国60%的垃圾，有效实现垃圾减量化、无害化、资源化和水泥行业的绿色低碳发展。水泥窑协同处理城市污泥的工艺流程如图9-21所示。

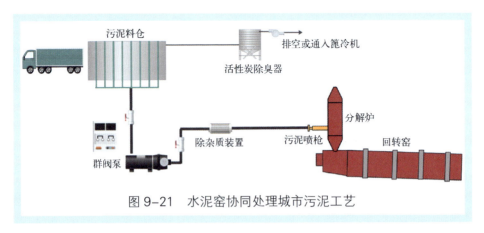

图9-21　水泥窑协同处理城市污泥工艺

近十多年来，中国水泥工业在水泥窑协同处置固体废物方面得到了快速发展。截至2020年，中国已有200条水泥窑具备了协同处置固体废物的能力（表9-1）。

表9-1　中国主要水泥企业的水泥窑协同处置业务开展情况

公司	处置类型	数量/条	产能/（10^4t/a）	2020年处置量/10^4t
华新	生活垃圾	18	371	206
	污泥	9	68	60
	危废及其他	8	59	28
红狮	危废	14	119	—
	生活垃圾	1	10	
	固废	10	100	—
海螺	危废	16	207	43
	固废	9	101	106
	生活垃圾	16	125	75

续表

公司	处置类型	数量/条	产能/(10^4t/a)	2020年处置量/10^4t
金隅冀东	危废	14	65	—
	污泥	15	109	—
	生活垃圾	6	80	—
	污染土	2	19	—
中国建材	危废	14	88	—
	固废	8	60	—
	生活垃圾	8	92	—
金圆	危废	10	60	21
华润	危废	2	13	1
	生活垃圾	4	51	18
	污泥	3	71	5
葛洲坝	生活垃圾	4	55	16
台泥	危废	1	20	—
	生活垃圾	1	6	—

9.3.4 氢能替代燃料

氢能作为新能源的重要媒介，其作为燃料为水泥供能也是近年研究热点。海德堡水泥旗下 Hanson 水泥在英国约克郡山谷开展用氢气煅烧水泥的实践，其使用的燃料为氢气＋生物质的混合净零燃料，氢气占比为 39%，也是目前世界首创的水泥净零燃料，每年可减少二氧化碳排放量 18 万吨。氢气替代技术是指在水泥熟料煅烧过程中采用氢气替代部分化石燃料。将氢气注入燃煤输送管道使其吸附在燃料颗粒上，同时将氧气注入窑炉来促进燃烧，提高燃烧效率（图 9-22）。氢气替代技术可以降低化石燃料的消耗，同时可增加替代燃料的使用率，从而达到降低单位熟料二氧化碳排放量以及单位生产成本。在氢气替代率 100% 下，吨水泥熟料消耗 24kg 氢气，减排 CO_2 量约 270kg/t，减排约 30% 碳排放量。

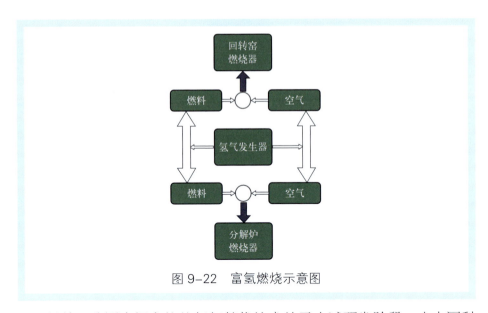

图 9-22 富氢燃烧示意图

目前，我国水泥窑炉的氢气替代技术处于小试研发阶段。由中国科学院大连化学物理研究所和中材节能研发的"双供氢系统水泥熟料氢能煅烧及窑炉烟气 CO_2 转化利用"工艺受到广泛关注，该工艺流程（图9-23）应用氢气替代传统燃煤进行煅烧，可得到质量可靠的水泥熟料。燃料氢气主要来自可再生资源电解水，获得高纯绿色的氢气和氧气并进行储存和使用。针对可再生电力时空分布不均的特点，辅助配套甲醇制氢系统，提高供氢稳定性。窑炉尾气经过烟气分离以及二氧化碳捕集技术，获得纯净的二氧化碳。二氧化碳通过电催化加氢技术，制备出甲醇，一部分甲醇作为商品直接出售，另一部分甲醇通过催化剂重整制氢，从而保证了供氢的稳定性和连续性。在碳减排方面，在此工艺中以氢能替代燃煤，减少燃料产生的碳排放，同时耦合了 CO_2 与 H_2 反应生成甲醇，减少过程排放，实现 CO_2 循环。

未来氢气煅烧水泥的发展方向，一是降低用氢成本。传统制氢方案包括：煤制氢、天然气制氢、甲醇制氢、工业副产氢、电解水制氢。以不同制氢方案产出的氢气作为替代燃料，与传统燃煤作为燃料相比不具备成本优势，这也限制了目前水泥行业采用氢气替代燃料的推广使用，未来需从降低用氢成本方面进一步研究。二是利用氢气和可再生能源的耦合。由于氢气替代会降低燃料燃烧产生的直接碳排放量，为进一步降低碳排放量，可以考虑用绿电替代常规火电，采用绿电与绿氢结合的方式用于水泥熟料生产过程。

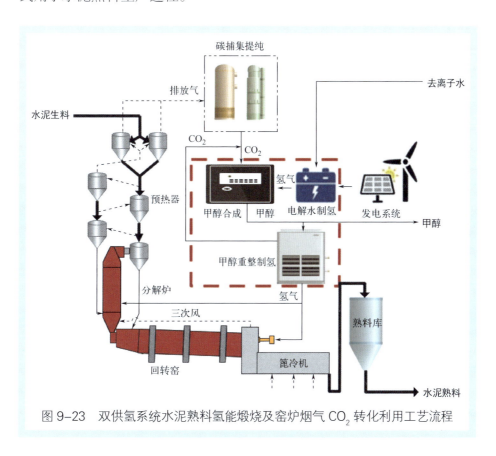

图 9-23　双供氢系统水泥熟料氢能煅烧及窑炉烟气 CO_2 转化利用工艺流程

9.3.5　电气化与太阳能烧制水泥

水泥研究人员对使用电气化及太阳能等加热形式生产水泥进行了相应研究。

对于水泥的电气化改造，目前业内普遍认为可以借鉴钢铁及有色领域的电炉，将分解炉进行电气化，分解炉内主要发生碳酸盐的分解反应，烟气出口可获得高浓度二氧化碳，易于后续碳捕集与利用，其流程如图 9-24 所示，此流程可以实现约 70% 的二氧化碳减排率。电加热可以提供分解炉内所需的 900℃的区域温度，而回转窑所需的极高温度仍由燃料燃烧提供。

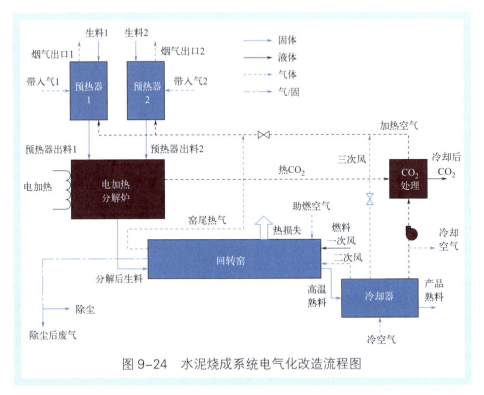

图 9-24　水泥烧成系统电气化改造流程图

目前加热炉可采用的加热方式包括电阻加热、热流介质加热、磁控管加热、等离子体加热、超声加热等。图 9-24 工艺流程需要对系统的改造包括：新的分解炉、功率约 85 兆瓦的电加热系统、碳处理系统、三级风管的改造。

水泥生产商 CEMEX 与太阳能燃料初创企业 Synhelion 合作，展示了世界上第一个使用高温太阳能煅烧水泥的零碳排工艺流程（图 9-25）。流程中重点应用到的气体导热流（二氧化碳和水蒸气）在太阳能接收器中被加热到 1500℃以上，随后逆流进入回转窑和分解炉将物料加热到反应所需温度，经传热冷却后的气体导热流回到太阳能接收器再次被加热。为保障生产的连续进行，会采用电力或氢气的备用方式稳定传热介质的热量输送。

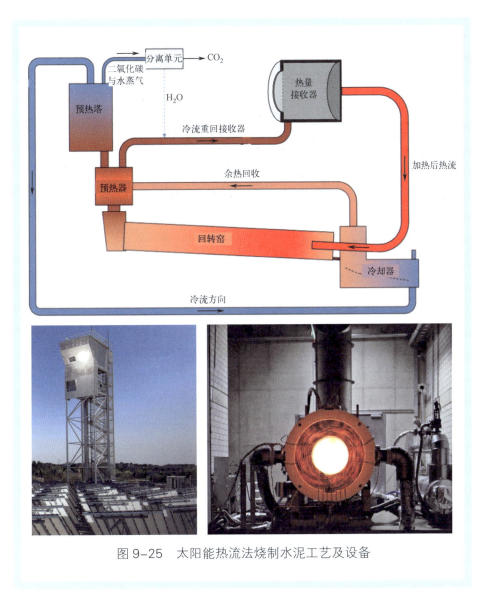

图 9-25 太阳能热流法烧制水泥工艺及设备

德国航空航天中心科隆太阳能研究所的科学家在 2022 年也进行了利用太阳能制备水泥的 CemSol 项目，目前可利用太阳模拟器直接加热回转窑至 1000℃并稳定持续运行（图 9-26）。目前在试验运行过程中的难点在于对材料的处理，一是需要将生料粉磨至很细的程度以保障在设备内物料受热均匀，二是在进料和反应过程中产生的烟尘会影响受热且不易处理，三是目前的实验温度可达到 1100℃，若要生产熟料需要进一步稳定地提高设备内温度。

图 9-26　太阳模拟器加热制备水泥

麻省理工学院材料科学与工程系的科学团队提出了一种新的水泥制造方法，该方法基本上可以有效收集水泥生产过程中的过程排放（图 9-27）。该方法采用电化学制备水泥原料，由可再生电力驱动的电化学脱碳反应器将 $CaCO_3$ 转化为 $Ca(OH)_2$，用于后续水泥的合成。在此工艺中，粉末状的石灰石溶解在酸性的电极附近，并生成高纯度的二氧化碳用于后续捕集和利用；而氢氧化钙在另一端的电极附近以固体形式析出，并进入回转窑中进行熟料的煅烧。

9.3.6　替代燃料技术应用实例

（1）华新水泥窑协同处置废弃物

华新水泥在水泥窑协同处置废弃物技术方面是行业领域内的领跑者。以华新水泥在武汉地区的水泥协同窑为例，长山口生活垃圾生态处理项目具备 3000 吨每天的生活垃圾处理能力，陈家冲项目具备 1000 吨每天的处理能力，占武汉日产生活垃圾的一半，可有效解决武汉这样特大城市生活垃圾处理的难题。利用水泥窑协同处置生活垃圾可以解决生活垃圾处理过程中废气、废水、废渣等难题，并通过垃圾处理为水泥厂提供原料及燃料，实现生活垃圾的资源化利用。

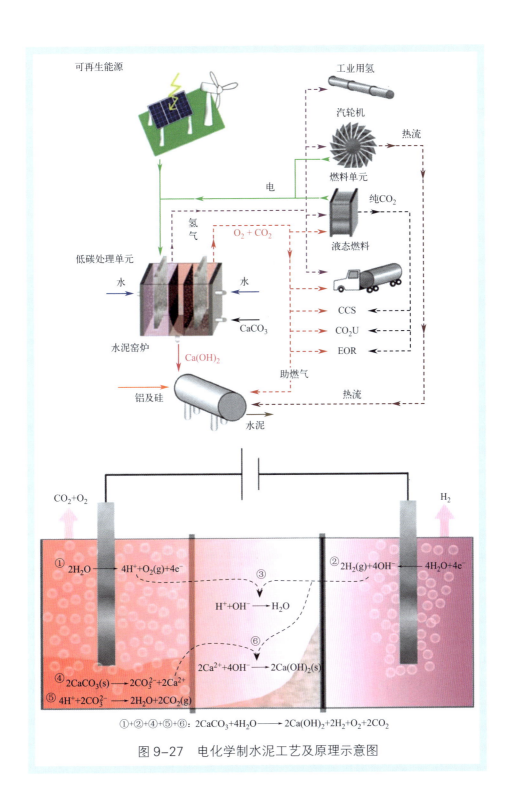

图 9-27 电化学制水泥工艺及原理示意图

华新水泥从 2009 年开始协同处置污泥，经水泥窑高温焚烧，污泥中的有机质作为水泥生产用燃料，焚烧残渣作为水泥熟料的生产原料，而污泥中的重金属通过窑内的液相反应直接固化到熟料颗粒中，全程无任何污染，实现无害化处置。华新水泥处理固废流程如图 9-28 所示。武汉市 90% 的市政污泥，黄石市、宜昌市、大冶市及重庆涪陵 100% 的生活污泥全部由公司水泥窑进行处置。

图 9-28　华新水泥处理固废流程示意图

（2）海德堡水泥的 LEILAC 项目外加热法制水泥

外加热法分部式制水泥目前进入工业示范阶段的是海德堡水泥的 LEILAC 项目，海德堡公司与澳大利亚 Calix 公司合作研发了外加热反应塔，如图 9-29 所示。反应塔由内外两腔构成，外腔由燃料燃烧供热，经粉磨后的生料则从顶端进入反应器内腔，反应器内逐步受热至 900℃ 后发生分解，CaO 从底部流出进入回转窑中进行后续煅烧，分解产生的二氧化碳等气体进入捕集单元。分析认为该方法捕集每吨二氧化碳的成本要小于 25 欧元，成本小于胺吸收、钙循环等其他水泥行业碳捕集工艺。目前项目已经进入二期建设，LEILAC 二期位于德国汉诺威（Hanhover），目标是在 2024 年可以实现年捕集二氧化碳十万吨。

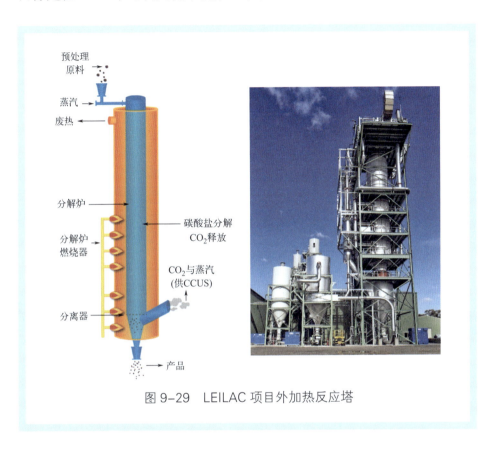

图 9-29　LEILAC 项目外加热反应塔

9.4　低碳水泥技术

水泥生产中，熟料煅烧工序的碳排放占总排放量的接近 90%，是水泥生产碳排放的重要环节。熟料替代技术是指采用低钙水泥熟料代替普通硅酸盐水泥熟料的新型熟料体系技术，以及采用低熟料系数的水泥生产技术。

9.4.1 低碳水泥技术分析概述

如图9-30所示,不同水泥矿物组成所需温度不同、氧化钙含量不同,使得碳排放量不同。调整不同矿物相的组成可在一定程度上降低熟料的碳排放。

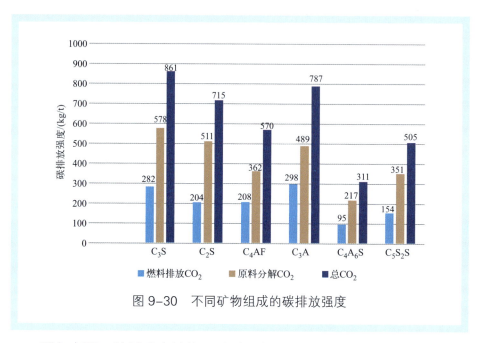

图 9-30　不同矿物组成的碳排放强度

研究表明,以低碳含量的二硅酸三钙(3CaO·2SiO$_2$,C$_3$S$_2$)、硅酸二钙(2CaO·SiO$_2$,C$_2$S)、硅酸钙(CaO·SiO$_2$,CS)为主要矿相的新型熟料体系可有效降低熟料生产过程中CO$_2$的排放。目前世界各国正在研发硅酸钙(镁)制成的气硬性水泥(Solidia水泥)、铝酸钙和石英制成的低温烧结水泥(Celitement水泥)、活性氧化镁制成的硅酸镁水泥(Navocem水泥)、高贝利特低钙水泥、高贝利特硫(铁)铝酸盐水泥、硫铝酸盐水泥(CSA)、新型低碳水泥(Aether低碳水泥)、贝利特硫铝酸钙水泥〔Persal(BCSA)水泥〕。不同熟料产品的碳排放强度如图9-31所示。低碳水泥的使用可使碳排放强度下降10%～30%。目前低碳水泥的大规模运用主要受成本限制而较多地作为特种水泥使用。

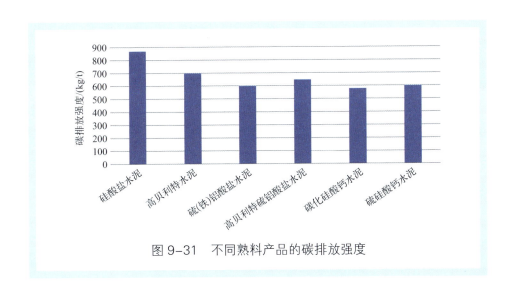

图 9-31 不同熟料产品的碳排放强度

9.4.2 高贝利特水泥

高贝利特水泥（HBC）是 20 世纪 90 年代中国建筑材料科学研究总院发明的新型低热硅酸盐水泥。高贝利特水泥属于硅酸盐水泥系列，其主要熟料矿物成分也是 C_3S、C_2S、C_3A 和 C_4AF。与普通硅酸盐水泥相比，高贝利特水泥有更高含量的 C_2S，占其矿物组成的 40% 以上，这导致高贝利特水泥具有很多优良的性能，如较低的水化热、更高的成型强度和更好的耐腐蚀性等。普通硅酸盐水泥的煅烧温度高达 1450℃ 左右，而高贝利特水泥烧结温度比普通硅酸盐水泥低 100～200℃，能耗减少 15% 左右；二氧化碳排放量减少 15% 左右，氮氧化物排放量减少 35% 左右。由于其低水化热的特性，会减少过热裂纹的产生，特别适宜应用于水利工程，目前已在三峡、向家坝、溪洛渡等重点大型水坝建设中得到规模应用。

9.4.3 硫铝酸盐水泥

硫铝酸盐水泥是我国于 20 世纪 70 年代自主研发的特种系列水泥，以铝矾土、石灰石和石膏为原料，经 1300℃ 低温煅烧制成，具有早强、快硬、抗冻、耐腐蚀、抗渗等一系列优异的物化性能，适用于应急抢险工程、海洋工程等工程设施建设。在其配比中由于石灰石用量的减少，加之煅烧温度较低，二氧化碳排放量也低于普通硅酸盐水泥。有研究表明，其在全生命周期的碳排放量比42.5级普通硅酸盐水泥的碳排放减少约30%，具有显著的减排效益。

9.4.4　Aether水泥

Aether水泥是由拉法基公司研制发明的新一代低碳水泥，Aether低碳水泥的生产原料包含石灰石、铝矾土、石膏、铁矿石以及黏土，烧成反应在1225~1300℃下生成了硫铝酸钙（C_4A_3S）矿物。Aether水泥的矿物组成为：硅酸二钙（C_2S）40%~75%，硫铝酸钙（C_4A_3S）15%~35%，铁相[$C_2(AF)$]5%~25%。

Aether水泥同样通过减少石灰石的用量、减少燃料消耗的方式，可减少25%~30%的二氧化碳排放。拉法基公司在法国勒泰伊的工厂进行了1万吨Aether水泥的中试生产，也证实了其进行工业规模生产的可行性。

9.4.5　BCT水泥

贝利特硫铝酸盐（Belite calciumsulfoaluminate ternesite，BCT）水泥由德国水泥龙头企业海德堡公司发明，其所需原料与普通硅酸盐水泥相似，石灰石、砂岩，以及粉煤灰、钢渣等工业废渣、工业副产石膏等都可以是原料来源。BCT水泥同样在较低的烧成温度（1250~1300℃）下发生固相反应生成主要矿物质C_4A_3、C_5S_2。其组成为C_5S_2S 5%~75%，C_2S 1%~80%，C_4AF 5%~70%。BCT水泥在生产过程中二氧化碳排放量比传统硅酸盐水泥熟料降低约30%，同时可节省燃料和外购电力的消耗10%~15%。目前海德堡水泥采用直径0.3米、长度7.6米的小型回转窑进行了中试规模的生产，生产的BCT水泥砂浆经检验证明具有良好的性能，未来将扩大生产规模，以及进一步优化生产工艺技术。

9.4.6　LC³水泥

石灰石煅烧黏土（limestone calcined clay，LC³）水泥是一种典型的煅烧黏土水泥，是一种由石灰石、煅烧黏土、石膏和熟料组成的水泥，在保障强度的前提下，采用煅烧黏土和石灰石可替代一部分水泥熟料，形成一种低熟料系数水泥。LC³水泥作为一种新型煅烧黏土基三元水泥，其原料可以是黏土、石灰石、粉煤灰、稻壳灰等材料，煅烧后产物掺混进水泥熟料可使熟料系数低至40%～50%，相比普通硅酸盐水泥可减少约30%的二氧化碳排放。在制备工艺方面，LC³水泥的工艺过程与新型干法水泥工艺相类似，主要是在生料制备和熟料粉磨阶段，受煅烧黏土组分与熟料易磨性差异的影响，宜采用分级分别粉磨工艺来生产。LC³水泥制备流程如图9-32所示。

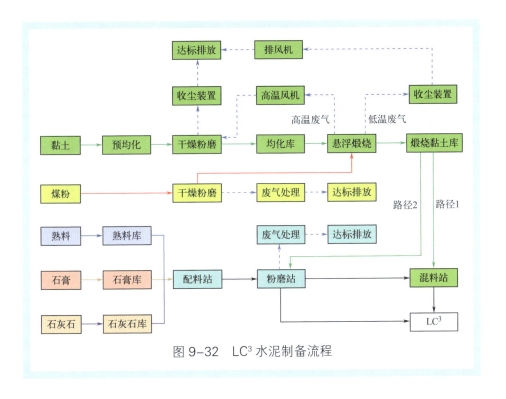

图9-32　LC³水泥制备流程

在 LC³ 水泥应用方面，印度水泥公司完成了煅烧黏土水泥制备的混凝土在步行道上的应用示范；古巴相关研究机构生产了以 LC³ 水泥制备的混凝土空心砌块，并在民用建筑外墙的建设中使用；中国建材集团中材国际工程有限公司已完成基于煅烧黏土水泥的混凝土生产及预制构件建造，并应用于北京中关村会展中心内墙的装饰工程。

9.4.7 低碳水泥技术应用实例

（1）高贝利特水泥的应用

白鹤滩水电站于 2021 年 7 月投入商业运营，总装机容量 1600 万千瓦，仅次于三峡水电站，成为中国第二大水电站和世界第二大水电站（图 9-33）。使用低热的高贝利特水泥 300 万吨，解决了"无坝不裂"的世界难题，同时该水泥的应用减少了 CO_2 排放 20 万吨。

图 9-33　白鹤滩水电站

（2）铁铝酸盐水泥的应用

"华龙一号"是中国具有完全自主知识产权的三代压水堆核电创新成果（图 9-34）。在漳州"华龙一号"核电站的建造过程中创新性使用了铁铝酸盐水泥进行非核安全构筑物，充分利用了铁铝酸盐水泥的早强、快硬的特性以及优异的耐海水腐蚀性能。合计使用铁铝酸盐水泥6.3万吨，减少二氧化碳排放1.3万吨。

图9-34　铁铝酸盐水泥混凝土在"华龙一号"工程首次浇筑

9.5　碳捕集与利用技术

9.5.1　碳捕集与利用技术分析概述

碳捕集、利用与封存技术（CCUS）在水泥行业的应用包括富氧燃烧、燃烧后捕集和燃烧前捕集。水泥行业燃料燃烧产生的碳排放仅占总排放的30%左右，因此燃烧前捕集技术不适用于水泥行业；富氧燃烧技术目前主要停留在试验研究阶段，还存在很多的技术难点；燃烧后捕集技术是适用性较广的碳捕集技术，已经在水泥行业建成示范项目。目前这些项目主要集中在欧洲和北美地区（图9-35）。

国际能源署（IEA）和水泥可持续发展倡议组织（CSI）合作开发的《2050水泥技术路线图》重点强调了包括碳捕集与碳封存（CCS）在内的四种碳减排途径，并指出CCS是目前水泥行业减少CO_2排放最可行的新技术，预计在2050年可减少CO_2排放量56%。联合国工业发展组

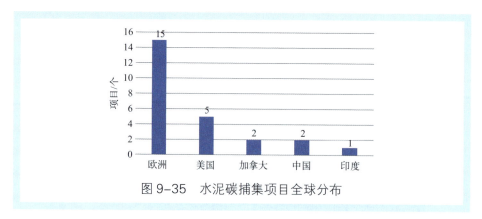

图 9-35 水泥碳捕集项目全球分布

织（UNIDO）和国际能源署（IEA）出版的《2050技术路线图CCS技术在工业中的应用》提出，2050年水泥行业将利用CCS技术捕集5亿吨CO_2。

依据国际能源署对清洁能源技术展望，水泥行业应用的CCUS技术成熟度共分10等级，等级10为已成熟工业运用，按照技术成熟度划分如图9-36所示。

图 9-36 水泥工业的CCUS技术成熟度

9.5.2 化学吸收法

化学吸收法被认为是水泥工业中碳捕获的基础方法（图 9-37），常用的吸收剂为胺溶液，挪威的Longship项目是世界上第一个采用该技术的项目。在化学吸收法的工艺流程中含有 CO_2 的尾气首先进入吸收塔，自下而上经胺溶液的淋洗使得 CO_2 被胺溶液吸收，减碳后的尾气从吸收塔顶部排出，富含 CO_2 的胺溶液自上而下进入解吸塔，胺溶液在解吸塔中受热，CO_2 从中解吸并从塔器顶部送出，经干燥和压缩后进行后续的利用。解吸后的胺溶液经换热器与冷流换热后，重新循环至吸收塔。

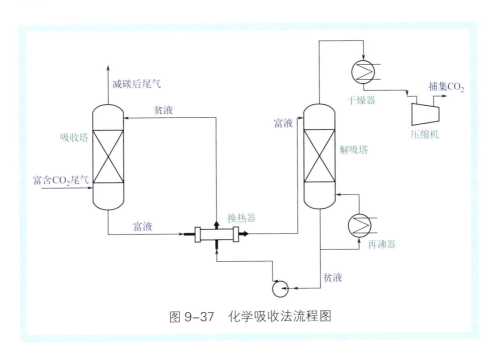

图 9-37 化学吸收法流程图

9.5.3 钙回路法

钙回路法（CaL）是基于 CaO 与 $CaCO_3$ 可逆碳化反应，利用 CaO 与 $CaCO_3$ 的相互转化来分离烟气中的 CO_2（图 9-38）。通常在两个相互连接的循环反应器——碳酸化反应器和煅烧炉中进行碳捕集。在碳酸化器中，CaO 在 600～700℃下与含有 CO_2 的烟气反应，形成的 $CaCO_3$ 被送到煅烧炉中，在 890～930℃再分解成 CaO 和 CO_2，CaO 再生被送回碳酸化反应器。

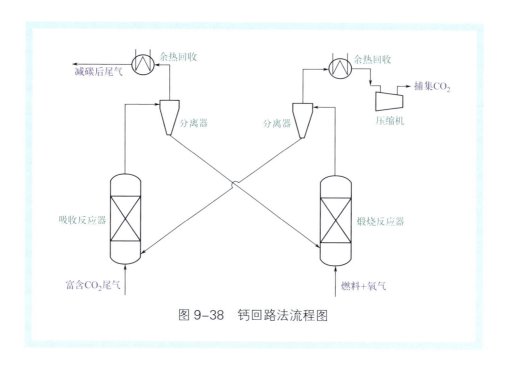

图 9-38 钙回路法流程图

9.5.4 富氧燃烧

富氧燃烧的 CO_2 捕集采用的是近乎纯氧气而不是空气来作为燃烧燃料。烟道气主要由 CO_2 和水蒸气组成，可将其脱水得到高纯度的 CO_2。富氧燃烧过程主要增加氧气制备装置，即空气分离装置。在水泥领域的富氧燃烧工艺也分为部分富氧燃烧和完全富氧燃烧，部分富氧燃烧是在燃料需求较多（60%的燃料占比）的分解炉中采用纯氧，而回转窑中仍使用空气作为助燃剂。完全富氧燃烧是分解炉与回转窑中全部使用纯氧作为助燃剂，如图 9-39 所示。

与化学吸收法相比，水泥窑若采用富氧燃烧技术，则需要对现有窑炉工艺进行改造。熟料冷却器、回转窑、分解炉和预热器内的气体气氛发生变化，部分烟气被回收利用。与传统水泥窑相比，增加了制氧系统（ASU）和燃料处理系统。富氧燃烧法工艺流程及设备如图 9-40 所示。

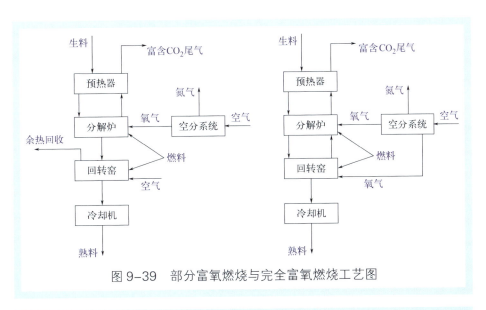

图 9-39 部分富氧燃烧与完全富氧燃烧工艺图

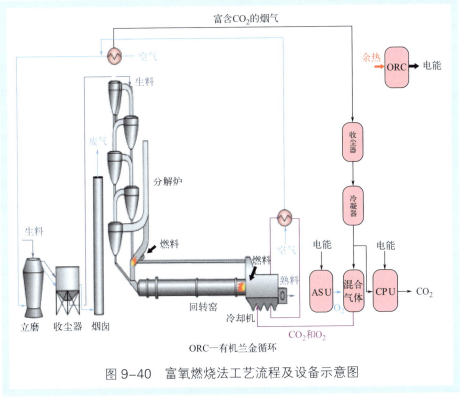

图 9-40 富氧燃烧法工艺流程及设备示意图

欧洲水泥研究院（ECRA）自 2007 年以来一直在进行氧气燃料燃烧碳捕获的研究，目前已进入第四阶段，具体项目包括 2018 年公布的在意大利科莱费罗的 Heilderberg 水泥厂和奥地利雷茨内的 Lafarge Holcim 工厂进行中试。结果表明，氧气燃料的燃烧条件对熟料质量和水泥强度没有影响，是可以继续实践的技术，估算其成本每吨 CO_2 为 42.4 欧元。

9.5.5 膜分离法

膜分离是基于窑炉烟气中的气体组分对膜的渗透率不同而达到分离回收的目的。膜具有选择性，渗透速率取决于相对分子尺寸及其在膜中的扩散系数等参数。渗透的驱动力是两端的压差或温度差或浓度差。水泥烟气中的 CO_2 浓度约为 30%，该浓度较高，有利于采用该分离技术。为提纯高浓度 CO_2，通常采用多级压缩和分离，图 9-41 采用的是三级压缩分离系统，捕集率约为 90%。

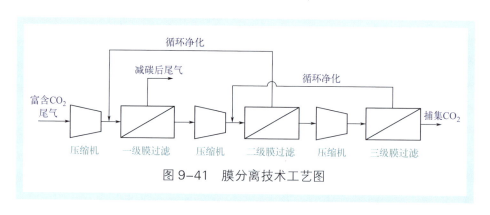

图 9-41　膜分离技术工艺图

9.5.6 直接分离法

直接分离法采用直接分离反应器（DSR）充当大型煅烧炉，燃料沿炉膛外侧燃烧，将反应器外侧加热至 1000℃ 左右。从反应器顶部加入石灰石等原料，慢慢放下，通过反应器壁的辐射传热，将其加热以进行煅烧并释放 CO_2。反应器底部固气分离。该技术将碳酸盐分解和燃料燃烧过程分开，捕获碳酸盐分解产生的 CO_2，可避免燃料产生的 SO_2、NO_x 等杂质，CO_2 捕集率 60%、纯度 95%。

物理吸附通常采用活性炭、沸石、分子筛、活性氧化铝、硅胶和锂化合物等固体吸附剂,选择性地吸附、解吸和储存混合气体中的CO_2。对吸附剂的一般要求是吸附容量高、选择性好、易再生、稳定性好、耐腐蚀、成本低。对于连续稳定的吸附工况,通过在变压吸附过程中改变压力、在变温吸附过程中改变温度或在吸附过程中改变浓度来使吸附剂再生。

9.5.7 混凝土碳化技术

混凝土碳化技术是水泥生产与二氧化碳利用耦合较好的基础形式,来自工业排放源的二氧化碳可用作建筑材料生产的原材料。最成熟的应用包括在混凝土形成过程中用CO_2代替水,称为混凝土碳化技术,以及CO_2与发电厂或工业过程中的废料(例如铁渣、粉煤灰)反应,形成建筑骨料(建筑材料中使用的小颗粒)。

建筑材料中使用的CO_2永久储存在产品中。与传统生产的混凝土相比,CO_2固化混凝土的成本更低,而来自废料和CO_2的建筑材料在某些情况下具有竞争力,因为它避免了与传统废料处理相关的成本。废料生产建筑材料可能是能源密集型的,尤其是预处理和后处理步骤。许多公司已经建立了生产CO_2衍生材料的商业工厂,见表9-2。

表9-2 混凝土碳化技术推广利用现状

国家	生产企业	案例介绍
英国	Carbon8公司	每年使用约5000吨高纯度CO_2,将约6000t/a的空气污染控制残留物转化为轻质骨料,作为英国建筑材料的组成部分
中国	中材国际与中国建材集团	于2016年完成了一个利用CO_2生产碳酸钡沉淀(产能为5×10^4t/a)的项目
加拿大	CarbonCure	开发出一种商用的CO_2固化工艺,在约150家混凝土工厂可用。产品具有更好的抗压强度,比由波特兰水泥制成的混凝土更划算。该技术可用于现成的混合应用
美国	Blue Planet	生产一种通过矿化生产的CO_2隔离聚集体

9.5.8 碳捕集与利用技术应用实例

（1）CCU 在水泥中的应用

中国海螺水泥采用化学吸收法作为碳捕集的核心技术方案，主要分为两步。第一阶段为 CO_2 回收工艺，水泥窑尾气由引风机送至脱硫水洗塔塔底，经洗涤、冷却、脱硫、二次水洗去除杂质后进入吸收塔。在吸收塔中，烟气中的 CO_2 被吸收剂吸收成为富液，送至换热器加热，再送至解吸塔得到纯度 95% 以上的 CO_2。第二阶段是 CO_2 的净化提纯过程。CO_2 气体从解吸塔顶部排出，与冷凝水分离后流入压缩机，经三级压缩，压缩成 2.5MPa 的高压气体。之后依次通过脱硫层、干燥层、吸附层去除气体中的油、水等杂质。在低温冷冻液化系统液化后，分别进入工业蒸馏塔和食品蒸馏塔，得到纯度 99.9% 以上的工业 CO_2 和纯度 99.99 以上的食品级 CO_2。得到的二氧化碳产品通过管道输送到储罐进行储存。海螺 CCU 工艺流程如图 9-42 所示。

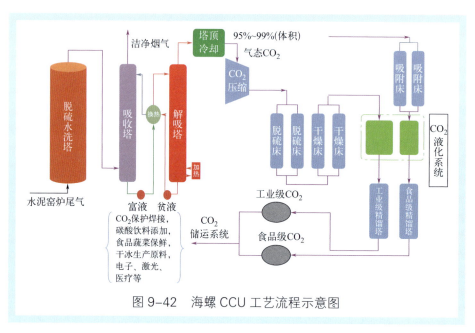

图 9-42 海螺 CCU 工艺流程示意图

海螺水泥白马山水泥厂水泥窑烟气 CO_2 捕集纯化示范项目已落地。项目规模为年产 5 万吨，满足 GB/T 6052—2011 的工业级 CO_2，或年产

3万吨满足GB 1886.288—2016食品级CO_2的捕集纯化生产线，CO_2捕集量约占CO_2总排放量的3%（以每天生产5000吨熟料，生产吨熟料排放0.8吨CO_2计）。生产的CO_2主要用于生产干冰。

济源中联水泥竣工投产全球首条钢渣捕集水泥窑烟气CO_2制备固碳辅助性胶凝材料与低碳水泥生产线，其利用钢渣中的CaO和MgO吸收捕集水泥生产中的CO_2烟气，捕集后的固体材料经化学试剂处理可形成水泥生产中所需的活性混合材降低熟料系数，或用于混凝土的成型养护降低水泥的使用比例，达到减碳的目的。据估算，该项目每年可资源化利用钢渣生产固碳辅助性胶凝材料30万吨，生产高效复合掺合料30万吨，直接捕集水泥窑烟气二氧化碳1.6万吨，综合减碳25万吨。钢渣捕集CO_2工艺流程如图9-43所示。

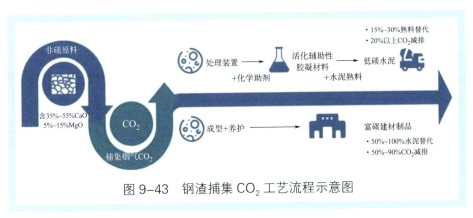

图9-43 钢渣捕集CO_2工艺流程示意图

台泥水泥自2017年以来一直在其位于台湾花莲的和平工厂测试钙循环捕集，并成功完成了试点规模的试验。2019年，台泥水泥公司承诺投入1900万美元扩大CCUS技术项目，目标是到2025年达到商业规模（0.45亿吨CO_2捕获量）。其主要采用台湾工业技术研究院研发的"钙回路碳捕捉先导型系统技术"及"二氧化碳捕获与封存（CCUS）技术验证与放大技术"，具体是以钙基材料做吸附剂，将失活吸附剂再作为水泥生产的原料，或生产附加值较高的轻质碳酸钙，使得水泥生产过程中不产生废弃物，具体流程见图9-44。

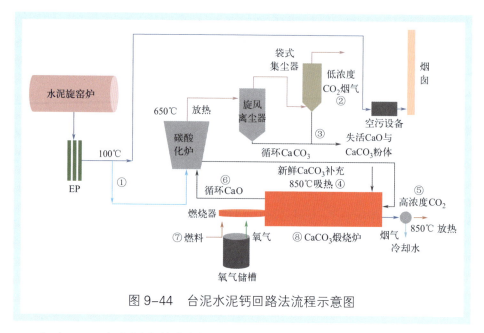

图 9-44 台泥水泥钙回路法流程示意图

（2）CCS 在水泥中的应用

海德堡水泥在挪威布雷维克 Norcem 工厂示范运行了水泥行业中首个工业规模的 CCS 项目。其主要采用化学吸收法对水泥烟气中的 CO_2 进行捕集，捕集能力为每年 40 万吨 CO_2。捕集压缩后的 CO_2 将通过管道运输永久封存至稳定的海床（图 9-45）。项目目标是在 2024 年实现碳减排 50%。

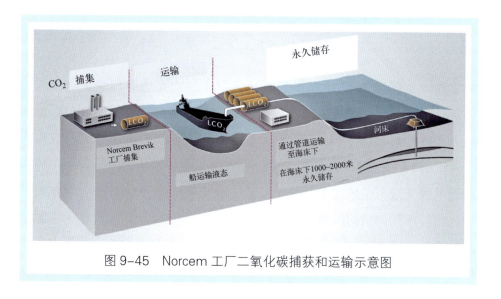

图 9-45 Norcem 工厂二氧化碳捕获和运输示意图

9.6 水泥低碳技术的分析比较

作为典型的高能耗难减排领域，水泥行业的碳减排受到了国际社会相关领域的普遍关注。各国的减碳路径选择主要基于各国社会发展水平与资源禀赋。在水泥领域，低碳技术的方向主要集中在能效提升、替代原料、替代燃料、低碳水泥、二氧化碳捕集与利用等方面。

采用替代原料是各个减碳技术路线图的重要组成部分。从熟料的生产来看，采用替代原料可以有效减少过程碳排放以及实现固废的回收再利用，美国水泥行业提出2050年不低于10%的替代率，欧洲的减排路径则期望该技术可以实现8%的碳减排。我国是电石的生产大国，年产量约2590万吨，电石渣的高污染废弃物利用是我国替代原料技术中的一大特色，也是目前理论上唯一可实现100%石灰石替代的工业固废。

由于在水泥工艺流程中熟料的煅烧过程碳排放占水泥生产总碳排放的90%，降低熟料系数也是有效的降碳方式。从各个国家和行业机构的路线图可以看到，在水泥粉磨制备过程中添加一定比例的钢渣、粉煤灰等混合材，这些混合材具备水硬性，在符合强度要求的情况下可以降低熟料系数，一定程度上减少熟料煅烧中的过程排放。美国提出2030年的混合材替代率增加10%，欧洲希望2030年相比2017年替代率再增加3%。此外，新型低碳特种水泥研发也受到重视，在解决原料及成本问题后，高性能的特种低碳水泥将具备更丰富的应用场景。

在多个路线图中，替代燃料是最具减碳潜力的技术路径之一。欧洲部分国家的燃料替代率已达到了90%以上，平均燃料替代率将近60%，而美国约14%。中国是煤炭生产大国，较低的使用成本使绝大多数的水泥生产线仍使用煤炭作为燃料，替代燃料的使用率约为2%，处于全球相对较低水平。对于替代燃料的选择方面，欧洲对生物质燃料的占比提出了明确的目标，即到2030年使用30%的生物质能源，美国则认为纤维素生物质、不可回收的塑料、农业废物等是较为理想的替代燃料，同时也结合美国当地丰富的天然气资源，陆续推广使用天然气燃料达到减排24%的效果。我国要求大力开展水泥窑协同处置，使用废轮胎、生活垃圾、污泥等固体废物替代燃料，在水泥碳减排的同时兼顾解决了特大型城市"垃圾围城"的困局。

第10章

碳中和图景下水泥产能预测及技术减碳潜力

10.1 中国水泥产能预测

从人均水泥消费量来看，中国的水泥产量已于2014年达峰，达到24.8亿吨，人均消费量达到近1.8吨，远高于发达国家的峰值水平。2015—2022年，人均水泥消费量一直在1.6～1.7吨水平徘徊，水泥消费量处于峰值平台期。人均水泥消费量在达峰后通常经历一定周期的高位波动，继而呈下降趋势，直至达到基本稳定状态。预测到2060年，水泥产量将从2022年的21亿吨减少到2060年的6.5亿吨，降幅接近2/3，接近发达国家人均水平，水泥熟料系数也呈略微下降态势（图10-1）。

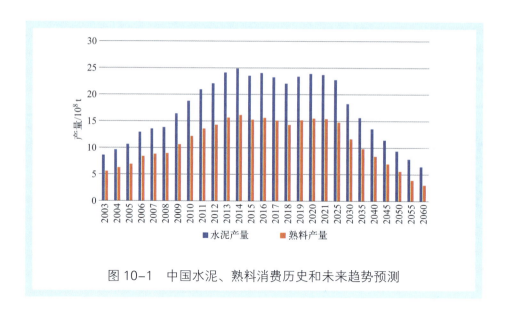

图 10-1　中国水泥、熟料消费历史和未来趋势预测

10.2 技术有效性及可行性预测

　　水泥生产中 90% 以上的碳排放来自熟料生产，而熟料生产中 95% 以上的碳排放来自原料（石灰石）分解及煤粉燃烧。因此，水泥工业要实现碳中和，源头减碳势在必行。源头减碳技术包括石灰石减量化与燃煤替代技术。其中，创新开发低钙新型熟料体系及研发推广富钙固废替代石灰石技术，均可降低水泥生产过程中的石灰石消耗；采用农林废弃物等零碳生物质燃料、氢能等绿色新能源及废旧轮胎等含能废弃物，均可部分替代燃煤。基于此，"含能废弃物与生物质燃料替代燃煤关键技术"与"石灰石替代及熟料低钙化关键技术"是水泥工业碳中和路径中最为关键且必须优先研发、推广的核心减碳技术。"光伏发电补偿等先进综合减碳集成技术"是在水泥生产中采用绿电替代化石能源发电，可降低水泥生产的间接排放，目前也是水泥行业利用新能源减碳的主要措施。另外，开发并推广"大掺量工业固废制备无/少熟料水泥技术"及

"低碳水泥高效制备低碳混凝土及其高耐久技术",均是实现应用端减碳的必要支撑,后者减碳潜力包括低碳水泥技术以及混凝土自身"少用水泥"等低碳技术的联合减碳效果。尽管采取了多种减碳技术,但由于水泥工业消耗石灰石的特有禀赋,行业总体实现碳中和离不开"水泥窑全/富氧燃烧耦合碳捕集利用"等兜底技术的应用。

选取典型的水泥工业减碳技术,低碳技术的重要性分析采用表格分析的方法,主要从减排潜力、可行性两个维度上进行分析,对重点领域低碳技术重要性做综合评估,展现不同领域、不同阶段的关键技术攻关权重,具体说明如下。

减排潜力:技术突破后对该行业理想的减排量(亿吨每年)。

技术成熟度:目前技术所处分级,即A——工业示范/推广应用,B——工业性试验,C——关键技术突破,D——基础研究。

重要性类别:综合技术减排潜力和成熟度划定四个分区展现攻关权重,即广泛推广、重点攻关、局部选用、自由探索。

水泥低碳技术应用趋势预测如图10-2所示。

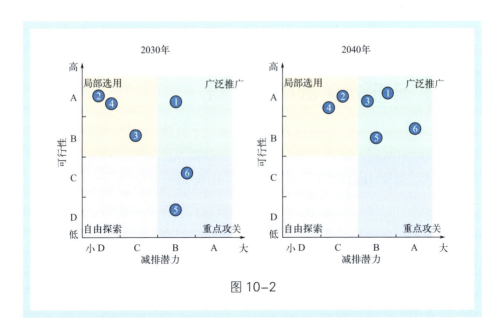

图 10-2

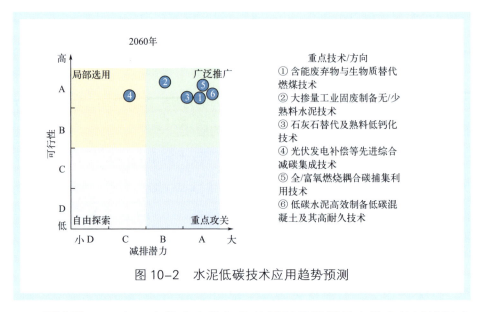

图 10-2 水泥低碳技术应用趋势预测

预计到 2030 年,含能废弃物与生物质替代燃煤具有较大的减排潜力和可行性,全氧燃烧与低碳水泥需重点关注;到 2040 年,石灰石替代及熟料低钙化技术进入工业示范阶段,行业占比开始增加,初步发挥减碳作用;到 2060 年,绿氢和绿电大规模供应,全氧燃烧与碳捕集技术成熟,发挥减排优势,水泥行业绿色低碳发展。

10.3 未来水泥碳排放预测

未来随着水泥产量的大幅下降以及低碳技术的应用,碳排放总量将大幅下降。如图 10-3 所示,从水泥生产中碳排放的方式来看,过程排放,即碳酸钙的分解仍是主要碳排放来源。替代原料的多样化使用、低碳水泥的推广普及将有助于过程排放的降低,预计 2030 年过程排放可下降 25%,至 2060 年过程排放下降 77%。随着生物质能源、垃圾衍生物以及氢能在水泥领域的成熟应用,直接排放(燃料消耗排放)在未来下降将更为明显,预计 2030 年直接排放下降 42%,2060 年将显著下降98%。由于绿电在未来的大规模使用，电网的碳排放系数将大幅下降，预计到2030年间接排放（电力消耗排放）下降33%，到2060年下降83%。水泥的过程排放目前难以通过生产技术手段实现根本上的减排，至2060年过程排放预计将占水泥总排放量的82%。若要实现水泥工业的"净零"排放，CCUS技术将起到重要作用，解决水泥生产中难以避免的碳排放。

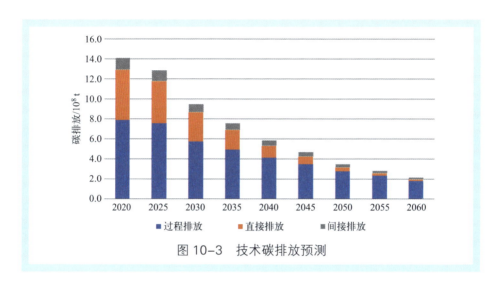

图 10-3 技术碳排放预测

10.4 水泥碳中和转型之路的技术路径

根据主要水泥减碳技术的实施阶段与未来技术发展预测可得到如下技术路径。现有水泥工艺流程经过60余年的发展，单位能耗先进值已非常接近理论值，能效提升的方法减碳潜力有限，而且在我国多项技术已广泛推广应用。替代燃料的使用在国内水泥领域仍有较大提升空间，我国目前替代燃料的使用率仅有2%，距离欧洲发达国家存在较大差距。随着社会垃圾分类回收等相关产业的推广普及，固废及垃圾衍生物燃料化将进一步在工业领域适用，加之氢能燃料技术的示范与成熟，水泥的替代燃料将是我国水泥领域技术减碳的重要渠道。随着 CCUS 技术的成熟和成本的下降，特别是针对难以解决的过程排放，2030 年后 CCUS 技术在水泥行业的应用将陆续起到重要作用。水泥低碳发展技术路径如图 10-4 所示。

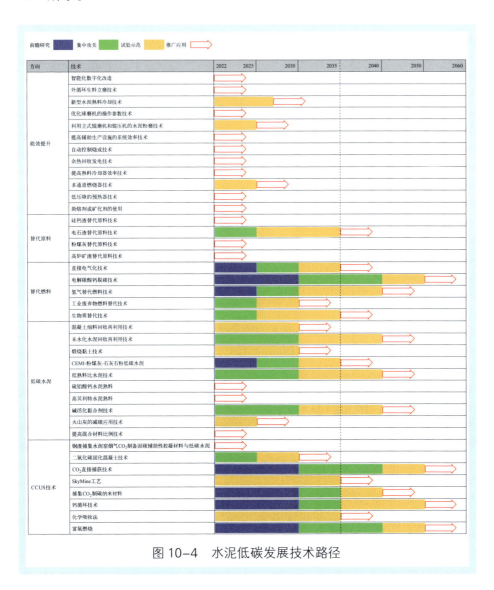

图 10-4　水泥低碳发展技术路径

第 11 章

推动水泥低碳技术发展的政策建议与未来图景

党的二十大报告提出"积极稳妥推进碳达峰碳中和"。协调推进降碳减污，完善能源消耗总量和强度调控，是各个能源工业领域的要求，也是水泥领域的应对措施。水泥行业当前最紧迫的任务就是落实好碳达峰工作，以节能降碳为重点方向，加快产业结构调整，淘汰落后产能，实现能效与降碳协同控制，大力推广普及节能降耗改造和智能化生产，因地制宜加快原燃料的替代，优化行业供给格局，提升水泥行业绿色低碳和清洁生产水平。

（1）加快低效产能退出，推进常态化水泥错峰生产

依据明确的标准及要求，鼓励不具备规模效益、能效水平达不到基准水平的低效水泥生产线，有序开展节能减排技术改造。对于低效率、低产能的生产线按要求逐步关停，缓解供需矛盾。落实错峰生产常态化机制，与大气污染、环境治理等措施相互联动，加强碳排放总量和强度监控，发挥错峰生产机制与减污降碳的协同作用。

（2）优化产业布局，提高产业集中度

水泥企业之间的协调整合是改进产能结构、优化产业布局的重要方式，有利于提高产业集中度，形成产业规模化效益，增强能效标准引领

效应；同时也有助于发挥龙头企业科技创新能力，加快研发节能减污降碳的科技成果和推广应用，推动资源优化配置，提高我国水泥行业的核心竞争力。

（3）加快技术应用和创新研发及固废综合利用

加快水泥领域绿色低碳降碳技术的研发及推广应用是降低水泥行业整体碳排放水平的重要方式。加大对行业能效提升的技术装备改造，强化节能降碳及能耗指标的规范标准约束，实现水泥行业绿色智能生产。数字化、信息化、智能化技术的应用正引领行业转型升级，环境保护和安全生产标准进一步提升，引导水泥工业生产制造向智能化升级。加大水泥行业低碳节能技术的研发力度，加快替代燃料、替代原料等技术研发与示范，加强水泥窑协同处置市政污泥、工业废物、污染土壤、垃圾废弃物及危险废物，发挥水泥行业绿色产业功能。加快新型凝胶系统的研发，实现低碳材料在建筑业的替代普及。

（4）绿色金融政策

根据全国碳市场总体设计，除电力行业外，"十四五"期间，将逐步纳入石化、化工、建材、钢铁、有色、造纸和民航等其他数个高耗能行业。水泥行业需提前做好碳资产管理的准备。水泥行业在积极探索行业内重点减排路径的同时，积极做好碳资产管理工作，利用碳金融工具实现保值与增值，加强碳资产管理，使其成为新的利润增长点。

（5）协同上下游产业打造绿色建材产业园

为解决水泥企业供需不平衡的经济掣肘，推动原材料产业化，打造"骨料+水泥+商混+预制件+再生材料+新型材料+纳米钙"以及矿山资源开发利用和废弃物综合处理等融合上下游综合产业的绿色建材产业园，推动水泥上下游形成协同绿色低碳发展。水泥-商混产业链如图11-1所示。

（6）水泥与可再生资源多能融合

利用水泥生产企业厂区面积大及废弃矿山的土地资源，建立风电光伏分布式发电基地，在矿山利用的同时实现水泥厂绿色电力的自足，减少间接排放。利用 CCU 技术中的燃烧后处理技术捕集水泥厂烟气中的二氧化碳并利用其制备化学品，打通水泥与化工产业链，以新科技、新技术进一步优化产业链布局与规划。

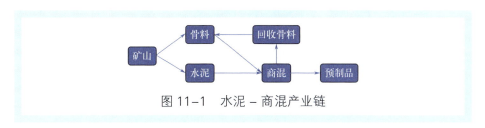

图 11-1　水泥 – 商混产业链

（7）水泥与化工耦合发展

加强水泥工业流程中原料及排放物与其他化工过程的耦合度，如使用磷石膏生产水泥熟料联产硫酸（图 11-2）。我国西南地区磷矿资源丰富，是全国重要的磷肥及磷化工生产原材料基地。磷石膏是磷肥工业湿法磷酸生产中排放的一种大宗工业固体废物，主要成分为硫酸钙，同时其中含有的水溶性五氧化二磷和水溶性氟等是典型的水系污染物。在磷石膏中加入还原剂使其分解成二氧化硫和氧化钙，氧化钙可用作生产水泥的原料，产生的二氧化硫可用于联产硫酸。华新水泥与宜化集团合作的宜昌远安磷石膏制硫酸联产水泥项目，可年生产 10 万吨硫酸、12 万吨水泥熟料，可有效解决磷石膏的综合利用。

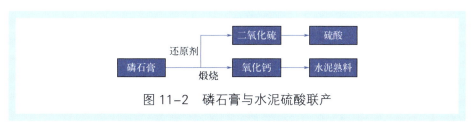

图 11-2　磷石膏与水泥硫酸联产

利用燃烧后捕集等方式将水泥窑烟气中的二氧化碳进行捕集与提纯，也可以使水泥窑烟气参与以二氧化碳为原料的化工流程。如利用 H_2 与 CO_2 作为原料气，在催化剂作用下将 CO_2 还原成为甲醇。可直接将水泥产业中的大量 CO_2 和清洁电力制氢技术深度融合，以甲醇为中间桥梁，提高水泥与化工产业融合的深度和广度（图 11-3）。

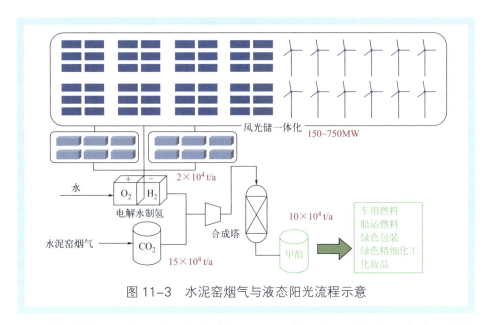

图 11-3 水泥窑烟气与液态阳光流程示意

利用捕集及处理后的水泥窑烟气 CO_2 与环氧乙烷合成碳酸乙烯酯（EC），碳酸乙烯酯继而和有机二元羧酸酯耦合反应合成乙烯基聚酯以及聚丁二酸乙二醇酯（PES），同时联产碳酸二甲酯（DMC），DMC 和苯酚合成碳酸二苯酯（DPC），DPC 继而和双酚 A 合成芳香族聚碳酸酯（PC）（图 11-4）。目前国内 CO_2 间接合成 PC 技术处于中试示范至工业应用阶段，CO_2 间接合成 PES 等处于基础研究至技术研发阶段。

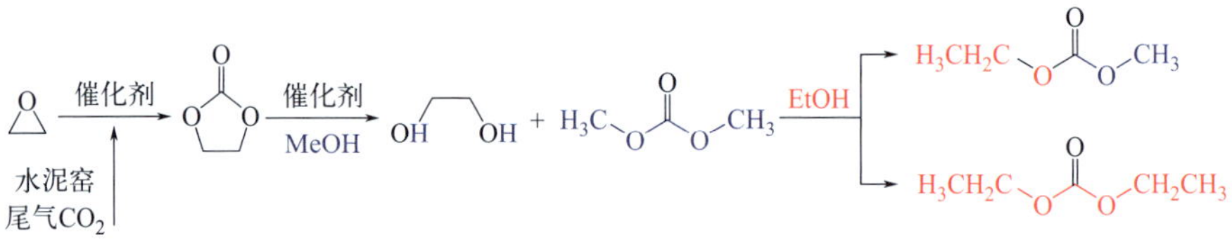

图 11-4 水泥窑烟气 CO_2 制备聚碳酸酯的流程示意

在水泥工业流程再造及与化工耦合方面考虑在甲烷气氛下进行水泥熟料的焙烧，如图 11-5 所示，铁质既是水泥的原料也是甲烷干重整催化剂，使碳酸钙分解产生的二氧化碳在铁基催化剂作用下与甲烷发生干重整反应生成一氧化碳和氢气。反应后的铁基催化剂与氧化钙用于后续制备水泥。一氧化碳和氢气产物可直接作为原料用于甲醇等化学品的制备，此工艺方法可解决水泥生产中因碳酸钙分解产生的二氧化碳过程排放问题。

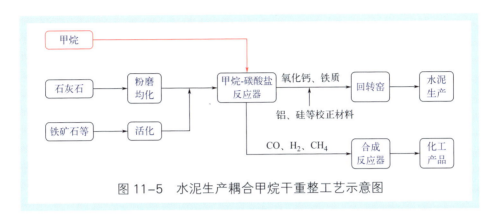

图 11-5　水泥生产耦合甲烷干重整工艺示意图

第三篇
交通运输篇

第12章

交通低碳化发展概述

12.1 交通运输低碳化发展的重要性

交通运输是专门从事旅客和货物运送的重要服务性行业，主要通过交通工具完成人与物有目的的空间位移，是国民经济和社会发展的基础性、先导性、战略性产业，是现代化经济体系的重要组成部分，同时也是应对气候变化，实现碳达峰碳中和目标的重要领域。

交通运输是能源消费和碳排放的关键领域。当前，交通运输仍以汽油、柴油、航空煤油等来自化石能源的成品油作为主要燃料，根据国际能源署统计数据，交通运输排放的温室气体（GHG）在全球能源相关的GHG排放总量中占比约为1/4，在中国这一比例约为10%。伴随着中国社会经济的高速增长，中国交通运输行业也将处于高速发展阶段，是能源消耗和碳排放增长的主要领域，预计交通运输的碳排放将保持持续上升趋势，未来仍有较大的增长空间。因此，为推动交通领域碳排放尽早达峰和深度减排，中国需要采取更加积极的减排措施。

交通运输全面绿色低碳转型对推动中国交通运输的高质量发展、加快建设交通强国具有十分重要的意义。《中共中央 国务院关于完整准确全面贯彻新发展理念做好碳达峰碳中和工作的意见》和《国务院关于印发 2030 年前碳达峰行动方案的通知》明确了交通运输领域碳达峰、碳中和的主要目标和重点任务，核心以提升交通运输装备能效利用水平为基础，以优化交通运输用能结构、提高交通运输组织效率为关键，全力推进交通运输碳达峰碳中和。

12.2 交通运输低碳化技术介绍

交通运输领域的低碳化技术涉及维度非常广泛，本书重点阐释交通运输在新能源和清洁能源低碳运输工具以及运输装备能效提升方面的低碳技术。

交通运输的低碳化发展是指在碳达峰碳中和目标下，交通运输领域以能源安全战略和交通强国战略为指引，重点在运输工具装备低碳转型方面积极扩大电力、氢能、天然气、先进生物液体燃料等新能源和清洁能源在交通运输领域的应用，替代传统的燃油型能源，同时努力构建绿色高效的交通运输体系，加快绿色交通基础设施建设，整体降低交通领域的温室气体排放，实现可持续发展的绿色低碳运输方式。

新能源和清洁能源替代方面的技术参见图 12-1。

图 12-1 中可以看出，交通运输向电动化转型是实现碳减排的重要手段。随着高比例可再生能源新型电力系统的构建，电力生产逐步走向无碳化，绿色电力的普及将助力推动交通运输的碳减排进程。在公路交通领域，乘用车的电动化技术较为成熟，已实现规模化的推广，但航空、水运交通领域在短期内难以形成以电力为核心的能源消费体系。因此，实现交通的碳减排需要采取多种低碳技术路线，如天然气、绿氢、绿氨、生物航空煤油等低碳新能源和清洁能源。与目前普遍应用的汽油、柴油

等高碳化石能源相比，新能源和清洁能源在单位能量基础上产生的温室气体会大幅下降，具有很大的减排优势和潜力，从而削减由化石能源的使用带来的大量温室气体排放，持续降低交通运输领域的总碳排放量。

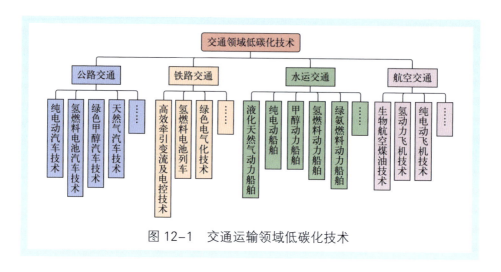

图 12-1　交通运输领域低碳化技术

第 13 章

全球交通的低碳化发展

13.1 全球交通低碳化发展概况

根据国际能源署的统计，2022 年全球交通碳排放超过 84 亿吨，约占全球总碳排放的 23%，且随着社会经济发展，全球交通碳排放仍在持续增长。2003 年，英国白皮书《我们的能源未来——创造低碳经济》首次提出"低碳经济"概念后，"低碳交通"作为一种节能环保的交通运输发展模式得到了全球范围的广泛认同和积极采用。各个国家从自身实际出发，从公路、铁路、水运、航空四个维度，纷纷出台不同政策，以促进低碳交通发展。

美国的低碳交通策略从优化能源结构和运输结构入手，以发展新能源为核心，着眼新能源的开发利用和新能源交通工具的研发推广，同时辅以节能和提升能源效率。欧盟交通低碳化侧重发展可再生能源的利用，如生物质燃料的示范推广。随着电动汽车的飞速发展，欧盟于 2018 年制定了《电池战略行动计划》，开始重点布局电动汽车的发展，并于 2020 年发布了《欧洲氢能战略》，提出将氢积极应用于重型交通中。英国致力于提高燃料效率，并大力支持低碳交通工具和清洁燃料发展，同时鼓励自行车低碳出行。日本在重点提高燃油经济性和排放标准之外，十分注重氢能在交通方面的规划发展，在氢燃料电池汽车方面的发展处于世界领先地位。近年来，随着全球碳排放法规日益趋严，在全球"碳中和"的大背景下，加快新能源和清洁能源的推广利用将成为世界交通实现低碳化的关键手段。

13.1.1 公路交通低碳化发展现状

13.1.1.1 电动汽车

电动汽车（EV）主要包括纯电动汽车（BEV）和插电式混合动力车（PHEV）两种。自2019年以来，由于各国积极推出扶持政策，全球的电动汽车销量呈现快速上涨趋势。2022年全年，全球电动汽车销量增长超过1000万辆，截至2022年底，全球主要国家电动汽车保有量约2600万辆（图13-1），其中纯电动汽车占据70%的市场份额，达到1800万辆，其余为插电式混合动力车。

图13-1　2010—2022年世界不同国家或区域电动汽车保有量

中国是全球最大的电动汽车产销国，贡献了全球近60%的电动车销量，且以纯电动车为主，份额占到七成以上；其次是欧洲，电动汽车销量超过20%，纯电动车和插电式混动力车各占一半；再次是美国，其电动汽车销量在近两年得到快速增长,在全球总份额中占 8%,纯电车和插电式混合动力车分别占六成和四成。

未来几年,随着绿色低碳发展,电动汽车仍将保持快速上涨态势,预计到 2025 年全球新能源汽车销量将达 1500 万辆,2030 年达 3200 万辆。

13.1.1.2 氢燃料电池汽车

燃料电池车包括氢燃料电池车、甲醇燃料电池车等,其中氢燃料电池车前景最为广阔,在全球范围内受到广泛关注。

2012—2022 年世界燃料电池汽车销售情况如图 13-2 所示。2022 年,全球主要国家燃料电池汽车销量达 17921 辆,同比增长 9.9%。根据中国氢能联盟研究院统计,截至 2022 年底,全球主要国家(中国、韩国、日本、美国、德国)氢燃料汽车保有量为 67315 辆,同比增加 36.3%。其中,中国燃料电池汽车保有量达 12682 辆,韩国燃料电池汽车保有量达 29369 辆,美国燃料电池汽车保有量达 14979 辆;日本、德国燃料电池汽车保有量分别为 8150 辆和 2135 辆。

图 13-2 2012—2022 年世界燃料电池汽车销量情况

13.1.1.3 配套基础设施

电动汽车的补能方式分为两种,即充电模式和换电模式。充电模式是目前盛行的模式，具体形式包括充电桩、充电站；换电模式分为换电站和移动换电，换电站是目前采用最多的换电模式。加氢站是氢燃料电池汽车补能并实现产业化、商业化的重要基础设施。

（1）充电桩

充电桩对新能源汽车的迅速普及具有决定性作用，是新能源汽车大面积快速推广的基础。按安装地点可以分为公共和随车配建充电桩。按充电形式又可分为慢充、快充和超快充等多种形式。

中国是全球拥有充电桩数量最多的国家，近年来，中国政府积极出台相关政策，促进充电桩在各领域的布局，推动充电桩行业的发展。2020 年充电桩作为新能源汽车推广配套设施，首次被写进《政府工作报告》，纳入"新基建"，成为七大产业之一。2021 年《政府工作报告》继续提出增加充电桩、换电站等设施。2022 年全国两会中，国家定调"稳增长"，充电桩、换电站的投资建设作为"新基建"系列，成为 2022 年基建促增长的重点领域之一，获得政策支持适度超前发展，充电桩产业链再次迎来了风口。

截至 2022 年底，中国充电基础设施累计数量为 521 万台。随着新能源汽车渗透率提升，充电基础设施及相关配套需求也将快速增加。预计 2025 年中国充电桩保有量将达 1660 万台。目前中国以私人充电桩（随车配建充电桩）为主，对终端用户来说，随车配建的私人充电桩可以实现便利和低成本充电，但存在充电速度慢、需要固定车位等问题，同时终端用户对高速公路和商圈等应用场景有较大的快充需求，预计未来公共桩中直流桩占比有望扩大，公共快充桩数量有望进一步增加。

欧洲市场是全球第二大充电桩市场，目前以 22kW 以下的交流慢充桩为主，直流快充桩占比有待提升。当前，欧洲充电桩的建设进度慢于新能源车，据国际能源署（IEA）统计，截至 2022 年欧洲新能源车保有量为 780 万辆，公共充电桩保有量为 47.9 万台，公共车桩比高达 16∶1，并且充电桩存量也以慢充为主，占比为 86%。根据欧洲汽车制造商协会（ACEA）预测，随着欧洲新能源汽车加速渗透，预计 2025

年欧洲新能源汽车保有量有望达 1750 万辆，充电桩保有量有望达 134.6 万台。

美国充电桩按安装地点分为公用充电桩和私人充电桩，按充电等级分为 L1（家用插座）、L2（墙壁安装充电桩）、DC（快速充电桩）快充，目前美国充电桩以 L2 为主。据国际能源署（IEA）统计，截至 2022 年美国新能源汽车保有量为 296 万辆，公共充电桩保有量为 12.8 万台，公共车桩比达 23:1。预计 2025 年美国新能源汽车销量达 473 万辆，新能源汽车保有量达 1100 万辆，车桩比达 14:1，充电桩保有量达 78.6 万台。

随着欧美国家的政策持续加码，龙头企业规划提速，欧洲充电桩有望快速铺开，海外快充桩的市占率仍有较大的提升空间。

（2）换电站

由于慢充耗时长，时间成本高，快充、超快充又对电池损伤较大，对基础设施要求高等缺点，产生了用户需求与充电模式的矛盾，阻碍了充电模式现阶段的发展。在此背景下，换电市场引来转机，世界各国纷纷切换路径开始聚焦换电模式，并出台各类支持政策，同时伴随资本的涌入，商业模式逐渐成型，换电行业正逐步走向标准化。

电动汽车的换电模式是通过集中型充电站对大量电池集中存储、充电、统一配送，然后在换电站内对电动汽车进行电池更换服务，换电站集电池的充电、物流调配以及换电服务于一体。换电站的换电方式可以分为底盘换电、分箱换电、侧方换电三种。其中，底盘换电方式具有多种优势，具有便利性和安全性，是目前主流的换电方式，约占 80% 的市场份额。

由于中国政府对换电模式的大力支持，目前换电技术在中国得到大力发展。2021 年 4 月 15 日，中国石化与蔚来合作建设的换电站——中石化北京朝英站正式投运，标志着全球首座全智能换电站正式投运。上海换电站 001 号——上海虹桥机场南站拥有全球最快的换电速度，换电时间仅为 20 秒，能大幅度缩短车辆充电时间，极大提高车辆使用效率。截至 2022 年底，中国已累计建成换电站 1973 座，形成了全球最大充换电网络。

（3）加氢站

加氢站主要由制氢系统、压缩系统、储存系统、加注系统和控制系统等部分组成，将不同来源的氢气通过压缩机增压储存在站内的高压罐中，再通过加气机为氢燃料电池汽车加注氢气。

2022 年，全球有 130 个新建加氢站投入运营，其中亚洲 73 座、北美 11 座、欧洲 45 座，欧洲新投运数量再次创下历史新高。在总数方面，截至 2022 年底，全球共有 814 座加氢站投入运营，分布在 37 个国家和地区，较 2021 年新增了哥伦比亚、塞浦路斯和以色列 3 个国家。

总体来看，亚洲持续领跑加氢站建设，欧洲、亚洲、北美仍是加氢站建设的主要地区。截至 2022 年底，亚洲共有加氢站 455 座投运，主要集中在中日韩三国。其中日本 165 座，韩国 149 座，中国 138 座。与大多数国家不同，中国的加氢站是公共汽车或卡车的专用加氢站。欧洲共有 254 座加氢站投运，其中 105 座位于德国；法国次之，共有 44 座；再次是英国和荷兰，各有 17 座；瑞士有 14 座。

随着氢能产业的快速发展和在交通领域的持续应用，未来加氢站的建设会呈现高速发展态势。根据世界主要国家和地区的氢能发展路线图来看，预计 2025 年全球加氢站数量有望达到 2800 座，预计截至 2030 年将保持快速增长。

13.1.2　铁路交通低碳化发展现状

"纯"电池电动列车没有内燃机，完全依靠电池动力运行，能够在电气化或非电气化铁道行驶。新电池系统安装在传统的机车车身中驱动列车，并可利用列车制动的动能充电。目前英国首列电池供电旅客列车已在默西塞德郡开始运行，但受电池能量密度限制，运行里程只有百十公里，运输能力有限。目前，这种技术可能专门用于郊区和城际（即短路线）。未来，重点在电池系统和铁路效率等方面进行研究，随着电池功率和能量进一步提升，其运输能力会进一步提高。

氢燃料电池列车在相对密闭的地铁、隧道、矿山等环境下使用优势更加明显，无须借助架空线供电等基础设施，应用和维护成本更低。德国于2022年开通了一条完全由氢动力驱动的铁路，属于"全球首秀"。这种列车号称是"零排放"的交通方式，列车安装了氢燃料电池动力系统，将氢气与空气中的氧气反应，从而产生了牵引火车所需的电力，每年将减少向大气排放4400吨的二氧化碳。

根据悬浮力的产生原理不同，磁悬浮轨道列车分为电磁悬浮、钉扎悬浮和电动悬浮三种制式。电磁悬浮方面，中国上海机场线目前建立了世界上第一条磁浮商业化运行线路，列车运行稳定；钉扎悬浮方面，2021年1月13日，采用西南交通大学原创技术的世界首条高温超导高速磁浮工程化样车及试验线在四川成都正式启用，它利用了高温超导块材的钉扎效应实现悬浮和导向；而电动悬浮方面，目前日本处于领先地位。2015年日本的磁悬浮列车跑出了603km/h的载人运行世界纪录。目前，日本中央新干线就是采用超导电动悬浮技术进行建设，预计于2027年投入运行。2023年4月，由中车长春轨道客车股份有限公司自主研制的国内首套高温超导电动悬浮全要素试验系统完成首次悬浮运行，标志着我国在高温超导电动悬浮领域实现重要技术突破。

13.1.3　水运交通低碳化发展现状

从全球造船竞争格局看，仍以中日韩三国为主，欧洲地区及越南、菲律宾等其他新兴造船国家市场份额较低。以载重吨计，2022年中日韩三国造船完工量之和、新接订单量之和、手持订单量之和分别占全球的97.3%、95.2%、95.2%。中日韩三国"三足鼎立"的格局依然存在，中国三大指标无论按载重吨还是修正总吨计算，均保持全球领先地位。从新接订单量看，日本的市场占有率下降较为明显，韩国由于获得了绝大多数LNG船订单，其新接订单修正总吨占比较高。

从低碳船舶技术发展来看，2022 年新船订单实现成倍增长，新船成交量共 168 艘、$2863 \times 10^4 m^3$，分别较 2021 年全年增长 93.1% 和 112.3%，为历史最高成交水平。其中以 LNG、氨燃料和甲醇动力为主要替代燃料的低碳船舶呈现大幅增长，三种燃料的订单量占 2022 年全年总订单量的六成以上，其中 LNG 双燃料船舶订单超过一半，7.0% 的订单是甲醇燃料船，10.8% 的订单是氨燃料船。2022 年 LNG 船新船价格指数由 158.18 点提升至 175.07 点，累计增长 10.7%。

13.1.4　航空交通低碳化发展现状

目前，航空交通低碳化路径以可持续生物燃料的研发应用相对最为成熟。2017 年 9 月国际民航组织明确提出了"航空替代燃料必须满足可持续性"这一环境要求，并将这种替代燃料称为"可持续航空燃料（SAF）"，具有显著减少飞机碳排放量的潜力，生物航煤是可持续航空燃料中目前应用较广的一种。

2021 年，英国航空首次使用回收食用油制成的可持续航空燃料飞行，飞行排放二氧化碳量相比 2010 年同等条件下减少了 62%。美国联航旗下一架喷气式客机于 2021 年 10 月在休斯敦进行了一次采用可持续航空燃料的试飞。另外，包括波音在内的 50 多家能源和航空公司也都做出承诺，到 2030 年，将通过可持续航空燃料取代全球 10% 的航空燃油供应，2021 年这一比例仅为 0.1%。壳牌计划到 2025 年实现每年 200 万吨的可持续航空燃料产量。当前，成本是制约可持续航空燃料发展的最大瓶颈，未来还需要结合技术发展、税收政策等多种因素综合推动该技术的持续发展。

纯电动飞机、氢燃料飞机等技术成熟度相对较低，但是已得到航空业的高度重视。国际航空界普遍认为，电推进技术是航空业"第三次技术革命"的重要标志。目前，全球有 200 多项在研电推进飞机项目，主要集中在北美和欧洲地区。但是航空运输因运输距离远、运载量大等特殊性，电气化进程缓慢。2020年英国氢动力飞机开发商（ZeroAvia）完成了全球首架商业规模的氢燃料电池飞机试飞，不过该技术仍然处于试验阶段。

13.2 主要国家和地区概况

13.2.1 美国

13.2.1.1 政策情况

美国整体二氧化碳排放达峰为2000年，2000—2007年维持高位震荡。从美国碳排放结构来看，交通部门碳排放量占比最高，2019年达36%，而且美国在碳达峰之后其交通领域排放仍呈现增长态势。2021年，美国正式发布《迈向2050年净零排放的长期战略》，计划在2050年实现碳中和，因此美国在交通领域的碳减排对其碳中和战略发展极为重要。

美国政府低碳交通发展战略以"环保"为核心，通过制定详细的战略规划及拟实施的政策举措，以五年为一阶段，不定期滚动修订。2020年，美国能源部（DOE）发布《氢能计划发展规划》，提出未来十年及更长时期氢能研究、开发和示范的总体战略框架，强化氢能在交通领域的应用。2021年美国先进电池联盟发布《国家锂电蓝图2021—2030》，全面支持电池技术发展。2021年美国重返《巴黎协定》，对碳排放等绿色发展领域更加重视。2022年提出2035年轻型车新车上市全电动、2040年重型车新车上市全电动。政策措施覆盖氢能、电动汽车、城市零碳交通、"第二次铁路革命"等各个方面，同时确保技术方面持续保持世界领先地位。2023年，美国发布《交通部门脱碳蓝图》，将电动汽车定义为新交通模式的基石，氢燃料电池则被明确为电动汽车的补充，可持续性燃料（例如生物质燃料）为航空和水运的主要解决方案。美国低碳交通主要政策如表 13-1 所示。

表13-1　美国低碳交通主要政策汇总

时间	政策名称	主要内容
1990年	《氢能研究、发展及示范法案》	期待在最短时间内，采用较为经济的方法，突破氢生产、分配及运用过程中的关键技术
2006年	《氢能源计划》	明确氢能产业发展要经过研发示范、市场转化、基础建设和市场扩张、建立氢能社会四个阶段
2013年	《电动汽车普及大挑战蓝图》	到2022年，电池成本要求降低到125美元/(kW·h)、能量密度达250W·h/kg、体积能量密度400W·h/L、功率密度达2000W/kg
2014年	《全面能源战略》	明确氢能在交通运输转型中的引领作用
2020年	《氢能计划发展规划》	未来十年及更长时期氢能研究、开发和示范的总体战略框架，明确了氢能发展的核心技术领域、需求和挑战以及研发重点，并提出了氢能计划的主要技术经济目标
2021年	《国家锂电蓝图2021—2030》	建立美国国内锂电供应链，解决新材料的突破性科学难题，满足日益增长的电动汽车和储能市场需求的制造基地
2021年	"氢能攻关"（Hydrogen Shot）计划	目标是在未来十年使可再生能源、核能和热能转化制造氢能的价格降低至1美元/kg，清洁氢能的产量提高5倍，并进一步减少碳排放
2021年	《基础设施投资和就业法案》	将氢能建设纳入基础设施投资和就业法案，美国能源部制定95亿美元清洁氢投资计划
2022年	《国家清洁氢战略和路线图（草案）》	介绍了交通运输业、工业、储能三大行业对氢气的需求和未来增长，提出了氢在生产、储存、利用方面的长期目标
2022年	《通胀削减法案》（IRA）	2023年1月1日后，将为消费者购买在美国组装的电动车提供补贴
2023年	《交通部门脱碳蓝图》	确定了一整套涵盖客运与货运、多种车辆类型和技术路线的解决方案

13.2.1.2　市场情况

国际能源署（IEA）数据显示，美国注册电动汽车数量从 2017 年 10.4 万辆到 2018 年 23.9 万辆有非常明显的增长，从 2018 年到 2020 年则进入相对稳定区间，到 2021 年后恢复快速上涨趋势。如图 13-3 所示，

2022年的纯电动汽车累计保有量已达210万辆，插电式混合动力车累计保有量为90万辆，总保有量达到约300万辆，较2021年增长36.4%，占全球总量的11.5%。

图13-3　2016—2022年美国电动汽车保有量

2019年，美国燃料电池和氢能协会（FCHEA）发布了《美国氢能经济路线图——减排及驱动氢能在全美实现增长》，公布了氢能及燃料电池的主要发展指标（表13-2）。

表13-2　《美国氢能经济路线图——减排及驱动氢能在全美实现增长》主要指标

指标	2019年	2025年	2030年	2050年
氢能需求/万吨	1100	1300	1700	—
乘用车/万辆	0.76	20	530	—
物流车/万辆	2.5	12.5	30	—
乘用车加氢站/座	63	580	5600	—
物流车加氢站/座	120	600	1500	—
年投资/亿美元	—	13	80	—
产值/亿美元	—	—	1400	7500
终端能源需求	—	—	—	14%

数据来源：基于《美国氢能经济路线图——减排及驱动氢能在全美实现增长》整理。

2022年美国全年氢燃料电池车销量为2707辆，截至2022年底，美国氢燃料汽车保有量为14979辆。预计美国氢燃料电池乘用车保有量到2025年达20万辆，到2030年达530万辆；氢燃料电池物流车保有量到

2025 年达 12.5 万辆，到 2030 年达 30 万辆，同时，全美共有 5600 座加氢站投入运营。

13.2.2 日本

13.2.2.1 政策情况

日本交通部门的碳排放在 2001 年达到峰值 2.67 亿吨，2017 年已经降至 2.05 亿吨，十六年间交通碳排放降幅为 23%，但交通领域碳排放仍是日本的第三大碳排放部门，占比 17.3%。日本为应对气候变化实现减排目标，一方面大力提倡生态驾驶，提高燃油效率，另一方面则极力发展新型低碳交通技术。在生态驾驶方面，日本推出了"生态驾驶十法"，包括出行前、行驶中和日常汽车保养等方面，并在各种国际会议和交流会上进行宣传推广。根据日本国土交通省的统计，货车生态驾驶管理体系可使油耗平均下降 26.3%。

在推动新型低碳交通技术方面，日本通过重点发展氢燃料电池车和混合动力车，同时通过智能交通技术、调整运输结构等措施，并辅以财税激励政策，在降低油耗的同时，使交通二氧化碳排放也得到明显改善。

政策方面，日本国土交通省于 2002 年首次提出气候变化应对政策，并持续更新。在 2016 年政策中公布了全国和各部门的温室气体减量目标，2030 年度交通运输部门的碳排放量要较 2013 年减少 28%。要实现此目标，日本交通部门的对策主要包括：一是向公共交通转型，着力发展可持续交通体系；二是新能源汽车的普及和应用，尤其注重氢能在交通中的发展应用。2013 年日本政府推出《日本再复兴战略》，四次提到"氢能"，并首次把发展氢能源提升为国策，并启动了加氢站建设的前期工作；2014 年日本发布《氢能与燃料电池战略路线图》，制定了"三步走"发展计划，并于 2016 年、2019 年进行两次修订，细化了具体发展路线和发展目标，明确强调重点发展氢燃料电池在交通领域的应用。日本低碳交通主要政策如表 13-3 所示。

表13-3 日本低碳交通主要政策汇总

时间	政策	主要内容
2003年	《第一次能源基本计划》	氢能定位为"环保的二次能源"
2007年	《第二次能源基本计划》	燃料电池技术与太阳能发电技术并列为战略领域
2010年	《第三次能源基本计划》	氢能定位为民用、产业部门分布式电力和运输用能重要来源之一,首次细化推动"氢能源社会"建设具体措施
2012年	《蓄电池战略》	提出到2030年建立150GW·h/a(100×10^4kW·h/a)的国内制造基地,全球生产能力达600GW·h/a
2014年	《第四次能源基本计划》	氢能定位为未来与电力、热力共同发挥核心作用的二次能源,发展重点依次是固定式家用燃料电池、移动式燃料电池汽车和氢能发电
2014年	《氢能与燃料电池战略路线图》	制定了"三步走"发展计划,重点发展氢燃料电池在交通领域的应用
2017年	《氢能源基本战略》	以2030年目标为基础,提出工业界、学术界和政府共同致力于建设"氢能源社会"的2050年目标和方向
2018年	《第五次能源基本计划》	氢能描述为一种新的脱碳替代能源,提出更加具体的发展路径和激励措施
2018年	《能源基本计划》	提出建设"氢能社会"的愿景
2019年	《氢能利用进度表》	旨在明确至2030年日本应用氢能的关键目标
2020年	《高性能电池开发战略》	将电动车用电池开发纳入重要战略中
2021年	《全球变暖对策推进法》	以立法的形式明确了到2050年实现碳中和目标
2021年	《2050碳中和绿色增长战略》	发展氢燃料电池动力汽车、船舶和飞机;到21世纪30年代中期,实现新车销量全部转变为纯电动汽车和混合动力汽车的目标,实现汽车全生命周期的碳中和目标

13.2.2.2 市场情况

日本的汽车业对汽车的电动化持比较谨慎的态度,并没有把纯电动汽车放在新能源汽车产业发展的核心位置,纯电动汽车和插电式混合动力汽车的销量一直比较低,而混合动力汽车(采用内燃机和电动机作为动力源,但是电动机不能单独用来驱动车辆)发展得较快。2022年,插电式混合动力汽车销量约为3.8万辆,纯电动汽车销量约为5.9万辆,而混合动力汽车销量则达到145万辆（图13-4）。

图13-4　2016—2022年日本电动汽车销量

日本氢燃料电池车受益于2020年底新一代丰田Mirai的上市，燃料电池汽车市场保持持续增长态势，截至2022年底，日本氢燃料汽车保有量为8150辆，仅次于韩国、美国和中国，位居世界第四位。根据日本《氢能源基本战略》的规划，到2025年，氢燃料电池汽车年产量达20万台，氢燃料电池汽车价格降至与混合动力汽车持平，到2030年达80万台，建成900座加氢站，并持续降低氢气供应成本，使其不高于传统能源。日本《氢能源基本战略》中氢能和燃料电池的主要指标参见表13-4。

表13-4　日本《氢能源基本战略》中氢能和燃料电池的主要指标

指标	2020年	2030年	2050年
氢气消费量/（10^4t/a）	0.4	30	1000
氢燃料乘用车/万辆	4	80	取代汽油车
氢燃料巴士/辆	100	1200	取代汽油车
氢燃料叉车/辆	500	10000	取代汽油车
加氢站/座	160	900	取代汽油车
燃氢电站/10^4kW	—	100	3000

13.2.3 欧盟

13.2.3.1 政策情况

欧盟交通领域碳排放在全部碳排放中的占比从 1990 年的 19% 增至 2018 年的 29%，呈现明显上升趋势，其中欧盟道路交通占欧盟排放总量的 18.24%。欧盟最高气候法规《欧洲气候法》的气候目标是 2030 年碳排放较 1990 年减少 55%，2050 年实现碳中和，因此交通领域碳减排是当务之急。

欧盟在低碳交通领域的一系列战略举措，大致可归纳为以下几方面。①鼓励多联运。实现不同运输方式之间协同发展是可持续发展战略的核心。通过加快铁路、水运等交通运输工具的发展，提升铁路货运和内河航运的运力，力争在 2050 年实现 75% 的货运量"公转铁"与"公转水"。②政策引领。如制定税收政策，引导低碳交通发展。欧盟尝试把生产税和营业税改为资源消费税，实行"谁污染谁付费"的原则。运输服务的消费者承担与运输服务供给有关的所有负面生态结果的全部费用。③发展可再生能源，例如推进生物航空煤油在航空运输业上的应用。④智慧出行。推进智慧交通基础建设，致力于智能网联汽车产业发展，促进"出行即服务（MaaS）"智能应用的普及。⑤加大科研投入，提升研究与试验发展（R&D）经费比例，加强低碳技术开发力度。欧盟低碳交通主要政策如表 13-5 所示。

表13-5　欧盟低碳交通主要政策汇总

时间	政策名称	主要内容
2001年	《面向2010年的欧盟运输政策：时不我待》	明确提出多式联运发展战略与方向
2009年	《可再生能源指令》	提出2020年交通运输业可再生能源达10%
2011年	《迈向统一欧洲的运输发展之路：构建更有竞争力、更高能效的运输系统》	提出通过发展多式联运把更多公路货运转向铁路和水运

续表

时间	政策名称	主要内容
2018年	《电池战略行动计划》	宣布将设立一个大型的电池研发长期计划，包含电池原材料到电池回收全流程。目标是：①确保原材的可持续供应；②支持各项电池产业链供应；③加快对锂电池、固态电池等先进技术研发创新；④加强培养相关技术人才；⑤强化电池产业链的安全和可持续性；⑥与监管框架和政策保持一致
2019年	《欧洲绿色新政》	向清洁能源和循环经济转型，使欧洲到2050年成为全球首个碳中和大陆，要求到2050年将交通领域的排放减少90%
2019年	《电池2030+》	总体目标是实现具有超高性能和智能化的可持续电池功能以适用于每个应用场景。将电池实际性能（能量密度和功率密度）和理论性能之间的差距减少至少1/2；至少将电池的耐用性和可靠性提高3倍；对于给定的电力组合，将电池的生命周期碳足迹减少至少1/5；使电池的回收率达到至少75%，并实现关键原材料回收率接近100%
2019年	《氢能与燃料电池联合研究计划实施规划》	提出促进氢能与燃料电池技术的大规模部署和商业化
2020年	《可持续与智能交通战略》	提出将进一步削减交通运输领域的二氧化碳排放，以实现到2030年温室气体排放量至少减少55%和2050年实现碳中和的总体目标，并明确了在这一过程中，氢能将发挥重要作用。同时提出要依靠数字技术，建立互联共享的线上电子票务系统，货物运输也将实现无纸化
2020年	《欧盟电池法规》	该法规适用于便携式电池、汽车电池、工业电池和电动汽车动力电池，包含13个章节、79个条款和14个附件。针对电动汽车电池和可充电工业电池提出了碳足迹的要求，该部分要求将分阶段实施：首先是要求信息披露，然后进行分级，最后设定强制性限值
2020	《可持续与智能交通战略》	到2030年至少3000万辆零排放汽车在欧洲道路上运行；加大氢动力飞机等新兴技术的应用，在未来30年内减少碳排放，到2050年将欧盟交通领域的温室气体排放减少90%
2021年	"Fit for 55" 提案	提出到2030年，汽车和厢式货车的二氧化碳排放量将较2021年分别下降55%和50%；到2035年下降100%。这意味着到2035年仅允许销售零排放汽车和厢式货车

13.2.3.2 市场情况

得益于欧盟大力布局动力电池产业，欧洲纯电动汽车和插电式混合动力车的销量均明显大于除中国以外的其他国家。尤其是2019—2022年之间，新能源电动汽车销量呈现快速增长态势，目前总市场份额位居全球第二。国际能源署（IEA）数据显示，2022年欧盟电动汽车保有量为780万辆，其中2022年纯电动汽车销量为160万辆，相对于2021年同比上涨30%；插电式混合动力车销量为101万辆，相对于2021年下降4%。近年来，欧盟电动汽车保有量情况参见图13-5。

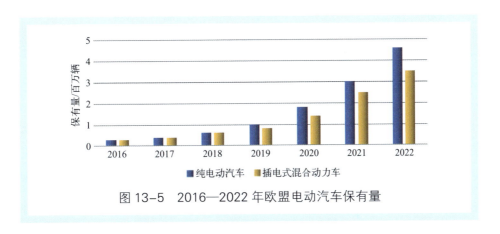

图13-5 2016—2022年欧盟电动汽车保有量

13.3 交通低碳化预测展望

13.3.1 交通能源消费与碳排放预测

在国际能源署（IEA）的净零排放情景预测中，未来交通能源消费结构中的石油消费占比将从2020年的90%以上下降到2030年的75%以下，在2050年将进一步下降到10%左右。净零排放情景下，2020—2050年全球不同交通运输燃料和方式的终端消费情况如图13-6所示。

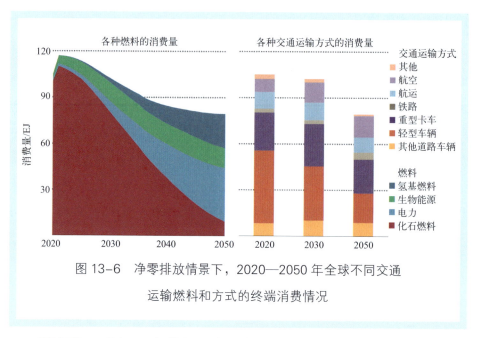

图 13-6 净零排放情景下，2020—2050 年全球不同交通运输燃料和方式的终端消费情况

预计到 21 世纪 40 年代初，全球交通运输部门的主导燃料将是电力；2050 年电力和氢基燃料将满足交通运输能源需求的 70% 以上，其中电力占终端消费总量的近 45%，其次是氢基燃料（28%）和生物能源（16%）。2030 年以后，在电力和氢能应用范围有限的航空和航运领域，生物燃料的使用将会增加，储氢载体（如氨）和低排放合成燃料也将为这两种交通运输方式的能源需求提供更高比例的能源。

世界交通运输领域的二氧化碳排放量在 2020 年超过了 70 亿吨，在 2019 年接近 85 亿吨。根据国际能源署（IEA）预测，在净零排放情景中，交通运输部门 2030 年的二氧化碳排放量将略高于 55 亿吨，到 2050 年将约为 7 亿吨，比 2020 年降低 90%。图 13-7 为净零排放情景下，全球不同交通运输方式的二氧化碳排放情况，以及到 2050 年的减排量中不同成熟度技术的贡献占比情况。

尽管未来全球的客运量和货运量都将迅速增加，到 2050 年分别增加近 1 倍和 1.5 倍，并且全球乘用车将从 2020 年的 12 亿辆增加到 2050 年的近 20 亿辆，二氧化碳排放量仍然将会下降。

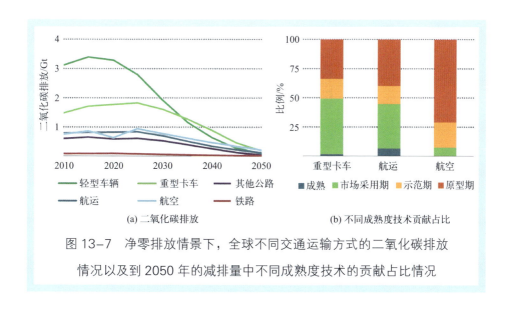

图 13-7 净零排放情景下，全球不同交通运输方式的二氧化碳排放情况以及到 2050 年的减排量中不同成熟度技术的贡献占比情况

13.3.2 交通低碳技术发展预测

13.3.2.1 公路交通

电气化在公路交通的脱碳转型中将发挥核心作用。近十年来，动力电池的成本已下降了近 90%，全球电动汽车的保有量从 2018 年到 2023 年增长了 6 倍，动力电池技术已经具有比较强的商业竞争力。重型卡车电气化进展相对缓慢，原因主要是对电池的质量、充电所需的高能量和高功率要求，以及每次充电后行驶距离有限，但预计在 2030 年之后燃料电池重型卡车将会取得重大进展。

根据国际能源署（IEA）的净零排放情景预测数据，世界范围内，道路上的电池电动、插电式混合动力和燃料电池电动轻型车的数量将在 2030 年达 3.5 亿辆，2050 年达近 20 亿辆，而 2022 年只有 2600 万辆。电动两轮/三轮车辆的数量也将迅速上升，从不到 3 亿辆增加到 2030 年 6 亿辆和 2050 年 12 亿辆。电动公交车将增加到 2030 年 800 万辆，然后进一步增加到 2050 年 5000 万辆。净零排放情景下，全球电池电动车、插电式混合动力车和燃料电池电动车在各类车辆总销量中的占比情况如图 13-8 所示。

图 13-8 净零排放情景下，全球电池电动车、插电式混合动力车和燃料电池电动车在各类车辆总销量中的占比

（1）轻型汽车电动化将是大势所趋

2021年起，在《巴黎协定》碳减排背景下，各国加速提升新能源车渗透率，全球整车厂也在加速电动化转型进程。预计至2025年全球新能源汽车销量将达1500万辆，2030年达3200万辆，2035年电动车渗透率将达到50%。未来技术发展的重点在于提升电池能量密度和降低电池成本。从图13-9来看，到2030年动力电池单体能量密度将达500W·h/kg。

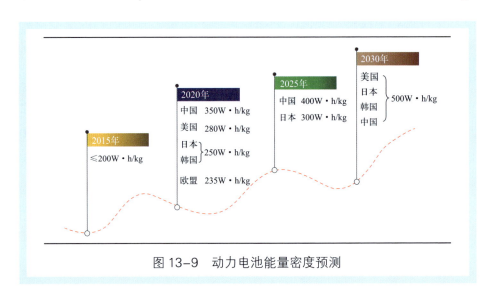

图 13-9 动力电池能量密度预测

成本方面，以容量为50千瓦时的动力电池成本预测为例（图13-10），预计成本将从2020年平均900元每千瓦时下降到2030年的平均600元每千瓦时，2035年下降到400元每千瓦时，年均下降率3.7%。

图13-10 容量为50千瓦时动力电池的成本预测

动力电池技术突破路线包括固态锂电池、锂硫电池、钠离子电池、锂空气蓄电池等。

固态锂电池。是未来新型动力电池的发展方向，质量能量密度和体积能量密度有望达到500～600W·h/kg和1200～1500W·h/L，同时具有自重小、体积小、容量大、温度适应范围宽、使用安全等特点。需着重解决高电导率及高稳定性固态电解质、高稳定性正负极、固相界面修饰调控、新型工艺装备、系统组成设计等方面的技术难题。

锂硫电池。在锂硫蓄电池方面，质量能量密度和体积能量密度有望在3～5年内实现500W·h/kg和600W·h/L的目标，但循环寿命及体积能量密度的提升是技术难点。需着重解决正极多硫离子溶解穿梭问题，开发高载量和高压实硫电极，减少电解液用量，提升金属锂负极的电化学可逆性，提升安全、寿命和体积能量密度。

钠离子电池。相比锂电池，钠离子电池不受资源和地域限制，材料成本比锂电池可下降30%～40%,化学性能相对稳定,更具安全性。但钠离子电池单体能量密度较低,仅为160W·h/kg,远低于锂离子电池150～350W·h/kg。亟待解决钠离子电池的能量密度、循环寿命、规模化应用等难题。

锂空气蓄电池。在锂空气蓄电池方面,主要解决锂空气蓄电池反应机理及性能衰退问题,优化蓄电池中各关键要素间相容性,解决含氧中间态产物与碳材料、电解液体等发生化学反应等技术难题。

综合来看,动力电池需要解决的关键科技问题包括以下几个方面。①提升动力电池能量密度和寿命。重点研发高电压电解液、薄型的涂层隔膜、硅碳负极以及高镍正极、负锂正极和高电压正极等技术。②提高动力电池安全问题。需研发更高融解温度的双面陶瓷涂覆的聚乙烯(PE)隔膜,提高电芯耐高温能力,研发难燃性的电解液或阻燃性的添加剂,改善电池的安全性。③电池系统轻量化难题。重点研发低成本的轻质新材料(如铝合金材料)、复合材料[如片状膜塑料(SMC)、团状膜塑料(BMC)等]、碳纤维复合材料,实现动力电池包的轻量化。④开展材料新体系的基础研究。包括锂空气、锂硫、全固态电池等,重点提升循环性能、倍率性能、体积能量密度等。

(2)大型公交、长途重型卡车等是氢能交通的主要应用场景

预计到2030年,全球将达到1000万～1500万辆燃料电池乘用车以及50万辆燃料电池卡车;预计到2050年,燃料电池汽车将占全球车辆的20%～25%。技术方面,未来研究重点将集中在燃料电池系统的耐久性、安全性和成本方面。

根据《节能与新能源汽车技术路线图2.0》,预计到2035年,乘用车燃料电池系统功率密度将由约3kW/L全面提升到约6kW/L,商用车的电池堆寿命将由11000小时提升至30000小时。成本方面,根据美国能源部(DOE)对燃料电池系统及电堆成本与产量规模关系的测算,当燃料电池系统年产量达到50万套时,燃料电池电堆及系统成本可分别下降至19美元每千瓦及45美元每千瓦,成本较年产量1000套情况下分别下降

84%、75%。图 13-11 为 80kW 氢燃料电池系统及电堆的预测成本与规模产量的关系。

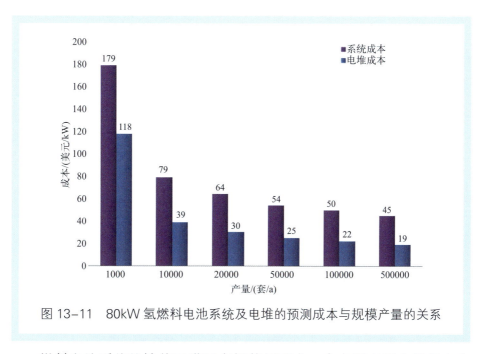

图 13-11　80kW 氢燃料电池系统及电堆的预测成本与规模产量的关系

燃料电池系统的性能已满足车辆使用要求，未来研究重点将集中在提升电池长耐久性、高性能方面。需要解决的关键科技问题包括：持续加强基础研究和技术转化，改进质子交换膜、催化剂、双极板等关键材料的性能，提高电堆功率密度，减少电堆催化剂中贵金属的用量，降低电堆成本；加强燃料电池系统的重载集成、结构设计及智能控制研究，提升系统运行的可靠性和耐久性等。

13.3.2.2　铁路交通

未来，铁路交通主要依靠电力来实现脱碳，根据国际能源署（IEA）的净零排放情景预测数据，全球铁路部门的二氧化碳排放量将从 2020 年的 9500 万吨下降到 2050 年的几乎为零，主要是由铁路的快速电气化驱动，电力将取代石油的消费，满足铁路能源需求量的 90% 以上，氢能将满足另外 5% 的铁路能源需求。

铁路绿色电气化技术方面，未来重点提升铁路的电气化率，铁路内燃机车将主要被"电气化"和"电电混合"机车（"氢燃料电池＋蓄电池"机车）所替代；同时，建立铁路交通与能源的自洽系统也尤为重要，在列车站交通枢纽与铁路沿线建立"风、光、储、氢"等多能源融合的供能系统，积极建设交通能源自洽的基础设施，实现基础设施的自洽供能，形成电能、氢能等能源供给网络，与铁路用能有机结合，有效降低碳排放的水平。需解决的关键科技问题包括：研发高效牵引变流及电控系统技术、光伏与铁路运行形成的交通能源自洽技术，实现更智能化、低成本的融合等。净零排放情景下，按燃料和二氧化碳强度划分，非公路部门的全球能耗情况如图 13-12 所示。

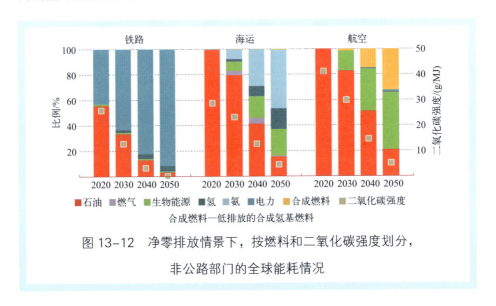

图 13-12　净零排放情景下，按燃料和二氧化碳强度划分，非公路部门的全球能耗情况

13.3.2.3　水运交通

未来，水运交通主要通过改用低排放燃料来减少排放。当前在水运交通的低碳技术方面尚缺乏成熟的低碳方案，以及船舶的使用寿命较长（通常为 25～35 年），水运是少数无法在 2050 年前实现零排放的交通运输方式之一。2020 年，水运在全球范围内的二氧化碳排放量约为 8.3 亿吨（2019 年为 8.8 亿吨），约占能源部门排放总量的 2.5%。预计未来航运业的二氧化碳排放量将每年下降 6%，到 2050 年降至 1.2 亿吨。

通过改用生物燃料、氢和氨等低碳燃料，将会实现大幅减排。氨很可能是一种尤其适合扩大规模的候选燃料，并且是需要高能量密度燃料的长途跨洋航行的关键燃料。根据国际能源署（IEA）预测，氨和氢是未来30年内将采用的主要低碳航运燃料，它们在航运能耗总量中的合计份额将在2050年达到约60%。当前，对于船用氢/氨燃料电池系统及应用的研究主要集中在欧洲、美国、中国、日本、韩国等地区，在船舶上应用的技术已有了一定的积累。2024年2月，由中国船舶集团有限公司旗下上海船舶研究设计院自主研发设计的1400TEU无舱盖集装箱船获得来自比利时船东的订单，这也是全球首艘氨燃料动力集装箱船，预计2年后正式交付使用。可持续生物燃料在2050年将满足近20%的航运能源总需求。

电力在水运的低碳转型中发挥的作用比较小，因为电池与液体燃料相比能量密度较低，更适合于200公里以内的航线。目前开发的电动船舶电池一般仅能保证3~6个小时的航行，即使电池能量密度随着固态电池走向市场而提高85%，也只有短途航运路线可以实现电气化。为满足船舶续航里程的提升、吨位提高的需求，纯电动船舶需要加大对船用蓄电池领域的科研投入，未来重点发展容量更大、可靠性更高、体积更小、价格更低、寿命更长的船用蓄电池，有效降低纯电动船的初期投入成本，提高续航里程，增强船舶安全性。

在辅助动力方面，未来还将试点验证和推广太阳能、风能、波浪能、混合动力等技术。

13.3.2.4 航空交通

未来，航空交通主要通过改用低排放燃料来降低排放。航空要求高能量密度的燃料，因此减排比较困难。据国际能源署（IEA）预测，全球航空业的二氧化碳排放量从2020年约6.4亿吨（2019年约10亿吨）将上升到2025年左右的峰值9.5亿吨，然后随着低排放燃料使用增加，排放量将在2050年减少到2.1亿吨。

可持续航空燃料（SAF）是传统石油基燃料的低碳替代品，如生物质航空煤油、可再生合成异链烷烃（SIP）燃料等，其来自可再生资源或废弃物副产品，是目前航空业最为可靠的低碳选择路径。SAF可直接利用既有的航空发动机系统，不需要对飞机和加油站等进行改造，但其成本为传统航空燃油价格的2～3倍，未来需重点扩大和加速SAF的生产，降低成本，加快推动生物液体航空燃料在航空领域的示范应用。SAF的使用将从21世纪20年代后期开始显著增加，预计2030年，航空业燃料消费总量中将有15%左右是SAF，其中大部分是生物航空煤油。到2050年，生物航空煤油和合成氢基燃料将分别满足航空燃料消费总量的45%和30%左右。

氢动力飞机技术和电动飞机技术在世界范围内仍处于起步阶段，但已得到航空业的高度重视，是航空业实现零排放、可持续发展的关键途径。2020年英国氢动力飞机开发商（ZeroAvia）完成了全球首架商业规模的氢燃料电池飞机试飞。未来需重点提高电池功率密度、延长电池寿命，扩大电池系统输出功率，满足中、大型客机动力需求。预计商业电池电动飞机和氢能飞机将从2035年开始普及，但据国际能源署预测，2050年全球航空运输的燃料消费量中氢能和电能的占比不足2%。

第14章

中国交通低碳化发展概况

14.1 发展历史

中国在20世纪90年代就已开始了交通领域低碳化发展的部署，中国低碳交通主要政策发展历程如图14-1所示。

1996—2010年为第一阶段，是交通低碳化政策形成期，以节能、资源节约为基调。政策包括："九五"期间将电动汽车列为国家重大科技产业工程项目，在2002年"十五"国家高技术研究发展计划中，确立了"三纵三横"的新能源汽车产业布局，电动汽车和燃料电池汽车成为新能源汽车的重要组成。自2008年以来，交通运输部陆续发布若干政策文件，如《公路水路交通节能中长期规划纲要》《资源节约型环境友好型公路水路交通发展政策》等，从顶层设计促进交通领域的低碳发展。

图 14-1 中国低碳交通主要政策发展历程

2011—2016 年为第二阶段，是交通低碳化政策发展期，以节能减排、绿色循环为基调。如 2011 年发布《公路水路交通运输节能减排"十二五"规划》，2013 年发布《加快绿色循环低碳交通运输发展指导意见》，2016 年发布《交通运输节能环保"十三五"发展规划》，等等。

2017 年至今为第三阶段，是交通低碳化政策成熟期，以绿色低碳、生态文明建设为目标。如 2018 年发布《关于全面加强生态环境保护　坚决打好污染防治攻坚战的实施意见》；2019 年中共中央、国务院印发《交通强国建设纲要》，是指导交通强国建设的纲领性文件，提出"构建安全、便捷、高效、绿色、经济的现代化综合交通体系"战略目标；2022 年发布《绿色交通"十四五"发展规划》等一系列政策文件。

随着国家对新能源与清洁能源车船的推广、绿色交通基础设施建设、运输结构调整、绿色出行等各领域专项政策制度陆续发布实施，为全面推进交通运输低碳发展提供了制度保障。

14.2 发展现状

14.2.1 中国交通运输基础设施及碳排放现状

（1）交通基础设施发展强劲，规模居世界前列

交通基础设施发展迅速，基本形成以"十纵十横"综合运输大通道为主骨架、内畅外通的综合立体交通网络。高速铁路及公路里程、内河航道通航里程、运输机场数量等位居世界前列。2022年我国交通基础设施主要规模见图14-2。2005—2022年基础设施发展规模对比如表14-1所示。

图14-2 2022年我国交通基础设施主要规模

表14-1 2005—2022年交通基础设施发展规模对比

类别	2005年	2022年	增幅/%
公路总里程/10^4km	193	535.48	177
高速公路里程/10^4km	4.1	17.73	332
铁路营业里程/10^4km	7.5	15.5	107
高速铁路营业里程/10^4km	0	4.2	—
内河航道通航里程/10^4km	12.3	12.8	4
民用运输机场数量/个	135	254	88

（2）交通是能源消费和碳排放的关键领域

交通部门能源消费量快速增长。根据国家统计局发布的数据，2010—2019年，我国交通部门能源消费量年均增速为5.5%，占国内能

源消费总量的比重由 2010 年的 7.5% 增长至 2019 年的 9.0%。2020 年交通运输的货运量和客运量均有不同程度的下降，导致 2020 年交通领域的能源消费量较 2019 年下降 6%，占国内能源消费总量的 8.3%。2010—2020 年交通部门能源消费量及占国内能源消费总量比重见图 14-3。

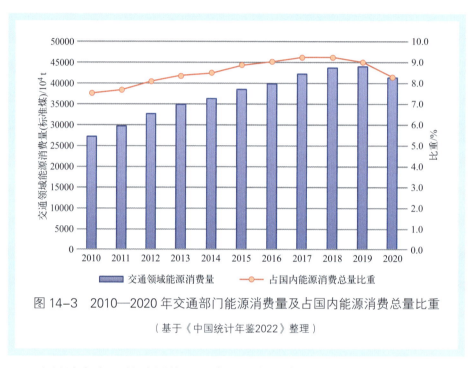

图 14-3　2010—2020 年交通部门能源消费量及占国内能源消费总量比重

（基于《中国统计年鉴2022》整理）

成品油占交通终端用能比重高。虽然近年来国内高铁和电动汽车发展迅猛，但汽油、柴油、煤油、燃料油等成品油仍是交通用能的主体。2020 年我国交通部门能源消费中成品油约占交通终端用能的 88.5%。

（3）交通碳排放总量增长迅速，公路运输碳排放最多

随着国民经济快速发展，全社会货运量和客运量均大幅增长，交通部门的碳排放也增长迅速，从 2010 年 6.3 亿吨增长到 2020 年近 11 亿吨，碳排放量年均增速约为 6%。2020 年，公路运输碳排放占比最大，占交通部门总碳排放的 75%，是交通碳减排的重点；航空、水运和铁路运输碳排放占比分别为 11%、8%、6%，其产生的碳排放占比虽小，却是碳减排的难点。2010—2020 年交通部门分领域的碳排放情况见图 14-4。

图 14-4　2010—2020 年我国交通运输各子领域的碳排放情况

（基于《中国统计年鉴2022》、绿色创新发展中心发布的2016—2021年《能源数据》整理）

14.2.2　中国在交通低碳化方面取得的积极成效

14.2.2.1　公路交通方面

积极推进新能源和清洁能源汽车发展。国家先后发布《新能源汽车产业发展规划（2021—2035年）》《"十四五"工业绿色发展规划》，积极推进电动汽车、氢燃料电池汽车、甲醇汽车和天然气汽车等新能源、清洁能源车辆的应用，取得了阶段性的成果。工信部数据显示，截至2022年底，全国新能源汽车保有量达1310万辆，占汽车保有量的4.1%（图14-5）。其中，纯电动汽车保有量达1045万辆，占新能源汽车总量的80%，氢燃料电池汽车约1.39万辆。清洁能源汽车方面，截至2022年底，我国天然气汽车保有量约700万辆，甲醇汽车保有量约3万辆。

14.2.2.2　铁路交通方面

积极提升铁路的电气化率，电气化率从2013年的54.1%，提升至2022年73.8%，中国电气化铁路运营里程逐年增长，从2013年不足6万公里增长至2022年11.4万公里，居世界第一位（图14-6）。铁路电气化的提升，降低了对燃油的使用，从源头减少了对环境的影响。

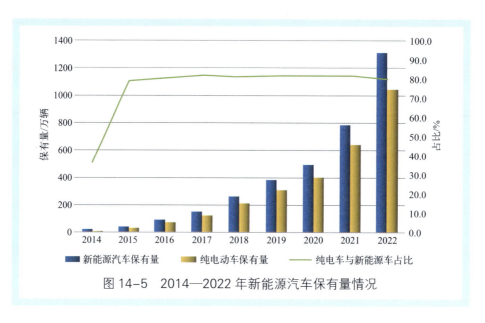

图 14-5　2014—2022 年新能源汽车保有量情况

图 14-6　2013—2022 年我国铁路电气化率和电气化铁路里程

14.2.2.3　水运交通方面

国家发布《加快推进天然气利用的意见》，大力推进 LNG 清洁燃料在水运行业的应用，并发布《关于节能　新能源车船享受车船税优惠政策的通知》，免征使用纯天然气发动机船舶的车船税。截至 2022 年，建造 LNG 动力船舶 300 余艘，拆解改造高污染内河运输船舶 4 万余艘，新建船舶较老旧船舶综合能耗平均下降 27% 左右。同时，积极推广靠港船舶使用岸电，国家发布了《关于进一步共同推进船舶靠港使用岸电工作的通知》，有序推进船舶靠港使用岸电的力度。截至 2021 年底，全国共建成岸电设施 6000 多套，覆盖泊位 7500 余个（国内总泊位 23744 个）。电动船舶也在进行初步示范，我国已建造内河电动船舶近 30 艘（国内船舶 12.59 万艘）。

14.2.2.4　航空交通方面

在世界范围内航空是脱碳最难、最慢的行业之一，目前还没有与传统航空煤油相比更具成本竞争力的可持续航空燃料。中国石油和中国石化公司在 2007 年均开始研发生物航空煤油技术，当前国内在生物航空煤油方面已经具备了自主研发生产能力。2014 年中国民用航空局向中国石化颁发国产 1 号生物航煤技术标准规定项目批准书，2017 年国内完成首次使用生物航煤跨洋载客飞行，但生物航煤的成本是传统航煤的 2～3 倍，尚未实现规模化推广。

14.2.3　交通低碳化技术发展现状

14.2.3.1　公路交通低碳化技术

氢燃料电池汽车技术。我国氢燃料电池汽车已从技术开发阶段进入商业化导入期，具备了燃料电池整车的研发及制造能力，并开展了客车、物流车等商用车型的示范推广。氢燃料电池汽车技术核心系统包括燃料电池堆与关键材料、燃料电池系统、车载储氢、加氢站等关键子技术。燃料电池堆与关键材料是氢燃料电池车的核心部件，目前国内研发生产的电堆性能已满足车辆使用要求，接近国际先进水平，未来重点开展燃料电池堆与关键材料的基础研究和系统优化，探索新型电池材料和电池结构，进一步降低成本和提升电池长期运行的稳定性、可靠性；车载储氢通过研发积累和标准体系的完善，实现高压化、轻量化、高安全性的发展。

氢燃料电池方面。2022年中国燃料电池系统装机量为506.9MW，同比增长193%。近年来燃料电池装机量情况参见图14-7，燃料电池装机量一直呈增长趋势，在2020年经历国家"以奖代补"政策的变更后下降至79.2MW，2021年燃料电池汽车推广政策出台并落实，燃料电池系统回归高速发展轨道，2022年燃料电池出货功率迎来了跨越式的增长。

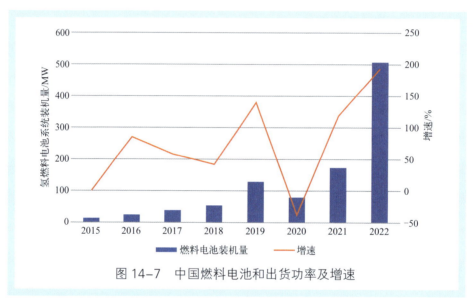

图14-7 中国燃料电池和出货功率及增速

纯电动汽车技术。我国纯电动汽车产业规模持续扩大，已进入快速成长阶段。2022年纯电动汽车销量达536.5万辆，同比增长81.6%。2020年国家发布的《新能源汽车产业发展规划（2021—2035年）》明确提出到2025年，纯电动乘用车新车平均电耗降至12.0千瓦时每百公里，到2035年实现纯电动汽车成为新销售车辆的主流，公共领域用车全面电动化的目标。

纯电动汽车技术的核心系统包括蓄电池、电机驱动、能量管理、充换电等子技术，其中蓄电池是电动汽车的关键核心部件，其技术水平和安全性关系到新能源汽车的发展进程。当前，需重点加快蓄电池的技术创新，提升现有液态电解质锂离子电池的比能量及安全性，研发全固态电池、锂硫电池、金属空气电池等新一代高比能量、低成本、长寿命的先进蓄电池技术。能量管理、充换电技术逐步趋向完善，充换电将向慢充为主、快充为辅、部分场景应用换电模式方向发展。

动力锂电池方面。中国已成为全球锂电池发展最活跃的地区，近年来，我国动力电池出货量和装机量逐年上升，增速十分明显。中国动力电池装机量、出货量及装机量与出货量的比例见图14-8。

图 14-8 中国动力电池装机量、出货量及装机量与出货量的比例

2022年，我国动力电池装机量294.2GW·h，同比增长86.7%。其中三元电池装机量110.4GW·h，占总装机量37.5%，同比增长48.6%；磷酸铁锂电池装机量183.8GW·h，占总装机量62.4%，同比增长130.2%。在国家发布的《新能源汽车产业发展规划（2021—2035年）》的刺激下，近年动力锂电池和纯电动汽车均实现了阶跃式增长，预计未来仍将保持高速增长的态势。

同时，动力电池装机向头部企业聚集。2022年动力电池装机量前十名企业装机量247.64GW·h，占全年总装机的94.9%。未来，龙头企业将持续占据动力电池核心地位。

（绿色）甲醇燃料汽车技术。甲醇燃料汽车技术在不断完善成熟中，处于示范起步阶段。2022年甲醇燃料汽车保有量达3万辆左右。2021年工信部在《"十四五"工业绿色发展规划》中提出：推进CO_2耦合制绿色甲醇技术的推广应用，并将甲醇汽车纳入绿色产品，加快甲醇汽车的推广。根据我国甲醇汽车试点运行数据，甲醇车与汽油车相比，能效提高约21%，CO_2排放减少约26%，若甲醇燃料使用可再生能源电解水制氢与捕集CO_2制取的"绿色甲醇"，则将实现不新增CO_2排放，形成碳平衡。甲醇直接作为燃料需重点解决燃料腐蚀性、储存渗漏、甲醇蒸发、冷启动困难等问题；甲醇以燃料电池方式作为驱动，需重点解决高活性催化剂、质子交换膜、电池关键组件的材料与结构设计性等问题，提升燃料电池整体的效率和性能。

天然气汽车技术。天然气汽车技术已较为成熟，2022年我国天然气汽车约700万辆，由于电动汽车的快速发展，天然气乘用车逐渐走向衰落，而天然气重卡为代表的商用车进一步发展壮大，目前我国天然气重卡市场保有量接近60万辆，预计"十四五"期间，天然气重卡保有量或将达到100万～120万辆。天然气汽车技术未来需重点优化整车结构布置设计、管路固定、燃气系统的静态和动态强度、加气口强度等方面，提升燃气系统的可靠性和安全性。

14.2.3.2 铁路交通低碳化技术

电气化技术。铁路的技术进步主要体现在电气化率方面，2022年中国铁路电气化率达73.8%，同比增长了0.7%。通过推动铁路电气化率的提升，逐步替代燃油列车，同时，重点在铁路沿线发展分布式光伏发电的应用，加大铁路电气化中绿色电力的使用比例，进一步降低铁路交通的碳排放。预计2030年、2040年、2050年铁路的电气化率将分别达85%、90%、99%。

氢燃料电池列车技术。我国氢燃料电池列车技术已取得了关键性突破，2021年中国中车集团自主研发的国内首台氢燃料电池混合动力机车成功下线，开启了机车向更加清洁、高效发展的新阶段。氢燃料电池列车相较传统燃油和电力机车，在相对密闭的地铁、隧道、矿山等环境下使用优势更加明显，无须借助架空线供电等基础设施，应用和维护成本更低；列车车厢空间充裕，对燃料电池与储氢罐体积要求低，技术难点相对较少，更易推广使用。未来重点加快氢燃料电池电堆技术的迭代升级，开发高安全、大功率、低成本、长寿命的燃料电池系统；研发先进的储氢技术和储氢材料，降低车载氢气和氢气瓶占牵引重量的比重，实现商业运营的最优化，突破加氢技术的瓶颈。

14.2.3.3 水运交通低碳化技术

液化天然气（LNG）动力船舶技术。LNG 动力船舶技术在我国已取得了一定进展，2010 年我国开始试点 LNG 动力船工作，2022 年新建和改建 LNG 动力船共计 310 余艘。LNG 动力船舶技术核心系统包括燃料发动机、LNG 加注等子技术。燃料发动机可分为单一燃料发动机（仅使用 LNG 燃料）和双燃料发动机（LNG 和柴油同时或独立使用）两种。单一燃料发动机基本不产生颗粒物的排放，可减少 20%～25% 的 CO_2 排放，提高 30% 左右燃烧效率，但建造成本比同规格的柴油船舶高 10%～20%，未来需重点开发高性能、低成本的发动机系统；双燃料发动机难以充分发挥天然气的减排优势，未来重点对换气正时、喷油正时等原机技术参数进行优化，使用合理的油 - 气掺烧策略，优化减排效果。

纯电动船舶技术。船舶的电动化在国内外均处于初级发展阶段，纯电动船舶续航里程偏短，适用于内河航道短里程和小吨位的船舶。2021 年世界拟建造和营运中电动船舶共计 160 余艘，我国已建造的内河电动船舶 20 余艘，相较我国内河约 13 万艘船舶的数量相差甚远。船舶用电池必须经过中国船级社的认证才能在船舶上试行，当前以磷酸铁锂电池为主，目前磷酸铁锂电池的能量密度短期内难有较大的突破，电池续航能力面临不足的问题，一般仅能保证 3～6 个小时的航行。未来需重点提升电池能量密度、使用寿命等指标，同时，电池也面临快速充电或中途换电等困难，需建立船用电源补给和岸电基础设施。

氢燃料动力船舶技术。氢燃料动力船舶目前在国内外均处于研究测试阶段，2021年应用中国科学院大连化物所氢燃料电池电堆的燃料电池游艇"蠡湖"号通过了试航，标志着我国燃料电池在船舶动力上的实船应用迈出关键一步。氢燃料电池船舶更适用于重载、长续航的场景。氢燃料电池动力系统是氢燃料船舶的核心系统，当前面临功率密度低、寿命短、成本高等问题，未来需重点提升电池单体功率和研发兆瓦级电池模组，延长使用寿命；突破高安全、高储氢密度的船用储氢技术，建立氢燃料加注基础设施系统。

（绿）氨燃料动力船舶技术。氨燃料动力船舶目前在国内外均处于研究测试阶段，目前还没有以氨为燃料的船舶问世。预计以氨为燃料的船舶要到2030年才会全面铺开，因为需要有全球的燃料供应链才便于实现应用。当前制氨技术仍需依靠化石燃料，氨生产本身约占全球二氧化碳排放量的1.8%，为了实现真正的可持续性，低成本"绿色制氨"才能全面消除氨的温室气体足迹。氨燃料动力船舶主要包括氨燃料发动机技术和氨燃料动力电池技术，氨燃烧发动机需重点对氨和氮氧化物的副产品加以控制和后处理，满足现有的氮氧化物排放限制和法规要求。氨燃料动力电池技术重点研发氨直接高效转化为氢气的新技术、新催化剂，实现低温、低能耗、高效地转化为氢。

14.2.3.4　航空交通低碳化技术

生物航空煤油技术。生物航空煤油技术发展迅速，中国已成为世界上少数掌握自主研发生产的国家之一。生物航煤的原料成本占到总成本的85%，过高的原料成本使生物航煤的价格是普通航煤的2～3倍，所以生物航煤并未得到广泛推广。生物航煤的生产工艺主要包括加氢法、费-托合成法、生物质热裂解和催化裂解等，其中加氢法和费-托合成较为常用。未来需重点加快生物航煤新型加氢脱氧、选择性加氢裂化、异构化等催化剂的突破，提升生物航煤的稳定性、润滑性等关键性能；同时建设生物质能源林基地，发展原料作物的培育、基因改造技术，完善原料的收集及供应机制，降低原料成本。

氢动力飞机技术。氢动力飞机技术在世界范围内处于起步阶段，但已得到航空业的高度重视，2017年，应用中国科学院大连化物所氢燃料电池的国内首架有人驾驶飞机试飞成功，我国成为继美国、德国之后第三个拥有该技术的国家。氢动力飞机技术核心系统包括动力推进系统、机载储氢系统、机场加氢系统等子技术。氢燃料电池动力系统面临功率密度低、使用寿命短和单体输出功率低等问题，未来需重点提高电池功率密度、延长寿命（超过25000h）；氢直接燃烧动力系统需重点开发高效氢燃烧系统，提升氢燃料发动机的效率；机载储氢系统需低于−253℃储存液氢，在同等的能量下，液氢所需储罐的体积是航空煤油的4倍，未来需重点研发高效冷却系统及轻型安全的液氢储罐；加氢系统需重点向低成本运氢、安全储氢和高效加氢方向发展。

14.2.4 核心产业链分析

14.2.4.1 动力电池产业链

（1）产业链构成

动力锂离子电池产业链主要由上游锂电池电芯、中游锂电池模组及封装、下游新能源汽车消费应用等部分构成。其中电芯是关键，主要包括正极材料、负极材料、电解液、隔膜四部分。具体产业链见图14-9。

① 正极材料。开发出高能量密度、长寿命、高安全、低成本的正极材料，对于动力锂电池、电动汽车规模化商业应用至关重要。上游为锂辉石、锂云母、盐湖等，从中获得锂资源，进一步处理获得锂盐，与硫酸等反应，制得正极材料前驱体，经由黏合剂、添加剂等制得正极材料。目前主要有磷酸铁锂（LFP）、镍钴锰（NCM）三元材料、镍钴铝（NCA）、锰酸锂（LMO）等。三元电池和磷酸铁锂电池兼具高能量密度和低成本等特点，适合作为车用动力电池。锰酸锂动力电池更多地应用于两轮电动车等，市场占比较小。

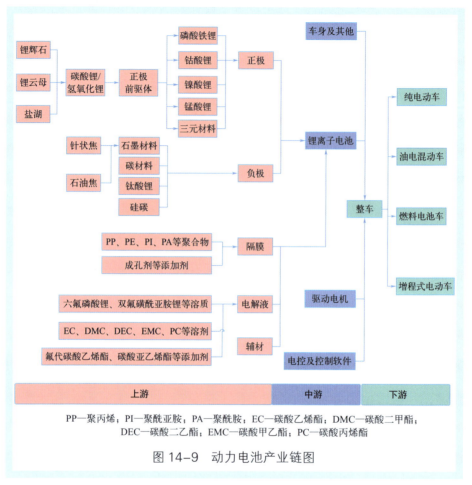

PP—聚丙烯；PI—聚酰亚胺；PA—聚酰胺；EC—碳酸乙烯酯；DMC—碳酸二甲酯；
DEC—碳酸二乙酯；EMC—碳酸甲乙酯；PC—碳酸丙烯酯

图14-9 动力电池产业链图

② 负极材料。碳材料作为负极材料具有高比容量、高循环寿命和高安全性等特点。锂电池负极材料一般可分为碳材和非碳材两大类。上游一般由石油焦、针状焦等获得。碳材料包括人造石墨、天然石墨、复合石墨、中间相碳微球等；非碳材料包括钛基材料、锡基材料、硅基材料、氮化物等。

③ 隔膜。隔膜的基本作用是隔离开正极和负极以防止电池短路，同时保证锂离子在充电和放电期间能正常通过微孔通道以保证电池正常工作。

目前，大规模商品化的锂离子电池隔膜生产材料以聚烯烃为主，主要包括聚丙烯（PP）、聚乙烯（PE）、聚丙烯和聚乙烯复合材料。

④ 电解液。电解液是锂离子在正负极之间迁移的媒介，是锂电池达到高电压、高比能等优点的保证，其指标直接决定了锂离子电池的能量密度、功率密度、循环寿命、安全性能、宽温应用等。一般由锂盐（溶质）、溶剂、添加剂在一定条件下按一定比例配制而成。

目前上游常用的溶质有六氟磷酸锂（LiPF6）、双氟磺酰亚胺锂（LiFSI）等，溶剂有碳酸乙烯酯（EC）、碳酸二甲酯（DMC）等，添加剂有氟代碳酸乙烯酯、碳酸亚乙烯酯等。

（2）产业链市场概况

受益于动力电池在新能源汽车领域的运用，中国锂电正极材料出货量保持高速增长势态。研究机构 EVTank 数据显示（图 14-10），2022 年国内锂电正极材料出货量达到 194.7 万吨，同比增长 78.0%。2021 年磷酸铁锂材料出货量开始超过三元材料，成为出货量最多的锂电正极材料；2022 年磷酸铁锂材料市占率进一步提升至 58.7%。

图 14-10　2018—2022 年国内正极材料出货量

为促进电动汽车产业发展，我国高度重视充电桩的安装配套。近年来，在政策和市场双重作用下，国内充电基础设施高歌猛进，已形成较好的产业基础。截至 2022 年底，全国累计建成充电桩 521 万台，2022 年新增充电桩 259.3 万台，同比增速 99%。其中公共充电桩累计建成 180 万台，2022 年新增公共充电桩 65.3 万台，同比增速 56.9%。我国近年充电桩安装数量情况见图 14-11。

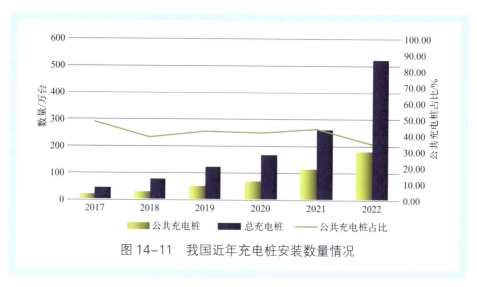

图 14-11　我国近年充电桩安装数量情况

中国换电市场经历漫长冷遇后迎来发展契机，截至 2022 年底，全国累计建成换电站 1973 座，其中 2022 年新增换电站 675 座，换电站建设速度明显加快。2021 年底，国内前十省份换电站保有量在总量中占比近 70%，其中北京换电站保有量最多，共 255 座，其次是广东、浙江、上海、江苏，分别是 178 座、118 座、96 座、92 座，电站建设主要分布在各省会及较大城市。

14.2.4.2　氢燃料电池产业链

（1）产业链构成

氢燃料电池车产业链主要包含上游——制氢、氢储运、氢加注等环节，中游——燃料电池动力关键部件及材料、燃料电池电堆和燃料电池的辅助系统（空气供给系统、氢气供给系统等），下游——燃料电池在货运交通、客运交通、重卡等方面的应用（图 14-12）。

氢燃料电池电堆是氢燃料电池汽车最核心的动力系统，负责将氢气的化学能转化成电能，主要由质子交换膜、催化剂、气体扩散层、双极板等关键材料组成。

① 质子交换膜。一种半透膜，用于传导质子，充当电子绝缘体和反应物（氢气和氧气）的屏障。

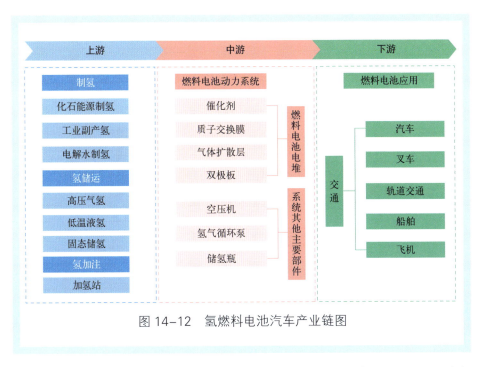

图 14-12　氢燃料电池汽车产业链图

② 催化剂。促进分解氢气和氧气进行电化学反应产生电流，目前商用催化剂为铂-碳（Pt-C）催化剂。

③ 气体扩散层。具有支撑膜电极、收集电流、传导气体、管控反应水（气）及热等重要作用。

④ 双极板。是带流道的金属或石墨薄板，通过流场给膜电极组件输送反应气体，同时收集和传导电流并排出反应产生的水和热。

（2）产业链市场概况

我国近几年在燃料电池电堆领域有较大突破，主要生产企业包括重塑能源、亿华通等。2022年我国燃料电池汽车销量达3367辆，比2021年增长112%，发展势头迅猛。2016—2022年我国氢燃料电池车产销量见图14-13，代表企业包括上汽集团、宇通客车等。预计到2025年，燃料电池车辆保有量约5万辆。根据《节能与新能源汽车技术路线图2.0》预测，2030—2035年氢燃料电池车保有量将达到100万辆左右，未来发展空间巨大。

图 14-13　2016—2022 年我国氢燃料电池车产销量

为促进氢燃料电池车的发展，我国同时启动加氢站的建设，截至 2022 年，我国已建成加氢站数量超 300 座（图 14-14）。运行省份以广东、山东、河北三地为主，氢能产业发展对氢电企业技术实力、地方财政实力、氢源等有一定要求，产业发展集聚程度相对较高。未来几年国内加氢站建设还将快速发展，预计到 2025 年，保有量将达到 1000 座。

图 14-14　我国已建成加氢站数量

第 15 章

中国交通低碳发展面临的挑战与发展路径

15.1 中国交通低碳发展面临的挑战

（1）交通运输需求保持高速增长

我国正在加快建设交通强国，随着经济社会的快速发展和人民生活水平的不断提高，在未来一段时期内对交通运输的需求不断增加，客货运输需求仍将保持较大规模，导致交通运输的能源消耗和碳排放持续上升。根据《国家综合立体交通网规划纲要》中的分析，未来高铁、民航、私家车方面的出行占比将不断提升，国际及城市群旅客出行需求更加旺盛，预计 2021—2035 年旅客出行量（含小汽车出行量）年均增速约为 3.2%；货物运输需求稳中有升，全社会货运量年均增速约为 2%，邮政快递业务量年均增速约为 6.3%。

此外，中国的汽车市场增长潜力巨大。据世界银行对全球主要国家千人汽车拥有量调查，2019 年中国千人汽车拥有量达到 173 辆，在统计的20个主要国家中排在第17位，与美国的837辆相差甚远，对比世界主要国家千人汽车拥有数量，中国千人汽车拥有数量偏低（2022年中国千人汽车拥有量达225辆）。随着国内城镇化进程的加快、道路交通基础设施的完善，全社会对运输的时效性、舒适度等要求越来越高，会进一步增加汽车的需求，随之而来的交通能源需求也将无可避免地刚性增长，交通部门将面临巨大的减排压力。

（2）交通碳减排措施面临技术瓶颈

新能源和清洁能源对传统化石能源的替代是交通领域实现碳减排的主要路径。

公路方面，短途、轻型的乘用车和物流车等可通过电动化实现脱碳，电动汽车技术已经实现了飞跃式的发展和规模化的应用，但其动力电池在能量密度、使用寿命、续航里程和成本等方面有待进一步突破，快速充电技术、充电桩配套技术等有待跟进。而长途重型卡车方面还没有成熟的规模化推广方案。氢燃料电池重卡仍处在比较初级的示范应用阶段，存在购置成本高昂、电池使用寿命短、电池核心零部件依赖进口、加氢站等基础设施不完善等问题，商业化进程比较缓慢；换电式重卡面临换电接口标准不统一，换电站基础建设处于前期阶段，区域调配难等系列难题。

铁路方面，铁路的电气化率已达到较高水平，重点研发高效的牵引电机动力及控制系统，提升能源的利用效率。氢燃料电池列车可替代燃油列车，并可在电力列车难以涉及的地段应用，但氢燃料电池系统在列车上的研发应用尚不成熟，国内只有少量原型机在进行测试，仍处于早期的开发阶段。

水运方面，电力、液化天然气、甲醇燃料的船舶已有了部分示范，正在积极探索规模化应用；而氢、氨等零碳能源仍处在研发阶段，水运行业的绿色转型在能源配套基础设施建设、安全风险防控、标准规范等方面均有待完善。

航空方面，生物航空煤油技术相对成熟，但产业规模较小、生产成本高、原料供应体系不稳定。电动飞机、氢动力飞机等新能源的航空器已得到了行业的广泛关注，各种原型机也相继问世。电动飞机由于动力电池系统的能量密度、功率、寿命等方面的限制，很难实现大中型飞机的要求，较适合小型飞机的飞行需要；氢动力飞机处于技术初期的探索阶段，重点聚焦在先进高效的氢动力系统和氢储存方面，且氢能在航空方面应用的经济性、安全性仍待验证和完善，氢气的供给配套系统尚未建立，距离商业化应用需较长时间。

（3）交通领域碳减排资金需求量大，跨机构协调难度高

政府间气候变化专门委员会（IPCC）第六次评估报告（AR6）指出，交通运输行业碳减排成本显著高于工业、建筑等行业。目前采取的"公转铁"、"公转水"、新能源和清洁能源车辆推广、老旧柴油货车淘汰、配套能源供应体系等减排措施，资金投入大、获得的经济效益少，因此地方政府、运输企业和个体运输户可能会因成本问题缺乏减排内生动力，影响减排进展。

交通运输拥有复杂的体系系统，碳减排涉及多个领域、环节、行业和部门，涵盖营业性车辆、非营业性车辆以及铁路、船舶、民航等；需要协调的部门众多，推动交通领域碳减排工作涉及的主要政府主管部门有：国家发展和改革委员会、交通运输部、生态环境部、工业和信息化部、财政部、公安部、科技部等。各部门之间需通过完善统筹协调机制，在政策联动、技术研发、标准制定、数据共享等方面协同发力，以避免职责分工重复或缺失、沟通渠道不畅、数据共享标准不统一等问题。

15.2　中国交通低碳化发展的主要措施

在国务院印发的《2030年前碳达峰行动方案》中，为"加快形成绿色低碳运输方式，确保交通运输领域碳排放增长保持在合理区间"明确

提出了"交通运输绿色低碳行动",具体包括推动运输工具装备低碳转型、构建绿色高效交通运输体系和加快绿色交通基础设施建设三个主要方面。

15.2.1 推动运输工具装备低碳转型

推广应用低碳运输工具装备是推进交通领域实现碳中和的根本举措,需要重点加快推动新能源运输工具装备的研发和应用,稳步推进车辆、船舶、航空器等的新能源和清洁能源替代进程。

(1)推进新能源、清洁能源技术的应用

按照"先公共、后私人,先轻型、后重型,先短途、后长途,先局部、后全国"的思路,加快实施新能源全面替代。未来新能源和清洁能源应用技术的发展方向为电动/多能源复合动力车辆技术、高性能氢燃料电池车船技术、醇/生物质燃料船舶及航空器应用技术等,新能源应用配套技术包括长续航里程电池技术、电动车智能充电技术和退役电池梯次利用和再生利用技术等。

当前,轻型/小型电动汽车、中型/大型电动客车技术日趋成熟,需加快推进公务用车、出租车和城市公交车辆的电动化进程;中型/大型电动货车以及电动船舶、电动飞机的技术仍有待突破,氢能重卡车辆已有小规模应用,船舶、飞机方面的商业化应用尚属空白,需要积极推进公路货运领域的纯电动、氢燃料电池车辆的示范应用,加快船舶、飞机电动化和氢能的研发,缩短从原型样机向试点示范的进程;绿色醇类/生物质燃料船舶、飞机技术受燃料成本的限制,整体处于试验研发阶段,期待技术的迭代更新。

(2)提升运输工具装备能效技术

提升运输工具装备的能效是推动交通碳减排的重要途径,重点进一步加快运输装备动力系统能效改进,持续提升相关能效标准,加快淘汰高耗能、高排放的老旧车船。目前我国的车、船、飞机等运载装备的整体能效水平已达到现有技术条件下的较高水平，但仍有一定提升空间，未来可在动力推进系统改进、船体结构优化、运载装备新型节能材料、减阻技术、自动驾驶等方面进一步提升设计能效和营运能效。

15.2.2 构建绿色高效交通运输体系

构建绿色高效的交通运输体系是交通绿色转型的主要举措，主要包括运输结构优化、提高运输组织效率、鼓励绿色出行等方面。

（1）运输结构优化

积极调整运输结构，推动以铁路、水运为骨干的多式联运，促进大宗货物和中长距离货物"公转铁""公转水"。加快铁路物流基地、港口物流枢纽、航空转运中心等多式联运枢纽的建设，加快工矿企业、港口、物流园区等铁路专用线和内河高等级航道网的建设，提高铁路、水路基础设施的通达性和便利性，完善港区集疏港铁路与干线铁路和码头堆场的衔接。加强物流运输组织管理，加快铁路、公路、水运、航空综合公共信息平台的建设和信息交换共享，鼓励发展智慧仓储、智慧物流、智慧运输，打造集约高效的现代物流体系。

（2）提高运输组织效率

加快发展智慧交通、推广高效的组织模式。积极发展网络平台货物运输，鼓励运输企业、物流园区、港口、货运场站利用物联网、大数据、智能化等技术，有效促进物流资源的整合，提升货运系统效率。建设绿色低碳、集约高效的城乡物流配送体系，发展城市共同配送、统一配送、集中配送等集约化模式，完善县、乡、村三级物流网络节点建设，发展"智运快线"等新型农村物流模式，打造高效衔接、快捷舒适的公共交通服务体系。研发推广交通基础设施数字化、智慧化技术，包括智慧化控制与管理技术、枢纽场站多式联运智能高效调度管理技术，推动轨道、民航、水运、道路等交通系统绿色化、数字化、智慧化建设。

（3）鼓励绿色出行

绿色出行是推动交通碳减排的最佳辅助方案。需要进一步为居民出行营造良好的环境，积极引导公众选择绿色低碳交通方式。深入实施公交优先的发展战略，构建以城市轨道交通为骨干，常规公交为主体的城市公共交通系统，因地制宜建设快速公交及大容量快速化轨道交通网络、微循环等城市公交服务系统，减少对小汽车出行需求的依赖。推动高铁、轨道交通、城市公交网络系统的融合建设，新建各种运输方式集中布局的综合客运枢纽，为居民集约化出行提供便利条件。有序发展共享交通，加强城市步行和自行车等慢行交通系统建设。

15.2.3　加快绿色交通基础设施建设

绿色交通基础设施是实现交通碳中和的关键措施。主要包括建立交通基础设施的能源自洽系统，推进充电桩、配套电网、加注（气）站、加氢站等基础设施建设两个方面。

（1）建立交通基础设施的能源自洽系统

交通基础设施的能源自洽系统是构建绿色、弹性、自洽、可持续发展的交通能源一体化系统，主要目的是形成能源和交通一体化的能源交通融合网，推进交通领域实现能源的"自产自消"，相关技术聚焦在交通自洽能源系统基础设施的规划与设计、可再生能源与交通融合技术、交通能源自洽及多能变换技术、交通自洽能源系统高效能与高弹性技术等方面。通过统筹综合运输通道线位、土地、空域等资源，整合岸线、锚地等资源，利用分布式太阳能、风能、潮汐能等可再生能源发电与微电网及能源互联技术，构建"源-网-荷-储-用"的交通能源自洽体系，开展交通基础设施绿色化提升改造，解决大量已建港口、机场等交通基础设施的节能降碳问题。

（2）推进充电桩、配套电网、加注（气）站、加氢站等基础设施建设

加快新能源汽车充换电、加氢等配套基础设施建设，试点建设数字

化、智能化的新型智能电网,提高有序充放电智能化水平,鼓励车网互动技术的发展,推动新能源汽车融入新型电力系统。持续推进铁路电气化改造,提升铁路的电气化率。有序推进船舶港口岸电设施的建设,启动液化天然气码头加注基础设施的示范工作,适度超前地开展水运能源供给基础设施的布局。

15.3 中国交通低碳化减排的技术路径

15.3.1 公路交通低碳化减排路径

公路交通中不同类型的车辆在新能源替代方面存在着能源种类和替代进程的差异,但共同点都是需要不断提升新车燃料消耗量限值标准、淘汰老旧车辆、加快车用节能技术的改进、普及新能源替代技术的应用。

(1)乘用车领域

乘用车属于轻型汽车,涵盖了轿车、微型客车以及不超过9座的轻型客车,是居民主要的交通方式,乘用车的碳排放占据了交通碳排放的最大份额。当前的新能源乘用车中,主要应用的类型有纯电动汽车(BEV)和插电式混合动力车(PHEV)两种。BEV和PHEV两种新能源汽车技术已经相对成熟,动力电池系统在能量密度、循环寿命、安全性、使用成本等方面也实现了阶段性的突破,续航里程持续提升,充换电技术也日趋完善,目前国内正在进行规模化的推广应用,电动化将成为乘用车领域实现碳减排的重点路径。

(2)商用车领域

商用车包含了所有的载货汽车和9座以上的客车。

客车方面,中长距离的客车将逐步被铁路运输替代,铁路无法涉及的地区将以纯电动客车或氢燃料客车作为替代;城市内公交客车的新能源或清洁能源替代技术主要有纯电动客车、氢燃料电池客车、天然气客车、电子合成燃料（例如合成甲醇）客车和生物燃料（例如生物柴油）客车等，其中纯电动客车技术和天然气客车技术发展相对成熟，其他替代能源在技术成熟度和经济性方面仍有待提升，未来天然气汽车仍将保持一定的存量，但纯电动将成为城市公交客车的主要替代能源方式。

中长距离的重型货运车辆方面，目前还没有形成优势明显的能源替代方式，纯电动重卡和氢燃料电池重卡均处在示范应用的初期，两种新型能源重卡技术的购置成本都明显高于传统燃油重卡，且技术方面还需持续迭代升级。纯电动重卡的电池能量密度还不能满足重卡长距离重载运输的实际需求，需要比乘用车更长的充电时间，换电式重卡是解决快速充电的一种方式，也是当前研究的重点方向；氢燃料电池重卡在环保、效率、燃料加注时间等方面有显著优势，但氢气的使用成本高于传统燃油重卡，且加氢站等配套基础设施的建设也需逐步开展。未来中长距离的重型卡车将以电力和氢燃料作为主要能源，但应用的进程依赖于技术发展的成熟度和经济性的大幅提升。

城市物流配送车辆方面，当前物流配送货车的纯电动技术相对更加成熟，但购置成本较高，且不适用于冷链运输车辆和低温寒冷地区，结合工业和信息化部、交通运输部等八部门印发的《关于组织开展公共领域车辆全面电动化先行区试点工作的通知》提出的启动公共领域车辆全面电动化先行区试点工作的要求，短期内将加大绿色物流配送车辆电动化示范工程的推广力度，未来物流配送货车将以电能为主要能源，氢燃料为辅助能源。

15.3.2 铁路交通低碳化减排路径

铁路运输是国内客运和货运的主要方式之一，铁路的电气化率已经达到较高的水平，2022年电气化率为73.8%，位居世界第一位。电气化铁路主要通过架空接触网为铁路提供动力，其他低碳技术主要包括先进的储能电池技术、氢燃料动力技术等。当前铁路的内燃机车还占有一定的比例，未来铁路将持续提升电气化率，内燃机车将主要被"电气化"替代，逐步从"内燃机+储能电池"混合动力过渡到"储能电池+接触网"的混合动力机车。在相对密闭的地铁、隧道、矿山等环境或不易架设架空线供电设施的场景，可发展"氢燃料电池+储能电池"机车替代技术，同时辅以持续提升铁路机车节能技术。

15.3.3　水运交通低碳化减排路径

水运交通对化石燃料具有比较强的依赖性，新能源和清洁能源对化石能源的替代是实现水运碳减排的关键路径。主要的新能源和清洁能源有低碳电力、液化天然气、氢、氨、先进的生物燃料和合成燃料（如合成柴油、甲醇等）。

海运船舶。当前应用于海运的新能源技术相对成熟的有液化天然气和甲醇动力船舶，目前已有少量的商业化应用，且两种燃料的船舶订单也在持续增长，以甲醇为燃料的船只成本较低，但在绿色甲醇的供应和价格方面存在较大的不确定性。氢、氨、电动等新能源海运船舶总体处于研发阶段，需要进一步对新能源技术的可行性、安全性进行验证，如解决电池的续航能力、电池工作环境、完善充能设施等问题，预计新能源和清洁能源在海运上的应用总体将晚于内河水域。

内河船舶。在电动化技术和液化天然气动力技术方面，国内已经有了示范性的试点应用，短期内电动船舶和液化天然气船舶将是内河船舶绿色转型的重点方向；氢动力和氨动力船舶目前尚处于原型机的研发阶段，在绿色燃料供应、高效动力系统、燃料加注设施、船体设计、安全防护等方面亟待突破性的创新，基于氢和氨零碳燃料的优势，未来可能成为在海运和内河方面重点的替代能源。

在辅助动力方面，港口岸电技术在沿海和内河港口的应用较为成熟，正在进一步深入推广；太阳能、风能和波浪能的技术发展进度基本相当，都处于试验示范的阶段；醇燃料和生物燃料与传统燃料形成混合动力的方式正在进行研发和试点验证。

15.3.4 航空交通低碳化减排路径

航空的碳排来源主要是化石燃料航空煤油燃烧产生的，并且处于逐年稳步增长状态。航空的低碳化减排主要通过使用替代性的氢能、电能、低碳生物或合成航空燃料来实现，基于生物的"可持续航空燃料"（如生物航空煤油）是航空领域实现脱碳最现实可行的路径。可持续航空燃料无须更换发动机和燃油系统，并可直接利用航油燃料的加注系统，目前可持续航空燃料已经实现了小规模化的生产，并在商业化航线中进行了成功的示范验证，但由于成本远高于传统航空煤油（传统航空煤油的2～3倍），其推广受到限制，未来随着制备规模的逐步加大、技术的进一步革新，成本有望大幅降低。

从中长期来看，氢能和电力也是航空业的重点替代燃料。燃料电池和蓄电池功率的进一步增大、循环寿命的提升和生产成本的下降，将支撑氢燃料电池和电力驱动在航空推进系统中的应用。

第16章

交通领域典型低碳化技术

交通运输是一个复杂的巨系统，包括公路、铁路、水运、航空等子领域，实现绿色低碳化发展涉及面广泛，在已出台的《"十四五"现代综合交通运输体系发展规划》《交通领域科技创新中长期发展规划纲要（2021—2035年）》等系列政策规划中，基本明确了中国交通运输领域全面绿色低碳转型要以提升交通运输装备能效利用水平为基础，以优化交通运输用能结构、提高交通运输组织效率为关键，加快推进低碳交通运输体系建设，助力如期实现碳达峰碳中和目标，推动交通运输高质量发展。

本书主要从能源的清洁替代和能源利用效率提升两个方面，对交通领域绿色低碳发展的关键技术进行研究分析。优化运输结构和提高交通运输组织效率等举措更加侧重于国家对交通领域管理体制和运行机制方面的变革，本书未进行相关方面的技术论述。基于对公路、铁路、水运、航空各领域能源相关的低碳技术的研究，选取典型关键技术，对技术的内涵、发展趋势和关键科技问题等方面进行相关的介绍。

16.1 新能源低碳运输工具技术

16.1.1 公路交通低碳运输工具技术

16.1.1.1 纯电动汽车技术

纯电动汽车是完全由可充电蓄电池提供动力源的汽车，不需要消耗燃油，具有能量转换效率高、无直接尾气排放、噪声小等优势，是新能源汽车发展的主要方向（图16-1）。随着纯电动汽车技术的不断完善成熟，已实现初步的规模化应用，纯电动汽车的行业体量正在进一步扩大，尤其在乘用车方面的渗透率在逐年提升。纯电动汽车的技术核心是动力蓄电池系统，当前，蓄电池以锂离子动力电池的研发和应用为主。随着动力电池技术在材料体系方面的不断创新，未来低温充电、快充性能表现突出的钠离子动力电池和锰酸锂、锰酸铁锂等锰基固态电池将进入新一代动力电池技术的研发布局之列。

图 16-1　纯电动汽车

（1）锂离子动力电池技术

新能源汽车的动力电池目前以锂离子动力电池的技术路线为主。锂离子动力电池可重复充放电，主要依靠锂离子在正极和负极之间移动来工作，充电时锂离子从正极脱出，通过电解液向负极迁移，在负极与外部电子结合并嵌插存储于负极，以实现储能，放电过程则相反。锂离子动力电池主要由正极材料、负极材料、隔膜、电解液和电池外壳等材料组成，其中正极材料主要决定了电池的能量密度、功率密度及安全性，进而影响电池的综合性能，且正极材料在锂电池材料成本中占比最大，约占动力电池系统成本的45%。按正极材料的不同，主流应用的锂离子电池有磷酸铁锂电池、三元锂电池两种（表16-1）。负极主要分碳材料和非碳材料两类，石墨是当前最主流的碳材料负极；非碳材料包含硅基、钛基、锡基、氮化合物和金属锂，但至今仍处研发或较小规模生产制造阶段，尚未完成商业化。

表16-1 主流锂离子动力电池正极材料性能对比

类别	磷酸铁锂电池	三元锂电池
比容量/（mA·h/g）	150~210	200~350
循环性能/次	4000~6000	2000~3000
安全性	好	较好
优点	安全性高 循环寿命长 成本低	能量密度高 倍率性能好
缺点	能量密度低 低温性能差	安全性低 循环寿命短 成本高
应用领域	适用于新能源纯电动客车和储能	适用于新能源纯电动乘用车、各类数码产品

（2）钠离子动力电池技术

钠离子动力电池与锂离子动力电池的结构组成和工作原理均相似，主要由正极材料、负极材料、电解液、隔膜等关键部件组成，充电时钠离子从正极材料中脱出，经过电解液嵌入负极材料，与此同时电子则从正极经由外电路运动到负极，放电过程则与充电过程相反（图16-2）。钠离子电池的正极材料种类有过渡金属氧化物、普鲁士蓝类化合物、聚阴离子化合物等，是决定电池能量密度、循环寿命等性能的关键组件，负极材料可以使用硬碳、软碳、纳米纤维、石墨烯或碳纳米管，目前硬碳是最适合的负极，影响着电池首次库仑效率、倍率性能、循环次数等特性。相比锂离子电池，钠离子电池所需的钠资源材料储量丰富，不受资源和地域的限制且成本低廉，具备一定的低温适应性、充电速度快、安全性高等优点，特别适合高寒地区高功率的应用场景；但钠离子电池理论质量能量密度（70～200W·h/kg）要低于锂离子电池，且在材料结构稳定性和动力学性能方面要求更严苛，有待技术的持续更新和迭代，提升电池的能量密度及寿命等性能。

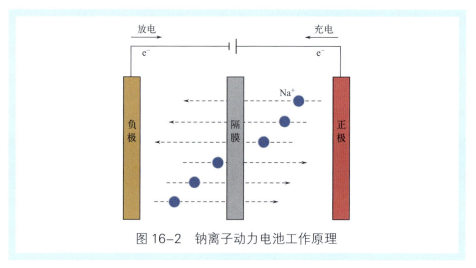

图16-2　钠离子动力电池工作原理

（3）锂硫电池技术

锂硫电池是以硫材料为电池正极，以锂金属为电池负极的一种新型高性能电池。锂硫电池具有较高的理论比容量（1675mA·h/g）和质量能量密度（2600W·h/kg），正极的硫元素成本低廉易得，是应用于电动汽车的理想电池之一。锂硫电池在放电过程中，负极的锂金属氧化形成锂离子和电子，锂离子在电解质中迁移到硫正极，同时电子通过外部电路从负极向正极移动，正极的硫活性物质与锂离子及电子还原生成硫化锂（图16-3）。充电过程中硫化锂电解出锂离子，重新迁移回到负极，沉淀为金属锂或嵌入负极材料中。锂硫电池由正极材料、负极材料、电解质、隔膜等关键材料组成，其中正极材料主要有硫/碳复合材料、硫/金属复合材料、硫/导电聚合物等种类,其中硫/碳复合材料是当前研究的热点。负极材料主要是金属锂或储锂材料。电解质主要有液态电解质和固态电解质两种,固态电解质又可分为凝胶聚合物电解质、固态聚合物电解质、陶瓷电解质、复合固态电解质等。鉴于固态电解质具有稳定性好、安全性高等优势,受到广泛关注成为重点研发方向。当前全球多家企业均在重点开发固态锂硫电池,但仍处于实验室研发阶段,距产业化还有待时日。未来锂硫电池的研发重点主要是开发先进的正极材料,进一步提升正极材料的导电率和电池的倍率性能,降低容量的不可逆损失,提高电池的循环寿命;研发高离子传导能力、稳定化学性能、较好电子绝缘性的固态电解质材料。

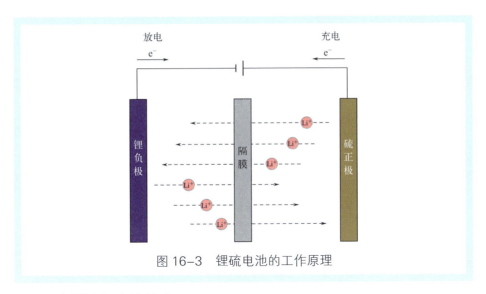

图 16-3　锂硫电池的工作原理

（4）固态锂电池技术

固态锂电池是采用固态电解质取代液态有机电解液的一种新型电池技术,其整体结构与液态锂离子电池相似,与锂离子液体电池相比,固态锂电池具有更高的质量能量密度（400～500W·h/kg）、热稳定性、循环寿命及安全性,符合动力电池未来大容量发展的方向,是电动汽车的理想电池。固态锂电池按液体电解质的质量分数可分为：半固态（<10%）、准固态（<5%）、全固态三种类型。固态锂电池已得到欧

洲、美国、日本等地的高度重视，日本丰田公司已推出体积能量密度为400W·h/L的全固态锂离子电池，目前国内产业化进程较快的基本为半固态电池，全固态电池的产业化尚需时日。固态锂电池的正极材料和液态锂电池区别不大，按固态电解质的不同分为三个体系：聚合物、氧化物（薄膜或非薄膜）和硫化物。其中，聚合物体系的固态锂电池最早实现小规模量产；硫化物体系相对于氧化物体系的离子电导率高，在理论上是生产固态锂电池的最佳材料；氧化物体系具有较好的热稳定性、高电导率和宽电位窗等优点，各方面性能较为均衡，是近年来发展最快的固态电解质类型。固态锂电池的广泛运用存在难题，主要包括室温条件下固态电解质的离子电导率不高、固态电解质与正负极之间界面阻抗比较大、全固态电解质成本较高等问题。未来需重点通过对磷酸锰铁锂与高镍三元以及富锂锰基等新型正极材料、金属锂负极材料、固态电解质材料的创新迭代，提升固态锂电池的离子电导率，降低界面阻抗和材料成本，提升电池的综合性能。三大固态电解质体系及特点如表16-2所示。

表16-2　三大固态电解质体系及特点

类别	聚合物固态电解质	氧化物固态电解质	硫化物固态电解质
主要研究体系	聚环氧乙烷（PEO）固态聚合物体系 聚碳酸酯体系 聚烷氧基系统 聚合物锂单离子导体基体系	非薄膜：钙钛矿型、石榴石型、钠超离子导体型、锂超离子导体型 薄膜：锂磷氧氮型	锂超离子导体型、Li-Ge-P-S型等
研究方向	将PEO与其他材料共混共聚或交联，形成有机-无机杂化体系，提升性能	提升电导率：替换元素或掺杂同种异价元素	提高电解质稳定性 降低生产成本 元素掺杂发挥各元素协同作用
离子电导率	室温：$10^{-7}\sim10^{-5}$S/cm；$65\sim78℃$：10^{-4}S/cm	$10^{-6}\sim10^{-3}$S/cm	$10^{-4}\sim10^{-2}$S/cm
优点	灵活性好 易大规模制备薄膜 剪切模量低 不与锂金属反应	化学、电化学稳定性高 力学性能好 电化学氧化电位高	电导率高 力学性能好 晶界阻抗低
缺点	氧化电位低（<4V）	界面接触差	水汽敏感

16.1.1.2 插电式混合动力汽车技术

插电式混合动力车（plug-in hybrid electric vehicle，PHEV）是采用电能作为主要驱动方式，燃油作为辅助发电和驱动能源的一种新型混合动力车辆，也是汽车行业实现全面电气化转型的有效过渡产品，主要应用于乘用车方面。PHEV 的动力电池可通过车辆内燃机驱动的发电机充电，也可利用插入外部电源的方式为动力电池充电。PHEV 是介于纯电动汽车与传统燃油车两者之间的一种车辆，与纯电动汽车相比，PHEV 的电池容量较小，综合生产成本和购买成本更低。由于搭载内燃机，可依靠内燃机发电提供电能或直接介入驱动系统，续航能力强，基本没有里程焦虑问题。与传统燃油汽车相比，PHEV 的电机发动机能在高效率的工作区间持续运行，具有更优的燃油经济性，温室气体排放量相对更低。当前，PHEV 技术已经实现规模化商用，在国内的销量维持高速增长态势。PHEV 根据燃油发动机和电驱动系统的动力结构与工作原理不同主要分为三种技术路线——串联式（增程式）、并联式、混联式，三种技术路线各有利弊，并联式和混联式的驱动更具有发展前景（表 16-3）。未来的研发重点将集中在提升燃油发动机的热效率、优化发动机运行区域、降低污染物排放等方面，研究结构紧凑、传动效率更高的新型机电耦合机构，开发高效、高比功率的电机，提升驱动系统效率及可靠性，降低动力系统成本。

表16-3 插电式混合动力汽车技术路线对比

构型	并联	串联	混联	
	P2	增程式	串并联（P1+P3）	功率分流（PS）
特点	➢ 单电机 ➢ 发动机与电机均可驱动 ➢ 发动机转速随轮速线性变化 ➢ 变速机构6～9挡	➢ 双电机：发电机+驱动电机 ➢ 发电机发电，电机驱动 ➢ 发动机不直接驱动车辆，发动机转速不随轮速变化 ➢ 驱动电机通常单挡减速	➢ 双电机 ➢ 发动机与电机均可驱动 ➢ 发动机转速可实现不随轮速变化和随轮速变化 ➢ 发动机和电机可有多个挡位，典型产品是1～3挡	➢ 双电机 ➢ 速比可调，通过形星排实现电驱/混合驱动 ➢ 发动机转速可实现不随轮速变化和随轮速线性变化 ➢ 无级变速

续表

构型	并联	串联	混联	
	P2	增程式	串并联（P1+P3）	功率分流（PS）
优势	➢ 发动机和电机都可多挡调速、动力性好 ➢ 发动机可随时介入直驱车辆，保证高低温场景下动力需求适应性好 ➢ 高速发动机随时直驱，能量传递直接，油耗低、驾乘感强	➢ 驱动电机减速结构简单、传动效率高 ➢ 发动机转速不随轮速变化，仅在高效区发电运行 ➢ 单挡机构、平顺性好 ➢ 增程器与驱动电机通过高压线连接，布置灵活	➢ 驱动机减速结构简单、传动效率高 ➢ 发动机转速不随轮速变化，保持高效区运行 ➢ 单挡变速机构，平顺性好 ➢ 低速时纯电动驾乘感好 ➢ 多挡变速时，燃油经济性好，但增加结构复杂度 ➢ 多挡位动力性和经济性均优于单挡位系统	➢ 发动机转速与轮速解耦，可不随轮速变化，保持高效区间运行 ➢ 电机无级变速，平顺性和舒适性好 ➢ 双模功率分流动力性和经济性都优于单模功率分流
劣势	➢ 变速机构负责、控制难度大 ➢ 挡位多，平顺性不易控制 ➢ 轴向尺寸难以控制，紧凑型设计难度大 ➢ 发电和电驱动不能同时进行	➢ 发动机无法参与直驱，动力形式受限；高速行驶能量流动路径长，高速油耗高 ➢ B级以上乘用车油耗高 ➢ 亏电状态下，动力性较差 ➢ 高速NVH难控制	➢ 发动机达到一定车速才能并入驱动，动力性受限 ➢ 高速工况，发动机需达一定功率，才能并联；如串联，则能量流动路径长，高速油耗高 ➢ 多挡串并联增加系统复杂性，平顺性和NVH难控制	➢ 减速机构复杂，控制难度大 ➢ 发动机、电机转速高、NVH差 ➢ 动力性相对弱，不适合B级以上乘用车

注：NVH为噪声、振动与声振粗糙度。

16.1.1.3 氢燃料电池汽车技术

氢燃料电池汽车以氢作为动力能源，在氢燃料电池系统中利用氢气与氧气发生化学反应，将化学能转化成电能作为汽车的动力，反应过程的产物只有水，对环境友好，可实现汽车行驶过程中的零污染、零排放，是新能源汽车发展的重要方向。氢燃料电池汽车具有能量转换效率高（50%～60%）、续驶里程长（500～1000km）、加注时间短（＜5分钟）等特点，更适用于长距离、重型运输的场景。氢燃料电池汽车已从技术研发阶段走向商业化的里程，中国正在布局开展氢燃料电池公交客车（图16-4）及重型卡车的示范应用。氢燃料电池汽车的核心技术是燃料电池堆与关键材料、燃料电池系统、车载储氢、加氢站等关键技术。燃料电池堆与关键材料是氢燃料电池车的核心部件，研发向高性能、低成本、长寿命方向发展。

图16-4 应用中国科学院大连化学物理研究所氢燃料电池的燃料电池客车

（1）氢燃料电池系统技术

氢燃料电池系统是氢燃料电池汽车的核心部件，将氢气和氧气的化学能不经过燃烧直接转换成电能作为汽车的动力，是新能源汽车动力系统电动化转型升级的重要方向。主要由氢燃料电池电堆和系统部件（空压机、增湿器、氢循环泵、氢瓶）组成，电堆是氢燃料电池系统的核心，包括膜电极、双极板、集流板、端板、密封件等。氢燃料电池系统仍处于技术推广的初级阶段，电池的性能已基本满足车辆使用的需求，但仍需进一步提升燃料电池系统的性能、降低成本、延长使用寿命。重点提升燃料电池的功率密度，改进催化剂、膜、双极板等关键材料的性能，研制高活性、高稳定性、低铂、低成本的催化剂，建立新型催化剂体系，开发高性能、长寿命的质子交换膜技术，解决燃料电池电堆与辅助系统的匹配与高效集成优化等问题。氢燃料电池工作原理如图16-5所示。

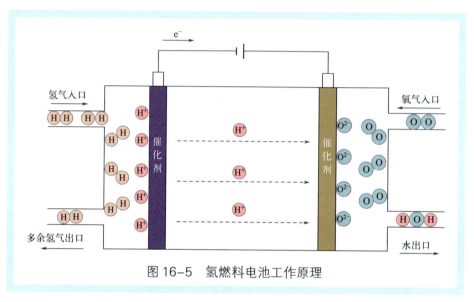

图16-5 氢燃料电池工作原理

（2）车载储氢技术

车载储氢系统是氢燃料电池汽车的能量存储单元，主要功能是实现氢气的加注和储存，并为燃料电池系统提供稳定压力和流量的氢源。车载储氢系统主要由储氢瓶、集成瓶阀、加注口、单向阀、过滤器、减压阀、高压与低压压力传感器、氢气管路等零部件组成。车载储氢技术主要包括高压气态储氢、低温液态储氢、高压低温液态储氢、金属氢化物储氢等方式。目前高压气态储氢应用最为成熟，主要分为纯钢制金属瓶（Ⅰ型）、钢制内胆纤维缠绕瓶（Ⅱ型）、铝内胆纤维缠绕瓶（Ⅲ型）及塑料内胆纤维缠绕瓶（Ⅳ型）。Ⅰ型、Ⅱ型储气瓶由于质量储氢密度低、氢脆问题严重，难以满足车载质量储氢密度要求；Ⅲ型、Ⅳ型瓶内胆由碳纤维强化树脂层组成，减少了气瓶质量，提高了单位质量储氢密度，得到了广泛应用。我国已实现35MPa碳纤维缠绕Ⅲ型储氢瓶的产业化，由于国内高强度碳纤维工艺不成熟，70MPa的碳纤维缠绕Ⅳ型储氢瓶大规模商用化尚需时日。车载储氢瓶技术的关键在于提高氢气能量密度，提升氢能储运效率，降低成本，重点开发专用材料，对其与高压氢气的相容性进行系统研究，解决高压车载储氢材料方面的难题。不同材质储氢瓶性能对比如表16-4所示。

表16-4 不同材质储氢瓶性能对比

型号	Ⅰ	Ⅱ	Ⅲ	Ⅳ
材料	全金属钢材	钢质内胆+纤维缠绕	铝内胆+纤维缠绕	塑料内胆+纤维缠绕
容重比/（kg/L）	0.90～1.30	0.60～0.95	0.35～1.00	0.30～0.80
工艺压力/MPa	17.5～20.0	26.3～30.0	30.0～70.0	70.0
使用寿命/a	15	15	15/20	15/20
储氢密度/（g/L）	14.28～17.23	14.28～17.23	40.40	48.80
成本	低	中等	最高	高
应用场景及现况	加氢站等固定式储氢应用	加氢站等固定式储氢应用	车载，我国当前发展的重点，已有30MPa和70MPa成熟产品	车载，处于研发阶段，存在工艺落后、碳纤维和树脂性能差、标准缺失等问题

16.1.1.4 天然气汽车技术

天然气汽车是一种清洁能源汽车，以天然气为燃料提供动力替代传统的汽柴油消费，可以间接缓解我国石油的对外依存度。天然气属于清洁能源，天然气汽车相较于传统燃油汽车可有效减少二氧化碳（减少约34%）、一氧化碳、二氧化硫等污染物排放，具有良好的环保性和经济性。天然气汽车技术主要分为液化天然气（LNG）汽车和压缩天然气（CNG）汽车，LNG汽车行驶里程长，适合长途运输的场景，主要应用在大货车和城市公交车方面；CNG汽车的设备相对简单，购买成本低，主要应用于家用车和城市出租车方面。天然气汽车技术已经发展得非常成熟，当前我国的天然气汽车已实现商业化的推广，并成为世界第一的天然气汽车大国。近年来，由于电动汽车的爆发式增长，使用 CNG 的乘用车逐渐走向衰落，而以使用 LNG 的重卡为代表的商用车在逐步发展壮大，预计"十四五"期间，LNG 重卡保有量将达到 100 万～120 万辆。未来在 LNG 商用车技术方面，重点研制新型的减压阀、开发高精度燃料计量及轻量化燃料储存装置，实现专用化发展；优化整车结构布置设计、提高燃气系统的静态和动态强度及加气口强度等，提升燃气系统的可靠性和安全性。

16.1.1.5　甲醇汽车技术

甲醇汽车是以甲醇为燃料，部分或全部替代汽柴油燃料的清洁能源汽车。甲醇作为低碳含氧燃料，具有燃烧高效、排放清洁等优点，同时随着利用可再生能源耦合二氧化碳制绿色甲醇的生产技术日趋成熟，甲醇已成为绿色的碳中性能源。甲醇汽车使用绿色甲醇不会额外增加二氧化碳的排放，与传统燃油车相比，甲醇汽车更加清洁高效；和纯电动汽车相比，甲醇汽车补能简单，续航能力更强；和氢燃料汽车相比，甲醇更方便储存和运输，具有明显的成本优势。甲醇汽车相关技术已较为成熟，目前，国内的甲醇汽车处于市场导入期，甲醇汽车市场保有量约 3 万台，甲醇燃料和甲醇汽车相关的主要标准规范已初步建立，国家已发布了《车用燃料甲醇》等甲醇汽油国家标准，2019 年工信部等八部门联合印发的《关于在部分地区开展甲醇汽车应用的指导意见》提出加快甲醇汽车应用，2021 年工信部在《"十四五"工业绿色发展规划》中首次将甲醇汽车纳入绿色产品，绿色甲醇也被列入绿色低碳技术推广应用工程。甲醇汽车存在甲醇燃料的毒性、腐蚀性、动力性不足、蒸发潜热大等问题，随着技术的发展已逐步得到优化和解决。绿色甲醇是甲醇汽车实现低碳化的重要环节，绿色甲醇的生产有待各项生产技术的规模化应用并持续降低其生产成本。

16.1.1.6 动力电池的梯次利用和再生利用技术

动力电池的梯次利用和再生利用技术是将退役的动力电池进行回收筛选后，二次利用于储能等领域，二次利用后的电池经过拆解、化学提取等方式回收电池中的各种金属等材料，达到材料再造的目的（图16-6）。动力电池的回收主要分为梯次利用和回收再生利用两个过程，若动力电池组容量衰减至80%以下，无法在新能源汽车继续使用需作退役处理，但电池本身仍有利用价值，经过检验检测、拆分、电池修复或重组为梯次产品，可应用于低功率车、家用储能、通信基站等场景。动力电池性能下降至20%以下时，进行报废处理，经过湿法、物理法等回收技术提炼电池中的金属元素。目前我国动力电池回收利用整体上处于示范性应用阶段，随着电动汽车退役的动力电池数量大幅增加，急需发展退役动力电池的回收利用技术。当前梯次利用和再生利用的配套技术和工艺尚不成熟，拆解设备自动化水平较低，电池一致性不足，致使梯次利用技术要求和经济成本较高；再生利用阶段，物理法回收效率低，易造成环境污染，主流的湿法回收工艺流程复杂、能耗及成本较高。未来重点研发动力电池单体、模组、电池包的智能化、精细化拆解技术，降低拆解成本及损耗；突破废旧动力电池残值状态评估、分选重组等技术瓶颈，加快有价金属提取率和电极材料回收等再生技术的研发推广。

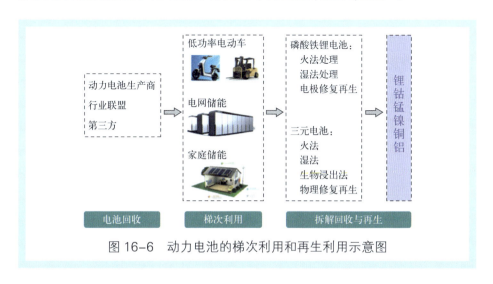

图16-6　动力电池的梯次利用和再生利用示意图

16.1.2 铁路交通低碳运输工具技术

16.1.2.1 高效牵引变流及电控系统技术

高效牵引变流及电控系统采用交流电机系统牵引，是电力列车和高速动车组动力的核心系统。与牵引直流传动制式相比，牵引交流传动制式的高速动车组具有起动牵引力大、恒功率范围宽、黏着系数高、电机维护简单、功率因数高、等效干扰电流小等诸多优点，已成为电气化铁路发展的主流。交流电机分为同步电机和异步电机，当前广泛应用的是三相交流异步电机，与同步电机相比具有转速高、牵引力强、黏着性好、构造简单等优势，成为首选电动机种类。交流传动的控制系统多采用交-直-交的方式进行电流的传输和控制，主要通过网侧变流器控制和电机侧逆变器控制来实现。网侧变流器控制是通过网侧变流控制器将交流电变为直流电，电机侧逆变器控制是通过电机侧逆变器将直流电转化为交流电。交流传动的控制系统还包括交流异步电机的控制技术，异步电机可通过调整电压和电频生成动车组系统中的三相交流电，并可将交流电传动系统转化为直流电传动系统，更易操作控制，可扩大交流电系统的使用范围。未来重点进一步提高交流电动机的性能和技术水准，加快研发效率更高的交流电机和智能化控制系统，提升机车牵引系统的能量利用效率。

16.1.2.2 磁悬浮列车技术

磁悬浮列车（图 16-7）是以电磁引力或斥力支撑的浮动机车，由无接触的磁力支承、磁力导向和线性驱动系统组成的新型交通工具，通过电磁力实现列车与轨道之间的无接触悬浮和导向，行进时不需接触轮轨，可实现 10%～30% 的节能，不存在轮轨摩擦产生的轮对磨损，减少了维护工作量和经营成本。主要分为常导磁悬浮、低温超导磁悬浮、高温超导磁悬浮、真空管道磁悬浮四种类型。常导磁悬浮和低温超导磁悬浮技术发展较为成熟，代表性的国家有德国和日本，我国主要研发常导磁悬浮和高温超导磁悬浮,已建立并运营了中低速的常导电磁悬浮商业线路。未来常导磁悬浮和低温超导磁悬浮研发重点主要是提升牵引电机效率和安全性、开发新型超导材料、降低成本等,而高温超导磁悬浮和真空管道磁悬浮目前均处于研发和测试阶段,尚未实现商业运营,需深入研究超导块材组合在永磁轨道上的动态特性及真空管道设计制造等方面。

图 16-7　磁悬浮列车

16.1.2.3　氢燃料电池列车技术

氢燃料电池列车(图 16-8)以氢燃料电池作为主要动力源,提供主要功率输出,同时辅以动力电池或超级电容作为辅助动力源及储能装置。氢燃料电池列车的能量转换效率是传统内燃机组的 1.7 倍,作为一种高性能、无污染物排放的车辆,续航能力更长,且不用借助架空线供电等基础设施,在相对密闭的地铁、隧道、矿山等环境下使用优势更加明显,维护成本也更低。由于列车拥有充裕的空间,对氢燃料电池和储氢系统的体积要求较低,更容易推广使用。当前,我国氢燃料电池列车技术处于起步阶段,已实现了多台样机的测试与示范。氢燃料电池列车技术核心系统包括燃料电池、燃料电池与蓄电池集成系统、能量管理系统等。未来重点开发大功率、低成本、长寿命的列车燃料电池系统,提升燃料电池和蓄电池的集成效率,优化储氢材料,降低储氢系统质量。

图 16-8　阿尔斯通 Coradia iLint 氢燃料电池列车

16.1.2.4　电池电动列车技术

　　电池电动列车完全依靠电池提供动力驱动列车运行，能够在电气化或非电气化铁道行驶。电池系统安装在传统的机车车身中，替代传统的内燃机组，并可回收利用列车制动的动能为电池系统充电。采用电池供电的火车不需要建设电力架空线等基础设施，更加实用经济。目前该技术处于小型示范运行阶段，纯电池电动列车的时速可达 160 公里，主要采用重型的高压锂离子电池组，但由于受电池能量密度的限制，当前的运行里程只有百公里左右，运输能力也比较有限，该技术目前更适用于短途的郊区和城际线路。未来重点在电池系统和运行效率等方面进行研究突破，随着电池功率和能量的进一步提升，其运行里程和运输能力将进一步提高。

16.1.2.5　混合动力（内燃机 – 电力）列车技术

　　内燃机 - 电力混合动力列车（图 16-9）主要采用大容量锂离子电池取代一半的柴油发动机，列车拥有三种不同的能源——来自接触网的电力、发动机的热能、储存在电池中的能量，根据实际需要可进行灵活利用。当接触网可用时，由电线输送的电力来驱动行驶，并提取电力存储在电池中，在无电力接触网时，利用柴油发电方式和电池来行驶。列车制动时存储回收制动能量为电池充电，同时可以降低噪声，电池还可以通过燃油发动机进行充电，最大限度地利用可用能量，相比传统的内燃机列车，内燃机-电力混合动力列车的二氧化碳排放量将比现有车辆减少五成以上。车辆能量管理系统的功率分配控制是技术的核心，可通过采用基于优化能耗与电池寿命损耗的庞特里亚金极小值原理（Pontryagin minimum principle，PMP）策略等，寻找更优的功率分配方式，降低能耗成本和延长电池寿命。

图 16-9　德国的内燃机与电力混合动力列车

16.1.3　水运交通低碳运输工具技术

16.1.3.1　液化天然气动力船舶技术

液化天然气（LNG）动力船舶（图 16-10）利用清洁能源 LNG 作为燃料驱动主机运转使船舶前进，与燃油船舶相比，LNG 使用方便、污染排放少，可大幅降低船舶排放的硫化物、氮氧化物和温室气体，具有良好的经济效益和环保效益。船用 LNG 主要有单一 LNG 燃料发动机和使用柴油/LNG 双燃料的发动机两种形式。单一 LNG 燃料发动机可降低 20%～25% 的二氧化碳，提高燃烧效率 30% 左右。随着航运减排降碳的深入，研发低排放的 LNG 动力船正在成为全球造船业努力的方向，我国从 2010 年开始试点研究船舶使用液化天然气，至 2021 年，新建和改建 LNG 动力船约 300 艘。单一 LNG 燃料发动机目前存在无法避免天然气逃逸和动态特性较差的缺陷，需重点开发高性能、低成本的发动机系统；双燃料的发动机需优化油-气掺烧策略，提升燃烧效率，最大程度发挥天然气的减排优势。

图 16-10 液化天然气动力船舶（韩国现代重工业船舶）

16.1.3.2 纯电动船舶技术

纯电动船舶（图 16-11）以动力电池系统为能量来源驱动船舶行驶。纯电力推进和常规柴油机机组推进相比，能耗低、噪声小，行驶过程中无大气污染物排放，避免了燃油对水域污染的可能性，具有良好的节能减排效果；而且空间利用率高，能够优化船舶空间布局，提高了船舶电气化程度和操作性能，可进一步推进船舶的智能化发展。纯电动船舶技术已受到广泛关注，世界各国已着手加快电动船舶的研究进程。在我国，磷酸铁锂电池已经通过了中国船级社的认证，可作为船舶的动力用蓄电池，率先进入了船用动力电池市场。当前纯电动船舶的动力电池受能量密度限制，续航能力略显不足，比较适用于里程偏短的航线，充电技术和设施也较为落后。未来重点提升动力电池的能量密度和循环寿命，开发更为高效的固态锂电池、金属空气电池等新型船用蓄电池，同时加大充电设施的投入，解决充电及续航问题。

图 16-11 纯电动船舶（"长江三峡 1"号）

16.1.3.3 氢燃料电池动力船舶技术

氢燃料电池动力船舶（图 16-12）技术是指以氢燃料电池系统作为船舶推进动力的技术。氢燃料电池系统将氢气与氧气的化学能转换成电能，生成物为水，具有高效、无污染、设备运行噪声小等特点，是航运业未来

图 16-12 应用中国科学院大连化学物理研究所氢燃料电池电堆的燃料电池游艇"蠡湖"号

绿色转型的重点方向。氢燃料电池动力船舶技术在世界范围内整体处于前期探索阶段，世界各国正在积极开展氢燃料电池船舶的示范项目，现阶段，氢燃料电池可作为小型船舶的主动力，也可作为大型船舶的辅助动力。氢燃料电池动力船舶的技术核心主要集中在船用氢燃料电池技术、船用氢气存储及加注技术等方面；船舶对燃料电池的功率需求、储氢条件、安全等要求不同于汽车，有续航里程长、氢气耗量大、环境因素复杂、安全要求高等特点，需要重点研发高功率、长寿命、低成本的氢燃料电池技术，以及高安全、高储氢密度的储氢技术，并建立氢燃料的加注基础设施系统。

16.1.3.4　氨动力船舶技术

氨动力船舶技术是指以氨作为推进能源，通过氨燃烧发电或氨燃料电池的形式为船舶提供动力的技术。氨便于储存、运输，且产量丰富，作为氮氢化合物燃烧时不会产生二氧化碳，同时可有效降低硫化物的排放，实现真正意义上的"零"排放。氨动力船舶的动力系统可以分为氨燃料发动机和氨燃料电池动力系统两种形式。氨燃料发动机以氨为直接燃料在发动机中燃烧产生热能进行动力驱动。氨燃料电池技术分为直接燃料电池和间接燃料电池。直接燃料电池中，氨被直接输送到燃料电池的阳极，并在催化剂作用下氧化生成氮气和水，并释放出电子，产生电能；间接燃料电池中，氨首先经过重整装置分解为氮气和氢气，生成的氢气经氢燃料电池系统发电提供动力。

世界多个国家均已着手氨动力船舶技术的研发设计，以氨为动力的示范船舶即将问世。未来氨燃烧发动机重点开展尾气处理装置、尾气检测方法、后处理系统等领域的研究；氨燃料电池重点研发氨直接高效转化为氢气的新技术、新催化剂，以及高效、低能耗、安全利用的氨直接燃料电池系统技术，同时开展突破绿氨合成技术及氨储存技术等。氨燃料电池船舶如图16-13所示。

图 16-13 氢燃料电池船舶(挪威 Eidesvik 公司改装测试中的 Viking Energy 号)

16.1.3.5 甲醇动力船舶技术

甲醇动力船舶是以甲醇为驱动燃料的新型船舶。甲醇是含氧燃料更易充分燃烧,且不含硫组分,可有效降低污染物排放,相比于柴油机船舶,甲醇动力船舶可以降低30%～50%氮氧化物排放,减少90%～97%硫氧化物和15%二氧化碳的排放。伴随着绿色甲醇生产技术的成熟和推广,甲醇将成为航运业绿色转型的理想燃料之一。甲醇便于储存和运输,甲醇加注只需在现有的岸上燃料加注基础设施上做改造即可,不需要建设专用的加注码头,所需投资较少。甲醇动力船舶的发动机主要有两种:一是双燃料发动机,可单独使用甲醇为燃料或单独使用燃油的发动机;二是单一燃料发动机,只能使用甲醇为燃料。甲醇动力船舶技术已经日趋成熟,进入市场推广的初期,世界范围内对甲醇动力船舶的关注度越来越高,在新增的甲醇动力船舶中多以双燃料发动机为主。芬兰的瓦锡兰和德国的曼恩(MAN)两家公司在甲醇动力船舶的内燃机研发方面处于世界领先位置,我国甲醇动力船舶处于起步阶段,但发展比较快速，已取得了一定的成果，2022年中国船舶集团旗下的广船国际公司自主研发建造的甲醇双燃料船舶已顺利交付。甲醇动力船舶技术核心在于船舶专用的甲醇发动机系统，未来实现甲醇动力船舶规模化推广应用的关键是研发环保、高效、可靠的甲醇发动机，持续提升甲醇发动机的性能和燃烧效率。

16.1.3.6　港口岸电技术

港口岸电技术是指船舶在港口停泊期间，停止使用船舶上的辅机发电，通过电缆接通岸基电源，替代船载柴油发电机组，为船舶提供港口作业、生活用电的一种模式，能够实现船舶港口停泊期间的"零油耗、零排放、零噪声"。船舶在改用岸基电源供电后，可大幅降低船舶在港口的有害气体排放和噪声影响。港口岸电技术主要由港口供电系统以及船舶变电系统组成，港口供电系统使用高压接线箱与船舶进行连接，供电系统的电源通过变压、变频后输出，并经过船载变电站进行变压处理，实现船舶的有效供电。

16.1.4　航空交通低碳运输工具技术

16.1.4.1　生物航空煤油技术

生物航空煤油是指从废弃油脂、农林废弃物、藻类等生物质原料中提炼的可供飞机使用的新型清洁燃料，生物航空煤油与石油基航煤的组分基本一致，不需要对飞机现有的燃油动力系统进行改造。生物航煤的部分原材料在生长过程中吸收空气中的二氧化碳，除航煤生产过程中的能耗外，不会额外增加二氧化碳的排放量，生物航煤的全生命周期温室气体减排幅度为67%～94%，是航空领域最现实可行的燃料替代方案和温室气体减排途径。近年来，生物航煤技术得到了快速发展，我国已成为世界上少数掌握该技术自主研发生产的国家之一，2017年国内完成首次使用生物航煤跨洋载客飞行。生物航煤的主要生产工艺包括加氢法、费-托合成、生物质热裂解、催化裂解等，其中加氢法和费-托合成法生物航煤制备技术发展迅速。未来重点研发新型的加氢脱氧催化剂、选择性加氢裂化/异构化催化剂等，优化生物航空煤油的性能，提升产品收率。生物航煤的价格是普通航油的2～3倍，主要原因是原料成本高昂，占总成本的85%，未来重点探索建立稳定的原料供应体系，实现原料的持续低成本供应。

16.1.4.2　电动飞机技术

电动飞机（图16-14）是以电能作为推进系统代替内燃机动力，通过储能装置（蓄电池、燃料电池等）为电动机供电，驱动螺旋桨、涵道风扇或其他装置产生飞行动力的飞机。与传统燃料飞机相比，电动飞机在飞行过程中不产生二氧化碳排放，具有节能环保、能耗低、效率高等优势。电动飞机已成为世界航空界的研究热点之一，全球有数百项在研的电动飞机项目。电动飞机的核心技术系统是电池储能系统，美国航空航天局（NASA）的研究表明，400W·h/kg的电池能量密度足以支持电动和混合电动飞机。高能量密度的储能系统（如蓄电池）能够直接作为

图16-14　美国NASA的X-57高升力螺旋桨电动飞机

小型电动飞机的主电源，对于推进功率达到数十兆瓦的大型电推进飞机，储能系统受制于容量或放电功率，难以直接作为主电源使用，更多作为有源补偿环节，调节飞机电网电能质量。电池的寿命、能量密度、功率密度是制约电动飞机发展的关键因素，未来重点研发高能量密度锂电池、高功率密度燃料电池、高效率太阳能电池、结构功能一体化储能材料等，同时开展高效率、轻质量的电推进系统和轻质高效复合机身材料等技术开发，降低电动飞机能耗。

16.1.4.3 氢动力飞机技术

氢动力飞机是指以氢作为能源动力的飞机，主要分为两种形式：一是氢气可作为燃料直接燃烧为发动机提供动力，二是氢气用于燃料电池提供动力。氢的单位质量能量是传统航空煤油燃料的 3 倍，能源利用更高效，且具有清洁环保的优势，能大幅减少温室气体排放，是实现航空业绿色转型的关键技术。伴随氢气生产成本的不断下降，氢动力飞机备受航空行业的关注，美国、德国等发达国家已开展了氢动力飞机技术的原型机试飞。2017 年以中国科学院大连化学物理研究所研制的燃料电池系统为动力电源的国内首架有人驾驶燃料电池试验机试飞成功，标志着我国航空用燃料电池技术取得突破性进展（图 16-15）。

图 16-15　应用中国科学院大连化学物理研究所燃料电池系统的国内首架有人驾驶燃料电池飞机

目前，氢直接燃烧（涡轮）动力和氢燃料电池是氢动力飞机推进系统的两个主要方向。氢直接燃烧（涡轮）动力技术需重点提高氢燃料发动机的效率，对燃烧室、燃料喷射与混合装置、热循环和管理系统进行创新设计，以满足氢燃料的使用要求；氢燃料电池动力技术需重点提升电池功率密度、扩大系统输出功率、延长使用寿命（超过25000h），满足中、大型客机动力需求。同时研发飞机氢燃料液态储存技术，并开展氢储罐与机体结构的融合设计，完善氢燃料配套基础设施。

16.1.4.4　混合动力飞机技术

混合动力飞机使用两种动力源组成的混合动力推进系统，主要有传统的航空燃油发动机和锂电池组成的"油-电混合"以及氢燃料电池和锂电池组成的"电-电混合"。混合双电源系统具有较好的设计灵活性和较高的冗余度，并可互为备份，安全性更好，同时可以有效降低温室气体排放和噪声污染。"油-电混合"动力飞机在起飞阶段锂电池可承担部分功率负荷，降低燃油用量，在平稳飞行时可只使用燃油发动机提供飞行动力，同时为锂电池充电，降落阶段所需功率较小，一般使用锂电池即可。"电-电混合"动力飞机中，氢燃料电池放电响应较慢，不能快速达到起飞功率，需要锂电池的辅助，巡航阶段只开启氢燃料电池，降落阶段可单独使用氢燃料电池或锂电池。由于当前电池技术发展的限制，混合动力飞机还处在研发阶段，尚未实现商业化的应用。"油-电混合"动力是现阶段的一种过渡型方案，"电-电混合"动力飞机在绿色低碳发展方面的前景更好，但高效的动力系统是目前研发的难点。由于锂电池的能量密度偏低，大量使用锂电池会使飞机超重，氢燃料电池面临储氢比较困难的问题，液化氢气需要保持在零下250℃，目前在飞机上实现还存在难度。未来重点研发航空专用的高能量密度、高功率、长寿命的氢燃料电池和锂电池技术，提升电推进系统的性能及可靠性；研发灵活、高效的混合动力系统，提高系统耦合的能源利用效率。

16.2 运输装备能效提升技术

16.2.1 智能化技术

16.2.1.1 智慧交通系统技术

智慧交通系统是建立在智能交通系统基础上的一种智能化交通模式，主要依靠互联网、大数据、物联网、通信传输及人工智能等多种科学信息技术进行有效结合，汇集交通信息并经过实时的信息分析与处理后，最终形成高效、安全、全方位的交通运输管理和服务体系。主要价值在于实时性地对信息数据进行收集处理，通过强智能、大算力、高能效、系统性的计算、分析、预测后，对处理的信息进行及时发布和交互利用，形成对交通综合管理和服务系统实时、准确、高效运行的有效控制和支撑，实现交通系统功能的自动化和决策的智能化，充分保障交通安全，提升交通系统运行效率和管理水平。智慧交通按照应用场景可分为智慧公路、智慧铁路、智慧航运、智能港口等。实现智慧交通要以智能化技术的发展为基础，智能化技术可分为四个层面：感知层、通信层、平台层以及应用层（图 16-16）。感知层面，激光技术、定位技术、传感器技术取得突破性进展，正在逐步实现规模化商用；通信层面，低延迟的车用以太网及车云通信信息传输标准已基本满足了智慧交通的要求；平台层的芯片技术、人工智能、云计算持续更新迭代，已实现海量交通信息的快速响应处理，正在形成以交通大数据为中心的综合交通运输信息平台；应用层面，基于大数据技术的支持和人工智能算法的发展，实现了交通管理系统、运输管理系统、一体化出行服务、决策支持系统等各应用方面的深入发展和效率的提升。未来伴随各层面技术间的相互促进、相互融合，以及智能网联、云计算、车路协同等技术的不断演进，智慧交通将向多层次、全方位、立体化的系统发展。

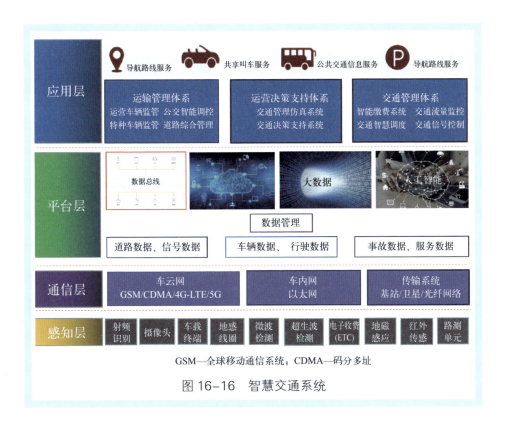

图 16-16 智慧交通系统

16.2.1.2 自动驾驶技术

自动驾驶是指车辆在搭载先进传感器、控制器、执行器的基础上，在特定的设计运行范围内，能自主获取和分析车内外信息，持续地处理部分或全部动态驾驶任务，是智能网联汽车技术及产业的重要发展方向。自动驾驶技术融合了人工智能、激光雷达、5G 通信、高精地图、路端基础设施等多元学科，重新定义了用户出行体验，带来更安全和舒适的解决方案，并且提高道路的安全性，正在影响汽车及相关产业的未来发展，重塑汽车行业的生态体系和价值链体系。根据在执行动态驾驶任务中的角色分配以及有无设计运行范围限制，车辆的自动驾驶可分成 L0～L5 级，随着等级上升，自动驾驶系统将逐步代替驾驶员完成各项操作，驾驶员的角色向乘客转变，设计运行范围也由限制场景发展至全部行驶路况（图 16-17）。L0～L2 级自动驾驶中，需要由驾驶员和系统共同对路况进行监测并做出反应措施，驾驶员需要掌控动态驾驶任务，L3 级为有条件自动驾驶，L4 和 L5 级是高度自动驾驶和完全自动驾驶。L3 级及以上的驾驶系统具备驾驶员的属性，是自动驾驶技术变革升级的关键，也是产业界探索和研究的重点。

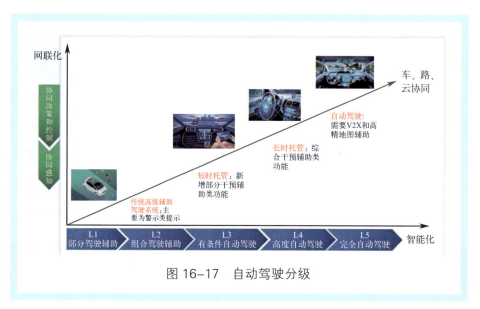

图 16-17　自动驾驶分级

近年来，世界各地针对自动驾驶不断发布新政策和标准，美国发布《准备迎接未来交通：自动驾驶汽车 3.0》，欧洲发布《智能网联汽车路线图》，日本发布《自动驾驶汽车安全技术指南》。在中国，2020 年工信部颁布了《汽车驾驶自动化分级》，标志着中国正式拥有了自动驾驶汽车的分级标准，标准中强调智能化（自动驾驶）和网联化（V2X）的融合，智能化随着芯片技术、算法技术的进步不断提升，网联化在人工智能、5G 技术的赋能下，强调信息的实时性和丰富性，未来目标是构建单体车辆智能和车路协同智能融合协同的技术体系。现阶段的智能化和网联化程度尚不能满足乘用车所需要的全路况自动驾驶要求，而商用车可以对行车地点和时间进行限制，避开路况复杂区域，绕开复杂场景下的技术瓶颈，预计商用车的自动驾驶将更快实现规模化落地。自动驾驶技术如图 16-18 所示。

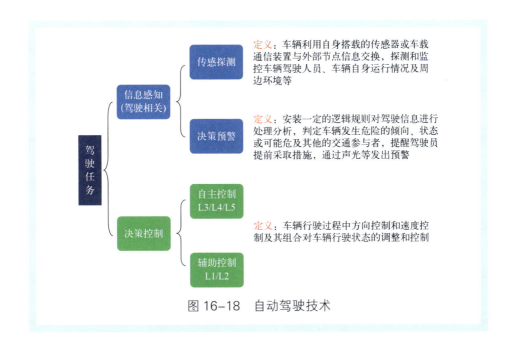

图 16–18 自动驾驶技术

16.2.1.3 车网互动技术

车网互动（vehicle-to-grid，V2G）技术是一种智能的充放电模式，在电动汽车和电网信息交互的基础上，实现电动汽车和电网之间的双向能量流动，电动汽车既可以从电网中提取能量，也可以向电网输送能量（图 16-19）。V2G 技术包括两个层级：一是通过有序充电管理，电动汽车作为可调负荷，实现对电网负荷的削峰填谷和可再生电力的消纳，提高电力系统运行效率，减少大规模电动汽车无序充电对电网稳定性的影响；二是电动汽车可作为分布式移动储能电源，在满足电动汽车用户需求和收益的前提下，在电网负荷过高时利用电动汽车向电网馈电，参与电网的灵活性调节。随着电动汽车保有量的飞速提升，V2G 技术将在电网末端起到一定的灵活性支撑作用，使电网技术向更加智能化的方向发展。目前国内外 V2G 技术处于初步研究和试验阶段，只有少数机构涉足 V2G 领域，涉及的项目包括技术验证、示范推广、商业化运行等不同类型。V2G 技术的基础是长寿命、高安全的车载动力电池，当前的动力电池技术仍无法真正实现 V2G 大规模盈利式的发展，未来随着具有循环性能优势的固态锂电池的规模化应用可以从技术上支撑 V2G 的有效运行。通过实时高效的车网互动，强化电力系统灵活性和韧性，提高电网运行效率，促进可再生能源消纳，支持新型电力系统绿色低碳转型。同时，鼓励将车网互动纳入新能源汽车产品功能范围，加快形成行业统一标准，探索适应未来出行模式的汽车与能源融合发展体系。

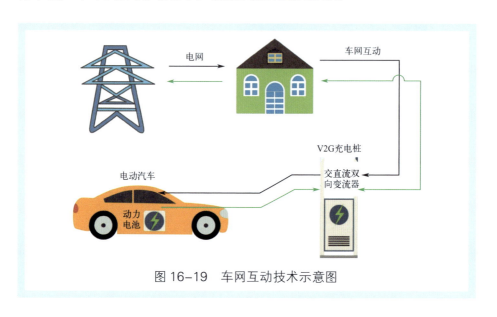

图 16-19　车网互动技术示意图

16.2.1.4　车路云一体化系统技术

车路云一体化系统（vehicle-road-cloud integrated system，VRCIS）是通过新一代信息与通信技术将人、车、路、云的物理空间、信息空间融合为一体，基于系统协同感知、决策与控制，实现智能网联汽车交通系统安全、节能、舒适及高效运行的信息物理系统（图 16-20）。VRCIS 也可称为车路云一体化融合控制系统/智能网联汽车云控系统，具有标准化接入能力、共性化基础能力、开放化共享能力、集约化增效能力和模式可复制能力的优势，目标是实现智能网联汽车管理和服务的一体化，是智能网联汽车中国方案的实践路径。"车"的领域，国产芯片技术、智能操作系统、智能网联功能等关键技术与零部件的研发及规模应用正在产业化；"路"的领域，道路基础设施的智能化进程已开始持续推进，正在加快车路协同场景应用示范的建设;"云"的领域,云控平台是车路云一体化系统的纽带桥梁和实践重点,通过数据汇聚与赋能提供分级共享、跨域共用、应用支撑的基础服务,目前中国各地正在加大云控平台的建设,推进智能网联的应用和安全实践。车路云一体化是复杂的信息物理系统,包括计算基础平台、车载终端基础平台、云控基础平台、高精度动态地图基础平台、信息安全基础平台五大共性基础平台。未来车路云一体化的发展需要聚焦关键技术的突破,例如,信息物理系统架构、系统动态设计、系统协同感知-决策-控制、系统多智能体互操作等关键技术亟待进行科技创新。

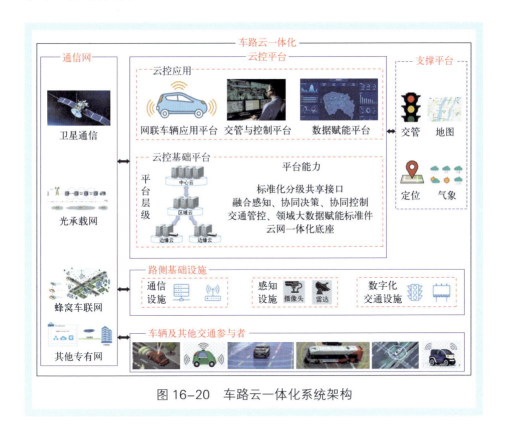

图 16-20　车路云一体化系统架构

16.2.2　汽车轻量化技术

汽车轻量化是在保证安全性和车身强度的前提下,使整车重量降低,以提高汽车的动力性，实现节能减排。据统计，汽车每减轻10%的重量，就会节省6%～8%的燃料，降低4%的碳排放。汽车轻量化是材料、设计、加工成形等多个技术的集成，主要包括材料轻量化、制造工艺轻量化、结构优化三个方面（图16-21）。其中材料轻量化是基础和核心，其应用的水平已经成为衡量汽车生产技术和新材料开发水平的重要标准之一。

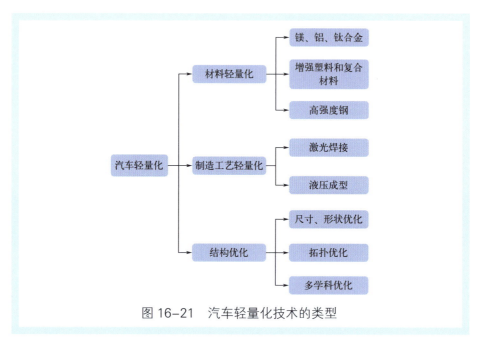

图16-21　汽车轻量化技术的类型

轻量化材料包括低密度的轻质材料和高强度材料两方面，前者包括铝、镁、钛合金为代表的金属材料和塑料、纤维等高分子材料，后者主要指高强度钢。目前铝合金应用范围较广，已经逐渐从车轮等零部件扩展到车身、车门和车盖，国外知名的汽车生产商如福特、奥迪等已开始使用全铝车身，国内的汽车厂家也逐渐开始全铝车身的研发和应用。未来，轻量化材料将朝着低成本、高安全、高普及率方向发展，重点开发耐高温、高载荷的复合材料，加快低能耗、高性能新型材料的替代应用。同时，提升汽车产业低碳材料使用标准，不断提高汽车产品重点部件的再生原料利用比例，集成轻量化材料、新制造工艺、结构优化等方面，结合计算机在算法等领域的发展，提升车用材料绿色化水平，共同推进汽车轻量化技术发展。

16.2.3　交通自洽能源系统技术

16.2.3.1　交通能源自洽及多能变换技术

交通能源自洽是指通过接入大规模可再生能源（主要是太阳能、风能）发电设施，同时配备储能系统为交通供能，或者通过与轨道线路、轨道车辆的集成，回收制动能量，并连接主网平抑网压波动，回馈于电网。我国道路交通系统所拥有的土地面积蕴含着潜力巨大的风、光自然资源禀赋，并且风、光等自然禀赋作为一次能源可以因地制宜地转变为电能或氢能等二次能源加以开发、储存、输送和利用。随着交通行业自身实现低碳发展的压力，以及国家政策对"光伏＋交通"等产业的扶持，正在促进交通的用能形态向交通和能源深度融合的供能结构做出积极的调整，以实现交通系统自身全生命周期的"碳达峰、碳中和"目标。

交通能源的自洽将使交通、能源两个由条块分割、行业隔离且各自发展的系统逐渐演变为相互融合、集成衔接的协同发展形态，最终形成清洁低碳、融合高效的新型交通自洽能源体系，既能加快能源变革与交通转型，也能促进能源和交通行业的低碳化发展。目前我国已开展了车站、服务区、道路枢纽等交通基础设施资产能源化的多个示范性项目，取得了宝贵的可复制的经验。基于可再生能源的无碳化交通自洽能源系统模式如图 16-22 所示。

当前交通能源自洽技术面临的主要问题包括：可再生能源系统随机性和波动性强，在与交通系统同时接入能源电力网络以及多种能源流动及参与时，会给能源电力网络带来一定的安全风险；由于不同能源及不同运输方式在时间尺度、空间流动上的极大差异以及管理的复杂程度，难以实现多时间尺度下的能源电力系统广域多级协调调度运行。未来研究重点包括提出供 - 储装备协同互联控制方法，提高多种能源系统运行工况切换的灵活性与安全性；研制中压大功率风电、光伏汇集变换器，实现单机容量 5MW，效率 >97%；研制智能化电气互联接口设备，实现多能流信息汇聚与互联系统拓扑重构；突破轨道交通供能场景可调制的高效储、供能变流技术，保障电力机车供能的高可靠性。

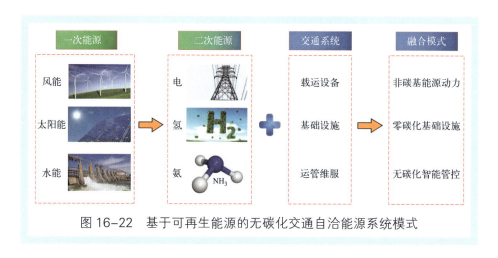

图 16-22　基于可再生能源的无碳化交通自洽能源系统模式

16.2.3.2　轨道交通"网-源-储-车"协同供能技术

轨道交通"网-源-储-车"协同供能技术是将物联网、大数据、云计算等先进技术运用于现有系统，将轨道交通的新能源就地消纳与供电系统节能减排相结合，实现高效率、高弹性、高可靠协同供能的技术。"网"既可代指外部电力系统网络，也可代指牵引网，二者共同组成灵活可靠的新型供电网络；"源"为轨道交通沿线的风能、水能、太阳能等综合新能源供电系统；"储"为地面式或车载式的多种储能设施及储能方法；"车"为牵引供电系统中的电力机车牵引负荷。通过"网-源-储-车"协同的轨道交通自洽供电技术，实现信息、交通、能源和社会的有机融合，进一步提升能源的跨区域、跨时间利用水平，降低轨道交通用能的全寿命周期碳排放量。

当前轨道交通"网-源-储-车"协同供能主要面临三类技术挑战：一是目前轨道交通规模巨大、供能体系已形成，导致旧线改造与新线建设的"网-源-储-车"协同供能技术路线标准化困难；二是新能源与牵引负荷的随机性与冲击性，使得供需双向的不确定性凸显、能流调控困难；三是轨道交通线路分布广泛，新能源、牵引负荷与储能系统各类参数时变，导致各环节协同运行复杂。因此，轨道交通"网-源-储-车"协同供能技术需要设计场景适配下的协同多源供电系统架构，研究高效能与高弹性的能源自洽技术以及配套的能源管控技术，并开发分布式可再生能源和储能接入的轨道交通电力变换与互联装备，形成轨道交通"网-源-储-车"协同供能系统的新型供电系统模式。

16.3 交通低碳化技术路线图

16.3.1 公路交通领域

16.3.1.1 低碳发展路线

电气化是公路交通目前最为成熟的减碳方式，随着动力锂电池等技术的持续突破，成本不断下降，电动汽车经济性的提升可加速促进其市场化普及；氢燃料电池具备零排放、续航里程长、加氢时间短等优点，更适合用于重卡、行驶距离远且使用频率高的商用车领域，但仍处于商业化的初期阶段，经济性欠佳，加氢站等基础配套设施建设仍待大力推进；天然气乘用车因电动汽车的快速发展逐渐走向衰落，而天然气重卡为代表的商用车进一步发展壮大，预计未来仍将有一定的发展空间；甲醇汽车比传统燃油汽车的常规污染物排放水平更低，若使用"液态阳光"绿色甲醇新技术，实现甲醇燃料绿色化，则对汽车产业达成碳中和目标存在正向意义，也是未来汽车行业低碳发展的重要方向。

16.3.1.2 关键备选技术

纯电动汽车技术、氢燃料电池汽车技术、插电式混合动力汽车技术、天然气汽车技术、甲醇汽车技术、动力电池技术、快速充电技术、汽车轻量化技术、自动驾驶技术、车网互动技术、车路云一体化系统技术等（图16-23）。

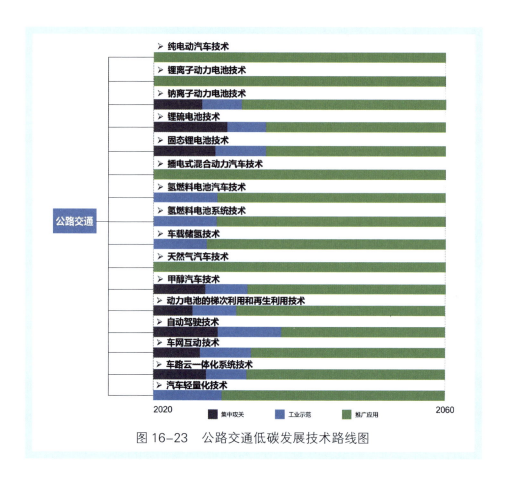

图 16-23 公路交通低碳发展技术路线图

16.3.2 铁路交通领域

16.3.2.1 低碳发展路线

铁路交通运输的电气化率已达到较高水平，总体上更有效率、更低碳且更容易实现电气化。可以基于中国高铁系统的长足发展经验，重点继续提升铁路交通的电气化率和绿电使用的占比；氢燃料电池机车因不用重新架设取电网，可应用在相对密闭的地铁、隧道、矿山等环境和难以电气化的场景，需加快氢燃料电池机车的推广应用。

16.3.2.2 关键备选技术

高效牵引变流及电控系统技术、磁悬浮列车技术、氢燃料电池列车技术、电池电动列车技术、混合动力列车技术、铁路基础设施分布式光伏发电及并网技术等（图16-24）。

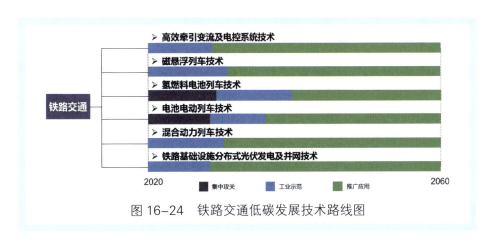

图16-24　铁路交通低碳发展技术路线图

16.3.3　水运交通领域

16.3.3.1　低碳发展路线

水运交通领域通过电气化实现短距离交通的脱碳，长距离出行可探索利用液化天然气、绿氢、绿氨、绿色甲醇等低碳或零碳新型燃料。现阶段，绿氢和绿氨零碳新型燃料暂不具备经济性，尚未克服燃料加注基础设施建设、燃料绿色低成本制备和储运等关键问题，新型的燃料动力系统也处于研发和样机示范阶段，距离商业化应用有待时日。

16.3.3.2　关键备选技术

纯电动船舶技术、液化天然气动力船舶技术、氨动力船舶技术、氢燃料电池动力船舶技术、甲醇动力船舶技术、船用储能技术、港口岸电技术、智能船舶技术等（图16-25）。

16.3.4　航空交通领域

16.3.4.1　低碳发展路线

航空交通领域的生物航空煤油技术和应用均较为成熟，可能成为航

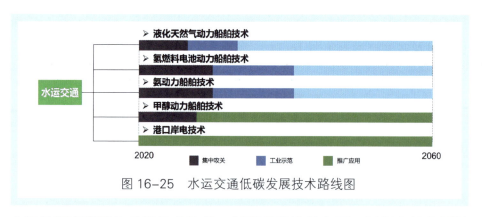

图 16-25　水运交通低碳发展技术路线图

空运输深度脱碳的关键技术路线。新型零碳燃料方面，短距离航线可以利用蓄电池作为驱动动力，中长距离的航线可主要利用生物航空煤油燃料，同时可积极探索利用氢燃料电池、氢直接燃烧（涡轮）动力等方式驱动。蓄电池受能量密度的制约，未来需要有大幅度突破才能满足商用性中长距离航线的要求。

16.3.4.2　关键备选技术

生物航空煤油技术、电动飞机技术、氢燃料电池动力技术、氢直接燃烧（涡轮）动力技术、混合动力飞机技术、航空新材料技术等（图16-26）。

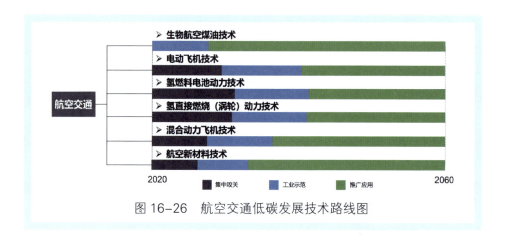

图 16-26　航空交通低碳发展技术路线图

第 17 章

交通领域低碳发展建议

实现交通运输领域的低碳发展，需要大力推进新能源和清洁能源的应用、加快绿色交通基础设施的建设、推进绿色高效运输体系的构建、开展交通运输碳中和的示范，构建以低碳排放为特征的绿色、高效、安全、便捷、经济的现代化综合交通运输系统。

17.1 推动交通领域能源消费结构变革

推动交通领域的能源消费结构从化石能源向新能源和清洁能源转型，加快交通能源系统的清洁化和低碳化进程，坚持把技术创新作为推动交通低碳发展的第一动力，加快低碳运输工具装备的研发和应用。

公路交通，积极探索电气化公路和燃料替代技术，推广电动汽车、氢燃料电池汽车为主的新能源汽车，推动公路交通向电气化、网联化和智能化发展。进一步加快城市公交、出租和城市物流配送车辆的电动化进程，重点突破中重型货车的长续航里程动力电池、氢燃料电池技术，提高能源安全性和使用效率，降低使用成本。

铁路交通，重点研究和推广新能源和可再生能源在铁路建设、运营和设备维护中的大范围应用，进一步提升铁路运输电气化率和电气化的能效水平。

水运交通，积极推广电力、液化天然气（LNG）、氢燃料电池、氨燃料动力、绿色甲醇等新能源和清洁能源船舶的应用。目前氢燃料和氨燃料等新船舶技术研发尚处于起步阶段，需加强相关装备、材料和工艺的研发和试点应用，并对新能源的使用进行风险评估及应急保障方面的研究。

航空交通，飞机的替代燃料技术尚未形成成熟路线，目前生物航空煤油的发展最具潜力。未来需要加快开展航空领域深度脱碳技术研究，重点推进先进生物质燃料、氢动力在航空领域清洁化的应用，有序推动可持续航空燃料（生物航油）示范工程建设和规模化应用，鼓励部分机场和航空公司先行先试。

17.2 加快绿色交通基础设施建设

建立交通基础设施能源自洽系统。交通与清洁能源的绿色融合发展是实现交通低碳排放的重要途径，建议构建完善的交通基础设施支撑和保障体系，对交通基础设施建设与清洁能源的开发利用进行协同布局。加快研究交通多态清洁能源的自洽系统构成及与交通智能化运行、绿色化运维之间的适配性，发展可再生能源与交通的融合技术，研究我国车站、港口、机场等交通枢纽和高速公路、铁路沿线与"风、光、储、氢"等多能源融合系统的有机结合，统筹布局交通基础设施的电能、氢能等能源供给网络，建立清洁能源供能与交通新能源装备、交通枢纽等用能的协同体系，形成供能用能一体化的能源交通融合网络和基础设施系统，可降低交通能耗和运营成本，提升经济效益，盘活交通领域闲置资产。重点开发公路交通电、热、氢等形态能源间的自洽能源系统技术及轨道交通"网 - 源 - 储 - 车"相协同的自洽能源系统技术和港 - 船风、光等多能源融合技术等。研究实施行业"能源产消者"试点项目，鼓励交通基础设施利用光伏、风力、潮汐等可再生能源发电，并通过电动汽车、新型储能等技术将能源进行转换、存储、返售。

加快充电、换电、加氢、加气、智能充电网络的基础设施建设，完善高速公路沿线充（换）电站和加氢站的规划建设，加强新能源汽车与电网（V2G）能量互动，鼓励地方开展 V2G 示范应用，统筹新能源汽车充放电、电力调度需求，综合运用峰谷电价、新能源汽车充电优惠等政策。加快推进港口岸电设施建设与使用，加快航运干线船用液化天然气加注站的建设。

17.3 构建绿色高效的交通运输体系

调整运输结构是推动交通运输绿色低碳发展的重要路径，按照"宜水则水、宜陆则陆、宜空则空"的原则，充分发挥各种运输方式的比较优势和组合效率。重点加快推进调整大宗货物和中长距离货物的运输结构，大力发展以铁路、水路为骨干多式联运的绿色运输方式；继续保持铁路客运优势，稳步增加航空客运量，充分发挥结构性减排效应。深化京津冀及周边地区运输结构调整示范区、晋陕蒙煤炭主产区运输结构调整示范区、长三角及港澳港口群运输结构调整示范区建设，通过运输结构调整，减少不合理的公路运输，实现铁路和水路货物运输量快速提升。

推动智慧交通发展，提升交通运输效率。通过技术创新驱动，以数字化、网络化、智能化为主线，加快推动交通基础设施数字转型、智能升级，实现互联网、大数据、云计算等新技术与交通运输的深度交融，布局建设智慧公路、智能铁路、智慧港口等智慧交通基础设施，推进交通运行管理智慧化转型，提升运行效率和数字化管理服务水平，构建车、路、人等交通要素无缝衔接的智慧交通体系，提供"一站式"智慧出行服务，牵引带动数字经济及新能源新装备等战略性新兴产业融合发展。

构建高效衔接、多层次的交通出行系统，提升绿色出行比例。倡导绿色交通消费理念，积极引导公众选择绿色低碳交通方式，构建多层次城市交通出行系统，深入实施城市公共交通优先发展战略，建立"公共交通+自行车/步行"为主体的城市交通体系，大力发展自行车、步行等慢行交通，加快推广网约车、共享单车、汽车租赁等共享交通出行模式，提升绿色出行比例。从源头上尽可能降低无效需求，促进交通运输系统减排。

17.4 开展交通运输碳中和先行示范

建设重点区域的交通近零排放示范区。研究并开展国家经济、生态文明重点区域的系统性减排路径，建设交通运输零碳或近零碳排放的先行示范区。在京津冀、长三角、粤港澳大湾区、海南自贸试验区、生态文明先行示范区及大气污染国家重点区域，推进建设一批具有代表性的交通零碳示范区和示范项目，例如长江航运实现"气化长江""电化长江""氢化长江"等示范行动，系统推进交通运输领域新能源和清洁能源运输工具普及、交通与清洁能源融合、运输结构调整、资源循环利用、碳汇增加、碳补偿（CCER、碳交易）、碳捕集利用与封存（CCUS）等工作，探索实现先行示范区域内交通运输零碳排放，并形成可复制、可推广的经验模式，逐步向全国推行。

总结

为了实现碳达峰、碳中和的目标要求，中共中央、国务院出台《关于完整准确全面贯彻新发展理念做好碳达峰碳中和工作的意见》等文件，鼓励电力、天然气替代煤炭，要求不断提高风能、太阳能、氢能等新能源消费占比，加快构建清洁、低碳、安全、高效的能源体系。当前，工业、交通等各部门的低碳转型，已不能单靠部门自身的发展来实现，而是要通过跨能源、跨领域、系统化的布局，组建新型的能源体系，"多能融合"的理念与技术框架高度契合了国家建立新型能源体系的总体思路。"四主线、四平台"技术体系给出了各领域绿色低碳发展的解决方案，终端用能领域将以"宜电则电、宜气则气、宜可再生能源则可再生能源"的原则，因地制宜、科学合理规划制定终端多种能源的高效协同机制。

在能源消费侧，工业、交通终端用能部门将以绿色电力、绿氢（氢基能源）、合成气/甲醇、二氧化碳等多元化平台为低碳转型的依托，广泛采用电能、氢能、太阳能、生物质能等多种清洁能源替代终端化石能源消费，高效实现清洁化发展。

钢铁工业领域，在节能及能效提升方面，不断探索传统高炉工艺低碳技术，着力推广先进适用节能提效技术，提高余热余能自发电率，加快数字化、智能化技术应用；在优化用能及流程结构方面，着力优化原燃料结构，发展新能源及可再生能源，摆脱对焦炭等化石能源的依赖，加大废钢资源回收利用，提高废钢-电炉流程占比；在构建循环经济产业链方面，着力整合区域能源，提高高炉煤气、焦炉煤气、炉尘等副产品循环利用技术，推动钢化联产，加强固废资源化利用；在应用突破性低碳技术方面，着力发展氧气高炉及非高炉冶炼、氢冶炼技术以及CCUS等技术应用。通过原料结构、能源结构以及流程结构等变革创新，最终实现钢铁工业的绿色低碳可持续发展。

水泥工业领域，以工业固废和高能废弃物的原燃料替代和能效提升为主要的低碳转型手段，在降低碳排放与化石燃料使用的同时，可实现废弃资源的价值化综合利用。同时，结合数字信息智能技术及装备制造水平的提升，无人矿山、智能配料、智能火焰在线控制、机器人智能产品检测及新一代高效水泥生产设备等已在水泥厂中应用，已有百年发展史的水泥生产全流程将彻底告别高污染，变得更加绿色化、智能化、高技术化。此外，行业研究人员也在积极探索低碳工艺流程再造以及与其他工业品生产流程的耦合联产，以"质变"带动水泥行业向绿色化和高质化跨越式发展。

交通运输领域，以清洁能源替代和能效提升为主要的低碳转型手段，通过加强交通与可再生能源的绿色融合发展，发挥交通和能源两大行业对国家绿色低碳发展放大、叠加、倍增的作用，可以将建设绿色交通强国、落实能源安全新战略、践行碳达峰碳中和目标有效结合。同时，结合 5G、卫星定位导航、物联网、大数据和自动驾驶等数字化、智慧化技术在交通领域的广泛应用，加快绿色公路、绿色铁路、绿色港口和绿色机场等绿色交通基础设施体系的建设，协力促进交通领域减少化石能源消费，积极利用清洁能源，通过多能融合技术的创新提升能源效率，减少二氧化碳排放。最终构建公路、铁路的电气化全覆盖，水运、航空广泛应用低排放绿色燃料的宏伟绿色交通蓝图。

总体上，未来在"双碳"目标的指引下，工业和交通的终端用能将持续向清洁化发展，其中电气化水平和氢能利用占比将逐步提高。中国电力企业联合会提出 2030 年电能占终端能源消费比重将提高到 35% 左右。中国氢能联盟提出在 2060 年碳中和情景下，氢能在我国终端能源消费中占比将达 20% 左右，可再生能源制氢产量约为 1 亿吨。在二氧化碳减排、新型电力系统建设、电力市场改革等因素影响下，充分考虑不同能源品种在资源禀赋、环境影响、出力特性、技术成本、安全保障、存储难易等方面的差异，可以形成相互补充、相互促进的多能融合系统，共同构成更加清洁、低碳、安全、高效的终端用能体系。

参考文献

[1] IEA. Iron and steel technology roadmap towards more sustainable steelmaking[EB/OL]. (2020-10-19)[2022-10-11]. https∶//www.iea.org/reports/iron-and-steel-technology-roadmap.

[2] Yellishetty M, Mudd G, Ranjith P, et al. Environmental life-cycle comparisons of steel production and recycling∶ sustainability issues, problems and prospects[J]. Environ Sci Policy, 2011, 14∶ 650-663.

[3] 郦秀萍, 上官方钦, 周继程, 等. 钢铁制造流程中碳素流运行与碳减排途径[M]. 北京∶ 冶金工业出版社, 2020.

[4] E3G. 1.5 C Steel∶ decarbonising the steel sector in Paris compatible pathways[EB/OL]. (2021-10-26)[2023-01-25]. https∶//www.e3g.org/publications/1-5c-steel-decarbonising-the-steel-sector-in-paris-compatible-pathways/.

[5] Wang P, Ryberg M, Yang Y, et al. Efficiency stagnation in global steel production urges joint supply-and demand-side mitigation efforts[J]. Nat Commun, 2021, 12∶ 2066.

[6] EUROFER. A green deal on steel[EB/OL]. (2020-10-13)[2022-12-13]. https∶//www.eurofer.eu/publications/position-papers/a-green-deal-on-steel-update/.

[7] Meijer K, Denys M, Lasar J, et al. ULCOS∶ ultra-low CO_2 steelmaking[J] Ionmaking & Steelmaking, 2013, 36(4)∶ 249-251.

[8] Pei M, Petäjäniemi M, Regnell A, et al. Toward a fossil free future with HYBRIT∶ development of iron and steelmaking technology in Sweden and Finland[J]. Metals, 2020, 10(7)∶ 972-978.

[9] 王英斌. 浦项制铁力争在2050年实现"碳中和"[N]. 中国冶金报, 2021-01-15(2).

[10] 王英斌. JFE控股公布中长期碳减排目标[N]. 中国冶金报, 2020-09-30(2).

[11] 宋显株. 2013—2014年世界工业发展蓝皮书[M]. 北京∶ 人民出版社, 2014.

[12] 张维巍. 我国钢铁企业CO_2的排放分析与减排研究[C]// 中国金属学会. 第五届中国金属学会青年学术年会论文集. [出版者不详], 2010∶ 360-367.

[13] 冶金工业经济发展研究中心.中国钢铁工业年鉴（2022）[M].北京：中国钢铁工业年鉴编辑部，2022.

[14] Zhang S H，Yi B W，Guo F，et al. Exploring selected pathways to low and zero CO_2 emissions in China's iron and steel industry and their impacts on resources and energy[J]. Journal of Cleaner Production，2022，340：130813.

[15] 李新创.中国钢铁工业绿色低碳发展路径[M].北京：冶金工业出版社，2022.

[16] LKAB. Collaboration for technological advance in Swedish steelmaking [EB/OL].（2018-10-04）[2023-01-25]. https：//lkab. com/en/news/collaboration-for-technological-advance-in-swedish-steelmaking/.

[17] 高雨萌.国外氢冶金发展现状及未来前景[J].冶金管理，2020（20）：4-14.

[18] IEA. ETP clean energy technology guide[EB/OL].（2022-09-21）[2022-10-19]. https：//www. iea. org/data-and-statistics/data-tools/etp-clean-energy-technology-guide.

[19] Souza Filho I R，Springer H，Ma Y，et al. Green steel at its crossroads：Hybrid hydrogen-based reduction of iron ores[J]. Journal of Cleaner Production，2022，340：130805.

[20] Hieber H，Plaul J. Hydrogen plasma smelting reduction-an option for steelmaking in the future [J]. Metalurgija，2004，43（3）：155-162.

[21] 张建良，李克江，刘征建，等.氢冶金初探[M].北京：冶金工业出版社，2021.

[22] Abdul Quader M，Ahmed S，Dawal S Z，et al. Present needs，recent progress and future trends of energy-efficient Ultra-Low Carbon Dioxide（CO_2）Steelmaking（ULCOS）program[J]. Renewable and Sustainable Energy Reviews，2016，55：537-549.

[23] Xia Z X，Jiang Z Y，Zhang X R，et al. The CO_2 reduction potential for the oxygen blast furnace with CO_2 capture and storage under hydrogen-enriched conditions[J]. International Journal of Greenhouse Gas Control，2022，121：103793.

[24] 刘含笑，吴黎明，赵琳，等.钢铁行业CO_2排放特征及治理技术分析[J].烧结球团，2022，47（01）：38-47.

[25] 王新东，郝良元.现代炼铁工艺及低碳发展方向分析[J].中国冶金，

2021，31（05）：1-5.

[26] Yi S H，Choi M E，Kim D H，et al. FINEX® as an environmentally sustainable ironmaking process[J]. Ironmaking & Steelmaking，2019，46（7）：625-631.

[27] 张琦，沈佳林，许立松. 中国钢铁工业碳达峰及低碳转型路径 [J]. 钢铁，2021，56（10）：152-163.

[28] 王新江. 中国电炉炼钢的技术进步 [J]. 钢铁，2019，54（08）：1-8.

[29] 郑伟成，Charles X C，魏汝飞，等. 高炉喷吹生物炭研究进展 [J]. 钢铁研究学报，2021，33（01）：1-8.

[30] 段祥光，裴翠红，高淑芬. 包钢烧结工艺技术进步 [J]. 包钢科技，2009，35（04）：4-6，17.

[31] 阚永海. 超厚料层烧结技术应用研究 [J]. 河南冶金，2020，28（05）：1-3，43.

[32] 潘登. 捣固炼焦技术进步与发展方向 [J]. 中国钢铁业，2013（02）：16-18，21.

[33] 张欣欣，姜泽毅，张欣茹. 钢铁制造流程能源高效转化与利用 [M]. 北京：冶金工业出版社，2020.

[34] 许磊光. 基于干熄焦技术应用的焦化行业绿色发展促进思考 [J]. 冶金与材料，2020，40（04）：72-73.

[35] Zhang W，Zhang J H，Xue Z L. Exergy analyses of the oxygen blast furnace with top gas recycling process[J]. Energy，2017，121：135-146.

[36] 朱荣，胡绍岩. 转炉高废钢比冶炼的技术进展 [C]// 中国金属学会. 第十一届中国钢铁年会论文集：S02. 炼钢与连铸. 北京：冶金工业出版社，2017.

[37] 杜宁宇，李伟，范锦龙，等. 薄板坯连铸连轧 ESP 与 MCCR 技术分析及展望 [J]. 轧钢，2023，40（5）：1-5.

[38] 汪水泽，高军恒，吴桂林，等. 薄板坯连铸连轧技术发展现状及展望 [J]. 工程科学学报，2022，44（04）：534-545.

[39] 高建军，齐渊洪，严定鎏，等. 中国低碳炼铁技术的发展路径与关键技术问题 [J]. 中国冶金，2021，31（09）：64-72.

[40] 李春，刘维燥，岳海荣，等. CO_2 矿化非碱性矿的离子迁移规律及过程强化基础 [J]. 中国基础科学，2018，20（04）：49-54.

[41] 丁仲礼，张涛. 碳中和：逻辑体系与技术需求 [M]. 北京：科学出版社，2022.

[42] 俞红梅，邵志刚，侯明，等 . 电解水制氢技术研究进展与发展建议 [J]. 中国工程科学，2021，23（2）：146-152.

[43] 徐硕，余碧莹 . 中国氢能技术发展现状与未来展望 [J]. 北京理工大学学报（社会科学版），2021，23（06）：1-12.

[44] Nguyen L N，Vu M T，Vu H P，et al. Microalgae-based carbon capture and utilization：A critical review on current system developments and biomass utilization[J]. Environmental Science and Technology，2023，53（2）：216-238.

[45] United Nations Environment Programme. Emissions gap report 2022：the closing window[R]. 2022.

[46] The European Cement Association. Cementing the European green Deal：reaching climate neutrality along the cement and concrete value chain by 2050[R]. 2020.

[47] Portland and Cement Association. Roadmap to carbon neutrality[R]. 2021.

[48] Global Cement and Concrete Association. Concrete future roadmap[R]. 2021.

[49] US Geological Survey. Cement statistics and information[R]. 2021.

[50] 陈飞，娄婷 . 欧美水泥行业碳中和实施路径介绍 [J]. 中国水泥，2021(12)：44-51.

[51] 吴跃 . 欧洲碳中和路线图为水泥减碳提供借鉴 [N]. 中国建材报，2021-12-15（1）.

[52] 中国产业经济信息网 . 2022 年中国水泥产业分析报告：行业运营态势与发展前景研究 [R]. 2022.

[53] 智研咨询 . 2021 年中国水泥行业供需现状及市场规模统计 [R]. 2021.

[54] 中国水泥协会 . 2021 年水泥行业结构调整发展报告 [R]. 2022.

[55] 中国水泥协会 . 中国水泥行业碳排放与达峰路径 [R]. 2022.

[56] 智研咨询 . 2021 年中国水泥行业供需现状及市场规模统计 [R]. 2022.

[57] 赵青林，王红梅 . 中国水泥工业环境状况调查研究报告 [M]. 武汉：武汉理工大学出版社，2020.

[58] 沈威，黄文熙 . 水泥工艺学 [M]. 武汉：武汉工业大学出版社，1991.

[59] 贾华平 . 水泥生产技术与实践 [M]. 北京：中国建材工业出版社，2018.

[60] ENI. World energy review 2022[R]. 2022.

[61] 国家认证认可监督管理 . 水泥企业温室气体排放核查技术规范：RB/T 260—2018[S] 北京：中国标准出版社，2018.

[62] IPCC. 2006 国家温室气体清单指南 [R]. 2022.

[63] IEA. Cement：tracking progress 2022[R]. 2022.

[64] 郅晓，安晓鹏，闫浩春，等. 建材行业碳减排技术路径研究 [C]// 中国企业改革与发展研究会，中国企业改革 50 人论坛. 中国企业改革发展优秀成果 2021（第五届）下卷. 北京：中国商务出版社，2020：82-101.

[65] 佟庆，魏欣旸，秦旭映，等. 我国水泥和钢铁行业突破性低碳技术研究 [J]. 上海节能，2020（05）：380-385.

[66] 李宪标. 水泥生产工艺中的节能技术探究 [J]. 四川水泥，2021（04）：1-2.

[67] 赵计辉，王栋民，王学光. 现代水泥工业中高效节能的粉磨技术 [J]. 中国粉体技术，2013，19（04）：65-71.

[68] 王飞，钟根，康宇，等. 外循环立磨技术在生料粉磨系统中的应用实践 [J]. 水泥工程，2020（06）：28-29.

[69] 赵光平. 浅谈第四代篦冷机的特点与结构优化 [J]. 中国新技术新产品，2017（04）：58-59.

[70] 吴贤斌. 水泥生产智能化系统应用分析 [J]. 水泥，2023（05）：62-65.

[71] 王勇，张萌，曹元辉，等. 电石渣水泥生产对水泥行业碳减排的影响分析 [J]. 水泥，2022（7）：10-12.

[72] 姚丕强. 粉煤灰在水泥生产中的应用技术 [C]// 中国硅酸盐学会. 2006 中国科协年会"循环经济与建材产业发展"论文集. 2006：79-83.

[73] 李鹏鹏，任强强，吕清刚，等. 面向双碳的低碳水泥原料/燃料替代技术综述 [J]. 洁净煤技术，2022，28（08）：35-42.

[74] 马源，马力. 石英污泥作为水泥原料的成功应用［J］. 水泥技术，2018，35（4）：88-90.

[75] 张宗见，轩红钟，汪克春，等. 生物质替代燃料对水泥熟料烧成系统的影响分析 [J]. 水泥工程，2021（1）：28-30.

[76] 汤升亮. 新型低碳水泥 LC^3 研究概述 [J]. 水泥工程，2023（03）：1-6.

[77] 张锁江，张香平，葛蔚，等. 工业过程绿色低碳技术 [J]. 中国科学院院刊，2022，37（04）：511-521.

[78] 姚秀丽. 废旧轮胎作为替代燃料在水泥生产中的应用 [J]. 水泥，2023(03)：23-24.

[79] 汪澜. 肩负起水泥工业零碳流程再造的重任 [J]. 中国水泥，2021，228（05）：36-39.

[80] 汪澜. 绿氢煅烧水泥熟料关键技术初探 [J]. 中国水泥，2022（04）：46-48.

[81] 李婉君, 王秀丹, 刘正刚, 等. 水泥生产碳减排路径评述[J]. 中国水泥, 2022（07）: 24-29.

[82] Onder K. Performance assessment of steam Rankine cycle and sCO$_2$ Brayton cycle for waste heat recovery in a cement plant : A comparative study for supercritical fluids[J]. Energy Research, 2020, 44（15）: 12329-12343.

[83] 宋说讲, 孔德顺, 王丽华, 等. 硅钙渣的综合利用研究进展[J]. 云南化工, 2013（4）: 52-55.

[84] 崔源声, 方艳欣, 王硕. 国外水泥工业替代燃料的最新发展趋势[J]. 水泥, 2018（01）: 9-12.

[85] 国家市场监督管理总局, 国家标准化管理委员会. 水泥窑协同处置固体废物技术规范: GB/T 30760—2024[S]. 北京: 中国标准出版社, 2024.

[86] 李叶青. 中国水泥工业减碳的途径和替代燃料利用实践[R]. 2021.

[87] 王俊杰, 刘晶, 颜碧兰, 等. 水泥工业 CO$_2$ 过程捕集技术研究进展[J]. 中国水泥, 2017（11）: 73-79.

[88] Tokheim L A, Mathisen A, Øi L E, et al. Combined calcination and CO$_2$ capture in cement clinker production by use of electrical energy[C]//TCCS-10. CO$_2$ Capture, Transport and Storage. 2019: 101-109.

[89] Ellis L D, Badel A F, Chiang M L, et al. Toward electrochemical synthesis of cement——An electrolyzer-based process for decarbonating CaCO$_3$ while producing useful gas streams[J]. Proceedings of the National Academy of Sciences, 2020（23）: 12584-12591.

[90] 杨奕萍. 华新水泥: 一次绿色的产业升级[J]. 环境经济, 2013（10）: 40-43.

[91] Chi S, Rochelle G T. Oxidative degradation of monoethanolamine[J]. Industrial & Engineering Chemistry Research, 2002, 41（17）: 4178-4186.

[92] 高长明. 2050 年世界及中国水泥工业发展预测与展望[J]. 新世纪水泥导报, 2019, 25（02）: 1-3.

[93] 王新颖. 世界水泥工业 CCUS 最新研究进展[J]. 水泥, 2021（3）: 1-7.

[94] 张宾, 赵有强, 林永权, 等. 水泥工业二氧化碳循环利用现状[J]. 环境工程, 2021（4）: 75-81.

[95] 王鹏成, 董艳丽. 国内二氧化碳的化工利用途径探讨[J]. 科技创新与应用, 2019（36）: 182-183.

[96] 落基山研究所, 中国水泥协会. 加速工业深度脱碳: 中国水泥行业碳中和

之路 [R]. 2022.

[97] 国务院. 2030年前碳达峰行动方案 [R]. 2021.

[98] 陆化普，冯海霞. 交通领域实现碳中和的分析与思考 [J]. 可持续发展经济导刊，2022，32（Z1）：63-67.

[99] 李连成. 日本交通运输减排的经验与启示 [J]. 宏观经济研究，2010，135（02）：77-80.

[100] 张震，万宏，杜国敏，等. 日本能源企业发展氢能业务经验与启示 [J]. 石油科技论坛，2019，38（04）：58-63.

[101] 周新军. 欧盟低碳交通战略举措及启示 [J]. 中外能源，2012，17（11）：6-14.

[102] 恒大研究院. 全球动力电池竞争报告2019[R]. 2019：7.

[103] International Council on Clean Transportation. 中国电动汽车成本收益评估（2020—2035）[R]. 2019.

[104] 中国汽车工程学会. 节能与新能源汽车技术路线图2.0[M]. 2版. 北京：机械工业出版社，2020：179.

[105] United States Department of Energy. Hydrogen & fuel cells program records——fuel cell system cost-2017[R]. 2017.

[106] 周镇海. 浅析纯电动船的应用前景 [J]. 中国水运，2020，672（11）：109-110.

[107] 杨凤田，范振伟，项松，等. 中国电动飞机技术创新与实践 [J]. 航空学报，2021，42（03）：7-12.

[108] International Energy Agency. 全球能源部门2050年净零排放路线图 [R]. 2022.

[109] 交通运输部. 2021年交通运输行业发展统计公报 [R]. 2022.

[110] 中国交通低碳转型发展战略与路径研究课题组. 碳达峰碳中和目标下中国交通低碳转型发展战略与路径研究 [M]. 北京：人民交通出版社股份有限公司，2021.

[111] 国务院办公厅. 新能源汽车产业发展规划（2021—2035年）[R]. 2020.

[112] 李书福. 建议加大电动汽车换电体系建设，全面推广应用甲醇汽车 [EB/OL].（2022-03-03）[2023-06-06]. https：//m. jrj. com. cn/madapter/finance/2022/03/03162434516127. shtml.

[113] 武新苗. 利弊并存 天然气卡车未来何去何从？[EB/OL].（2021-09-24）[2023-06-06]. http：//www. cnautonews. com/shangyongcar/2021/09/24/

detail_20210924346884.html.

[114] 王思佳. 零碳航运——氨燃料大有作为 [J]. 中国船检，2021，256（08）：80-84.

[115] 国务院. 2030 年前碳达峰行动方案 [R]. 2021.

[116] 李晓易，谭晓雨，吴睿，等. 交通运输领域碳达峰、碳中和路径研究 [J]. 中国工程科学，2021，23（06）：15-21.

[117] 路丙毅，贾超，江国防，等. 共价有机框架在锂硫电池中的应用 [J]. 中国材料进展，2021，40（09）：659-668.

[118] 头豹研究院. 2021 年中国高压气态储氢行业概览 [R]. 2019.

[119] 牟思宇，谢宇斌. 我国废旧动力电池回收利用的发展现状、存在问题及对策建议 [J]. 有色金属工程，2022，12（12）：153-158.

[120] 申志锋. 动车组交流传动技术及其应用探讨 [J]. 科技创新与应用，2014，91（15）：292.

[121] 李辉，赵滨，吴健，等. 有轨电车的电池/超级电容器能量管理 [J]. 电池，2022，52（1）：48-52.

[122] 童亮，袁裕鹏，李骁，等. 我国氢动力船舶创新发展研究 [J]. 中国工程科学，2022，24（03）：127-139.

[123] 茅佳兵. 助力"双碳"，生物航煤蓄势待发 [J]. 大飞机，2021，087（09）：32-35.

[124] 孔祥浩，张卓然，陆嘉伟，等. 分布式电推进飞机电力系统研究综述 [J]. 航空学报，2018，39（01）：51-67.

[125] 张扬军，彭杰，钱煜平，等. 氢能航空的关键技术与挑战 [J]. 航空动力，2021，18（01）：20-23.

[126] 中国智能网联汽车产业创新联盟. 车路云一体化系统白皮书 [R]. 2023.

[127] 贾利民，师瑞峰，吉莉，等. 我国道路交通与能源融合发展战略研究 [J]. 中国工程科学，2022，24（03）：163-172.

[128] 李全生，卓卉. 基于协同供能的轨道交通能源转型发展路径研究 [J]. 北京交通大学学报（社会科学版），2022，21（3）：53-60.

[129] 彭永涛，李丫丫，卢娜. 中国低碳技术创新特征——基于 CPC-Y02 专利数据 [J]. 技术经济，2018，37（7）：41-46.

[130] 欧阳斌，郭杰，李忠奎，等. 中国交通运输低碳发展的战略构想 [J]. 中国人口·资源与环境，2014，24（S3）：1-4.

[131] 熊华文. 减污降碳协同增效的能源转型路径研究 [J]. 环境保护，2022，

50（Z1）：35-40.

[132] 平安证券研究所. 动力电池强势依旧，电池材料大有可为[R]. 2023.

[133] 深圳市亿渡数据科技有限公司. 2022年中国氢燃料电池行业短报告[R]. 2023.

[134] 国际船舶网. 2022年世界造船业回顾与展望[EB/OL].（2023-02-14）[2023-06-06]. http：//wap. eworldship. com/index. php/eworldship/news/article？ id=189731.

[135] International Council on Clean Transportation. 全球汽车电动化转型年度总览2022[R]. 2022.

[136] 高仕斌，罗嘉明，陈维荣，等. 轨道交通"网-源-储-车"协同供能技术体系[J]. 西南交通大学学报，2022：1-18.

附录

附录A　中国钢铁行业相关政策法规

附表A-1　中国钢铁行业相关政策法规

序号	发布日期	文件名称	内容摘要
1	2021年1月5日	碳排放权交易管理办法（试行）	《碳排放权交易管理办法（试行）》共8章43条，分别为：总则、温室气体重点排放单位、分配与登记、排放交易、排放核查与配额清缴、监督管理、罚则、附则
2	2021年2月22日	国务院关于加快建立健全绿色低碳循环发展经济体系的指导意见	健全绿色低碳循环发展的生产体系，推进工业绿色升级，加快实施钢铁、石化、化工、有色、建材、纺织、造纸、皮革等行业绿色化改造；健全绿色低碳循环发展的流通体系；健全绿色低碳循环发展的消费体系；加快基础设施绿色升级；构建市场导向的绿色技术创新体系；完善法律法规政策体系；认真抓好组织实施
3	2021年3月16日	关于加快推动制造服务业高质量发展的意见	①制造服务业发展方向。提升制造业创新能力；优化制造业供给质量；提高制造业生产效率；支撑制造业绿色发展；增强制造业发展活力；推动制造业供应链创新应用。②加快制造服务业发展专项行动。制造服务业主体培育行动；融合发展试点示范行动；中国制造品牌培育行动；制造业智能转型行动，在冶金等重点领域遴选一批实施成效突出、复制推广价值大的智能制造标杆工厂，加快制定分行业智能制造实施路线图，修订完善国家智能制造标准体系；制造业研发设计能力提升行动；制造业绿色化改造行动，开展绿色产业示范基地建设，搭建绿色发展促进平台，培育一批具有自主知识产权和专业化服务能力的市场主体，推动提高钢铁等行业绿色化水平；制造业供应链创新发展行动；制造服务业标准体系建设行动；制造业计量能力提升行动

续表

序号	发布日期	文件名称	内容摘要
4	2021年3月18日	关于"十四五"大宗固体废弃物综合利用的指导意见	①提高大宗固废资源利用效率。冶炼渣。加强产业协同利用,扩大赤泥和钢渣利用规模,提高赤泥在道路材料中的掺用比例,扩大钢渣微粉作混凝土掺合料在建设工程等领域的利用。不断探索赤泥和钢渣的其他规模化利用渠道。鼓励从赤泥中回收铁、碱、氧化铝,从冶炼渣中回收稀有稀散金属和稀贵金属等有价组分,提高矿产资源利用效率,保障国家资源安全,逐步提高冶炼渣综合利用率。②推进大宗固废综合利用绿色发展。推进产废行业绿色转型,实现源头减量;推动利废行业绿色生产,强化过程控制;强化大宗固废规范处置,守住环境底线。③推动大宗固废综合利用创新发展。创新大宗固废综合利用模式;创新大宗固废综合利用关键技术;创新大宗固废协同利用机制;创新大宗固废管理方式。④实施资源高效利用行动。骨干企业示范引领行动;综合利用基地建设行动;资源综合利用产品推广行动;大宗固废系统治理能力提升行动
5	2021年4月17日	工业和信息化部关于印发钢铁行业产能置换实施办法的通知	《钢铁行业产能置换实施办法》自2021年6月1日起施行。大气污染防治重点区域严禁增加钢铁产能总量。未完成钢铁产能总量控制目标的省(区、市),不得接受其他地区出让的钢铁产能。长江经济带地区禁止在合规园区外新建、扩建钢铁冶炼项目。大气污染防治重点区域置换比例不低于1.5∶1,其他地区置换比例不低于1.25∶1
6	2021年4月26日	财政部 税务总局关于取消部分钢铁产品出口退税的公告	自2021年5月1日起,取消部分钢铁产品出口退税。具体执行时间,以出口货物报关单上注明的出口日期界定
7	2021年4月27日	国务院关税税则委员会关于调整部分钢铁产品关税的公告	为更好保障钢铁资源供应,推动钢铁行业高质量发展,国务院关税税则委员会决定,自2021年5月1日起,调整部分钢铁产品关税

续表

序号	发布日期	文件名称	内容摘要
8	2021年4月27日	国家发展改革委关于钢铁冶炼项目备案管理的意见	①高度重视钢铁冶炼项目备案工作；②严格钢铁冶炼项目备案管理；③规范建设钢铁冶炼项目；④强化钢铁项目备案事中事后监管。自2021年6月1日起，《关于完善钢铁产能置换和项目备案工作的通知》（发改电〔2020〕19号，以下简称19号文件）关于暂停钢铁项目备案的有关要求停止执行，备案建设钢铁冶炼项目按本意见要求执行。19号文件生效（2020年1月24日）前，已进行产能置换方案公示且无异议的钢铁冶炼项目可按原有规定进行备案
9	2021年5月17日	关于发布《碳排放权登记管理规则（试行）》《碳排放权交易管理规则（试行）》和《碳排放权结算管理规则（试行）》的公告	①全国碳排放权注册登记机构成立前，由湖北碳排放权交易中心有限公司承担全国碳排放权注册登记系统账户开立和运行维护等具体工作。②全国碳排放权交易机构成立前，由上海环境能源交易所股份有限公司承担全国碳排放权交易系统账户开立和运行维护等具体工作。③《碳排放权登记管理规则（试行）》《碳排放权交易管理规则（试行）》和《碳排放权结算管理规则（试行）》自本公告发布之日起施行
10	2021年5月18日	国家发展改革委关于"十四五"时期深化价格机制改革行动方案的通知	①加强和改进价格调控。做好大宗商品价格异动应对。加强对铁矿石、铜、原油、天然气、玉米、大豆、食用油等大宗商品市场动态和价格形势的跟踪分析，深入研判输入性影响，及时提出储备、进出口、财税、金融等综合调控措施建议，推动有关方面做好保供稳价工作。②深入推进能源价格改革。针对高耗能、高排放行业，完善差别电价、阶梯电价等绿色电价政策，强化与产业和环保政策的协同，加大实施力度，促进节能减碳。③系统推进水资源价格改革。④加快公共服务价格改革。⑤做好组织保障

续表

序号	发布日期	文件名称	内容摘要
11	2021年6月18日	关于发布《进口再生钢铁原料检验规程》等76项行业标准的公告	《进口再生钢铁原料检验规程》(SN/T 5353—2021)、《进口家用和类似用途电器检验规程 第7部分：空气净化器》(SN/T 1589.7—2021)、《进口旧机电产品检验规程 第2部分：装运前检验》(SN/T 1795.2—2021)、《进口旧机电产品检验规程 第4部分：需逐批实施现场检验的产品检验要求》(SN/T 1795.4—2021)、《维修用途入境机电产品检验规程 第3部分：维修企业能力评估要求》(SN/T 4246.3—2021)、《进口钢轨钢检验规程》(SN/T 5301—2021)、《进口钢筋混凝土用钢检验规程》(SN/T 5302—2021)、《进口钢丝绳检验规程》(SN/T 5303—2021)、《自贸区进口再制造机械零部件用毛坯件 检验一般要求》(SN/T 5312—2021)
12	2021年7月1日	国家发展改革委关于印发"十四五"循环经济发展规划的通知	《"十四五"循环经济发展规划》重点任务：①构建资源循环型产业体系，提高资源利用效率；②构建废旧物资循环利用体系，建设资源循环型社会；③深化农业循环经济发展，建立循环型农业生产方式
13	2021年7月27日	关于开展重点行业建设项目碳排放环境影响评价试点的通知	试点行业：电力、钢铁、建材、有色、石化和化工等重点行业，试点地区根据各地实际选取试点行业和建设项目。工作任务：建立方法体系；测算碳排放水平；提出碳减排措施；完善环评管理要求
14	2021年7月28日	关于取消钢铁产品出口退税的公告	自2021年8月1日起，取消本公告所附清单列示的钢铁产品出口退税。具体执行时间，以出口货物报关单上注明的出口日期界定。取消出口退税的钢铁商品代码：72091510、72091590、72091610、72091690、72091710、72091790、72091810、72091890、72101200、72103000、72104900、72106100、72251100、72251900、72255000、72259100、72259200、72261100、72261900、73021000、73042910、73042920、73042930

续表

序号	发布日期	文件名称	内容摘要
15	2021年7月29日	国务院关税税则委员会关于进一步调整钢铁产品出口关税的公告	为推动钢铁行业转型升级和高质量发展，国务院关税税则委员会决定，自2021年8月1日起，进一步调整部分钢铁产品出口关税。高纯生铁（含锰量<0.08%，含磷量<0.03%，含硫量<0.02%，含钛量<0.03%）出口税率调整为20%；铬铁（含碳量>4%）出口税率调整为40%；铬铁（含碳量≤4%）出口税率调整为40%
16	2021年9月30日	两部门关于开展京津冀及周边地区2021—2022年采暖季钢铁行业错峰生产的通知	工作目标：第一阶段，2021年11月15日至2021年12月31日，确保完成本地区粗钢产量压减目标任务；第二阶段，2022年1月1日至2022年3月15日，以削减采暖季增加的大气污染物排放量为目标，原则上各有关地区钢铁企业错峰生产比例不低于上一年同期粗钢产量的30%。工作要求：加强组织领导；做好分类实施；分解落实任务；加强舆论引导；强化监督检查
17	2021年10月4日	中国银保监会关于服务煤电行业正常生产和商品市场有序流通保障经济平稳运行有关事项的通知	①切实提高思想认识。②保障煤电、煤炭、钢铁、有色金属等生产企业合理融资需求。支持钢铁、有色金属等传统产业改造升级，促进更多资金投向能源安全保供和绿色低碳发展领域，推进绿色高质量发展。③严防银行保险资金影响商品市场正常秩序。严禁挪用套取信贷资金或绕道理财、信托等方式，违规参与煤炭、钢铁、有色金属等大宗商品投机炒作、牟取暴利。④积极推动消费信贷规范健康发展。⑤切实加强和改进信贷管理。⑥认真做好机构排查工作；⑦认真开展监管检查
18	2021年10月18日	国家发展改革委等部门关于严格能效约束推动重点领域节能降碳的若干意见	主要目标：到2025年，钢铁等重点行业和数据中心达到标杆水平的产能比例超过30%；到2030年，重点行业能效基准水平和标杆水平进一步提高，达到标杆水平企业比例大幅提升，行业整体能效水平和碳排放强度达到国际先进水平，为如期实现碳达峰目标提供有力支撑。重点任务有以下几点。①突出抓好重点行业。分步实施、有序推进重点行业节能降碳工作，首批聚焦能源消耗占比较高、改造条件相对成熟、示范带动作用明显的钢铁等重点行业和数据中心组织实施。②科学确定能效水平。③严格实施分类管理。④稳妥推进改造升级。⑤加强技术攻关应用。⑥强化支撑体系建设。⑦加强数据中心绿色高质量发展。同时发布《冶金、建材重点行业严格能效约束推动节能降碳行动方案（2021—2025年）》

续表

序号	发布日期	文件名称	内容摘要
19	2021年10月29日	关于印发《2021—2022年秋冬季大气污染综合治理攻坚方案》的通知	主要任务：坚决遏制"两高"项目盲目发展；落实钢铁行业产量压减相关要求；积极稳妥实施散煤治理；深入开展锅炉和炉窑综合整治；扎实推进VOCs治理突出问题排查整治；加快推进柴油货车污染治理；推进大宗货物"公转铁""公转水"；强化秸秆禁烧管控；加强扬尘综合管控；有效应对重污染天气
20	2021年10月29日	国家发展改革委等部门关于印发《"十四五"全国清洁生产推行方案》的通知	突出抓好工业清洁生产。①加强高耗能高排放项目清洁生产评价。钢铁等行业新建项目严格实施产能等量或减量置换。②推行工业产品绿色设计。③加快燃料原材料清洁替代。对以煤炭、石油焦、重油、渣油、兰炭等为燃料的工业炉窑、自备燃煤电厂及燃煤锅炉，积极推进清洁低碳能源、工业余热等替代。④大力推进重点行业清洁低碳改造。全面开展清洁生产审核和评价认证，推动钢铁等重点行业"一行一策"绿色转型升级，加快存量企业及园区实施节能、节水、节材、减污、降碳等系统性清洁生产改造。在钢铁等行业选择100家企业实施清洁生产改造工程建设，推动一批重点企业达到国际清洁生产领先水平。加强清洁生产科技创新和产业培育。①加强科技创新引领；②推动清洁生产技术装备产业化；③大力发展清洁生产服务业。深化清洁生产推行模式创新。①创新清洁生产审核管理模式；②探索清洁生产区域协同推进
21	2021年11月2日	中共中央 国务院关于深入打好污染防治攻坚战的意见	①加快推动绿色低碳发展。深入推进碳达峰行动：以能源、工业、城乡建设、交通运输等领域和钢铁、有色金属、建材、石化化工等行业为重点，深入开展碳达峰行动。坚决遏制高耗能高排放项目盲目发展；依法依规淘汰落后产能和化解过剩产能，推动高炉-转炉长流程炼钢转型为电炉短流程炼钢；重点区域严禁新增钢铁、焦化、水泥熟料、平板玻璃、电解铝、氧化铝、煤化工产能。②深入打好蓝天保卫战。着力打好重污染天气消除攻坚战：天山北坡城市群加强兵地协作，钢铁、有色金属、化工等行业参照重点区域执行重污染天气应急减排措施。③深入打好碧水保卫战。④深入打好净土保卫战。⑤切实维护生态环境安全。⑥提高生态环境治理现代化水平。⑦加强组织实施

续表

序号	发布日期	文件名称	内容摘要
22	2021年11月15日	国家发展改革委等部门关于发布《高耗能行业重点领域能效标杆水平和基准水平（2021年版）》的通知	《通知》要求：①突出标准引领作用；②分类推动项目提效达标；③限期分批改造升级和淘汰；④完善相关配套支持政策。《高耗能行业重点领域能效标杆水平和基准水平（2021年版）》规定顶装焦炉能效标杆水平和基准水平（标准煤）分别为110kg/t、135kg/t；捣固焦炉能效标杆水平和基准水平（标准煤）分别为110kg/t、140kg/t；高炉工序能效标杆水平和基准水平（标准煤）分别为361kg/t、435kg/t；转炉工序能效标杆水平和基准水平（标准煤）分别为−30kg/t、−10kg/t
23	2021年11月15日	工业和信息化部关于印发《"十四五"工业绿色发展规划》的通知	主要目标：到2025年，工业产业结构、生产方式绿色低碳转型取得显著成效，绿色低碳技术装备广泛应用，能源资源利用效率大幅提高，绿色制造水平全面提升，为2030年工业领域碳达峰奠定坚实基础。主要任务：实施工业领域碳达峰行动；推进产业结构高端化转型；加快能源消费低碳化转型；促进资源利用循环化转型；推动生产过程清洁化转型；引导产品供给绿色化转型；加速生产方式数字化转型；构建绿色低碳技术体系；完善绿色制造支撑体系
24	2021年12月6日	关于印发黄河流域水资源节约集约利用实施方案的通知	①强化水资源刚性约束。②优化流域水资源配置。③推动重点领域节水。加强工业节水：优化产业结构；开展节水改造，在钢铁、石化化工、建材、有色等行业开展重点用水企业水效领跑者引领行动；推广园区集约用水。④推进非常规水源利用。⑤推动减污降碳协同增效。⑥健全保障措施
25	2021年12月16日	关于公布《环境保护、节能节水项目企业所得税优惠目录（2021年版）》以及《资源综合利用企业所得税优惠目录（2021年版）》的公告	《环境保护、节能节水项目企业所得税优惠目录（2021年版）》涉钢内容：脱硫脱硝除尘排放治理及改造项目，包括电力、钢铁等行业烟气超低排放改造项目，电力、钢铁等行业烟气超低排放改造项目符合超低排放改造要求或地方大气污染物排放标准要求；工业固体废物利用处置项目；危险废物利用处置项目；余热余压利用项目；碳捕集、利用与封存（CCUS）项目。《资源综合利用企业所得税优惠目录（2021年版）》涉钢内容：冶炼渣（钢铁渣、有色冶炼渣、赤泥等）、社会回收的废金属（废钢铁、废铜、废铝等）、焦炉煤气、转炉煤气、高炉煤气

续表

序号	发布日期	文件名称	内容摘要
26	2021年12月21日	关于开展气候投融资试点工作的通知	《气候投融资试点工作方案》重点任务：①编制试点方案；②坚决遏制"两高"项目盲目发展；③有序发展碳金融；④强化碳核算与信息披露；⑤强化模式和工具创新；⑥强化政策协同；⑦建设国家气候投融资项目库；⑧加强人才队伍建设和国际交流合作
27	2021年12月21日	关于印发"十四五"原材料工业发展规划的通知	《规划》主要内容：①发展形势；②总体要求；③促进产业供给高端化；④推动产业结构合理化；⑤加快产业发展绿色化；⑥加快产业转型数字化；⑦保障产业体系安全化；⑧保障措施
28	2021年12月24日	六部委关于印发工业废水循环利用实施方案的通知	①总体要求：到2025年，钢铁行业规模以上工业用水重复利用率进一步提升。②重点任务：聚焦重点行业，实施废水循环利用提升行动；坚持创新驱动，攻关一批关键核心装备技术工艺；实施分类推广，分业分区提升先进适用装备技术工艺应用水平；突出标准引领，推进重点行业水效对标达标；强化示范带动，打造废水循环利用典型标杆；加强服务支撑，培育壮大废水循环利用专业力量；推进综合施策，提升废水循环利用管理水平。③保障措施

附录B 钢铁行业低碳项目汇总

附表B-1 国外氢冶金代表性项目情况

项目名称	项目类型	投资情况	氢源	项目进展
日本COURSE50	氢炼铁	150亿日元	焦炉煤气制氢	2008年启动，目标2030年应用
韩国浦项氢冶金	氢炼铁	1000亿韩元	核能制氢	2010年6月立项
瑞典HYBRIT项目	氢炼铁	10亿~20亿克朗	清洁能源电力电解水制氢	2016年启动，2018年6月起至2024年进行中试，目标2035年商业化

续表

项目名称	项目类型	投资情况	氢源	项目进展
奥钢联 H2FUTURE	氢炼铁	1800万欧元	电解水制氢	2017年初项目启动，目标2050年碳减排80%
普瑞特冶金技术公司无碳氢基铁矿粉直接还原	氢炼铁		可再生能源制氢、蒸汽重整制氢以及富氢废气	2019年6月启动
安赛乐米塔尔建设氢能炼铁实证工厂	氢炼铁	6500万欧元	天然气制氢	2019年9月开工
蒂森克虏伯氢炼铁（Carbon2Chem）	氢炼铁	100亿欧元	液化空气通过位于莱茵-鲁尔区200km供应管道提供氢气	2019年11月启动，计划2025年完成投资
德国迪林根和萨尔钢氢炼铁技术开发	氢炼铁	1400万欧元	富氢焦炉煤气	2020年实施
萨尔茨吉特低二氧化碳炼钢项目	氢炼钢	5000万欧元	风电制氢，可逆式固体氧化物电解	2020年投运

附表B-2 国内氢冶金相关项目情况

企业或机构	时间	项目进展	项目介绍
中国宝武集团、中核集团、清华大学	2019年1月	签订《核能-制氢-冶金耦合技术战略合作框架协议》	开展超高温气冷堆核能制氢研发、耦合钢铁冶炼，实现钢铁产业超低排放
河钢集团、中国工程院战略咨询中心、中国钢研科技集团、东北大学	2019年3月	组建"氢能技术与产业创新中心"	成为京津冀地区最具代表性和示范性的绿色、环保倡导者和实施者
酒钢集团	2019年9月	成立氢冶金研究院	创立"煤基氢冶金理论""氢冶金磁化焙烧理论"
天津荣程联合钢铁集团、陕鼓集团、西安翰海氢能源科技公司、韩城政府	2019年10月	西部氢都、能源互联岛	建立国家级氢能源开发与供应基地、氢能源应用技术研发基地和国际国内氢能源技术交流与合作中心

续表

企业或机构	时间	项目进展	项目介绍
河钢集团、特诺恩集团	2019年11月	建设全球首例120×10^{4}t/a规模氢冶金示范工程	分布式绿色能源、低成本制氢、气体自重整、氢冶金、成品热送、二氧化碳脱除等全流程的创新研发
中晋太行矿业公司	2019年底（调试）	干重整制还原气DRI	焦炉煤气直接还原炼铁（CSDRI）干重整技术优势：定制合成气H_2/CO比值
京华日钢集团、中国钢研科技集团	2020年5月初（签署合作协议）	氢冶金项目	计划利用氢气年产50×10^{4}t直接还原铁
建龙集团	2020年10月（首次试生产）	高纯生铁项目	30×10^{4}t/a富氢熔融还原法（CISP）高纯铸造生铁项目，碳冶金改为氢冶金
上海大学、山西中升钢铁公司	2020年11月	富氢低碳冶金项目	建造半工业化试验系统——富氢低碳冶炼模拟科学中心装置，用于高炉科学、低碳冶金和氢能利用研究
晋城钢铁集团、中冶京诚公司	2021年3月（签署协议）	低碳冶金	中冶京诚公司利用氢冶金技术助力晋钢构建绿色低碳、协同高效示范工厂
东北大学	2021年6月	氢冶金	东北大学与中钢国际公司合作进行低碳冶金、氢能制备储存利用、冶金-能源-化工耦合优化技术合作及推广
鞍钢集团、中国科学院过程工程研究所、中国科学院大连化物所	2021年7月（签署协议）	绿色氢冶金技术	项目工艺为风电+光伏-电解水制氢-氢冶金，配套钒电池储能调峰
包钢集团、伊利集团、西部天然气公司	2021年8月（签署战略协议）	氢冶金项目	包钢集团成立低碳氢冶金研究所，并与合作方探索低碳冶金技术

续表

企业或机构	时间	项目进展	项目介绍
宝武集团	2021年12月（开工）	富氢碳循环高炉项目	项目以富氢碳循环氧气高炉工艺为核心，辅以CO_2捕集利用的创新型高炉低碳炼铁技术，目标减碳30%
宝武集团	2022年	氢基竖炉	宝武集团将在湛江建设一套百万吨级氢基竖炉，采用42%氢基DRI+58%废钢电炉冶炼，形成短流程低碳冶金路线

附表B-3 钢铁企业CCUS技术应用项目及降碳效果

项目名称	项目类型	项目内容及降碳效果
欧洲ULCOS项目	直接还原—电弧炉—CCS	利用电解水制取氢气，所需电力来自水力发电站和核电站。铁矿石通过氢气竖炉还原生产不含碳的直接还原铁，送入电炉炼钢。相比于传统高炉冶炼工艺，与CCS技术结合使用，可减少CO_2排放量70%左右
神威CCU项目	高炉—转炉—CCU	该项目是在保持高炉流程主体地位的前提下，将高炉-转炉排放的CO_2变为有用资源。基于碳捕集利用思想，将钢铁生产的尾气进行高效低成本的净化、捕集、分离，得到CO和CO_2，作为化工产业的原料气，用于合成化工产品，通过钢铁-化工产业协同实现钢铁产业CO_2的净零排放
IGAR项目	高炉—转炉—CCU	IGAR项目使用钢铁厂内部产生的气体，使用等离子炬和反应器以加热和重整气体，钢厂气体重整并注入高炉风口过程旨在减少煤/焦炭的消耗
Carbon2Chem项目	高炉—转炉/电弧炉—CCU	Carbon2Chem项目是利用钢厂废气中含有的化工原材料，例如以CO和CO_2形式存在的碳、氮和氢等，生产含有碳和氢的合成气体，再应用于生产氨气、甲醇、聚合物和高级醇等各种初级化工产品，替代天然气、煤等化石原料。预计该项目成功后，将使德国钢铁工业每年排放量为2000×10^4t的CO_2在未来可以经济地获得利用。这占德国整个工业和制造业每年CO_2排放量的10%

续表

项目名称	项目类型	项目内容及降碳效果
HIsarna项目	熔融还原—CCS	HIsarna有1个反应器，从反应器顶部装入铁矿石。矿石在高温旋涡熔炼炉中熔化，并滴落到反应器底部。向反应器喷吹的煤粉与熔融矿石发生反应，产出铁水和CO_2。相比传统高炉冶炼工艺，与CCS技术结合使用，可减少CO_2排放量80%左右
FINEX项目	熔融还原—CCS	该工艺的关键技术是在主流化床反应器内将铁矿粉还原成粉状直接还原铁，直接还原铁经热压成形后，利用熔融气化炉将直接还原铁热压铁块熔融还原为铁水。与传统的高炉炼铁工艺相比，FINEX炼铁工艺省去了炼焦和烧结过程。相比于传统高炉冶炼工艺，与CCS技术结合使用，可减少CO_2排放量45%左右
包钢CCUS示范项目	200×10^4 tCCUS示范项目	对钢铁工业废烟气中的CO_2进行捕集，一部分经管道输送包钢碳化法钢铁渣综合利用项目固化利用，另一部分经过压缩液化后，采用低碳运输（换电重卡）方式送至周边油气田做增产技术服务，实现CO_2永久地质封存。一期50×10^4 t示范项目建成后，预计每年可实现CO_2减排36.53×10^4 t

附录C 中国水泥工业相关政策汇总

（1）产能限制政策

水泥行业降碳产业政策以淘汰落后产能、产能减量置换、错峰生产、严控新增产能等干预方式为主，推动水泥行业产业结构调整优化。近年来，水泥行业政策性降碳相关的产业政策见附表C-1。

附表C-1 水泥行业产能限制类政策

序号	发布时间	发文部门	政策名称	政策要点
1	2020年12月21日	工业和信息化部、生态环境部	《关于进一步做好水泥常态化错峰生产的通知》工信部联原〔2020〕201号	合理缩短水泥熟料装置运转时间，有效压减过剩产能，避免水泥熟料生产排放与取暖污染排放叠加，减轻采暖期大气污染。推动全国水泥错峰生产地域和时间常态化。所有水泥熟料生产线都应进行错峰生产
2	2021年5月21日	市场监管总局、工业和信息化部、国家发展改革委、生态环境部、商务部、海关总署、国家知识产权局	《关于提升水泥产品质量规范水泥市场秩序的意见》国市监质监发〔2021〕30号	持续推动产业结构优化。坚决淘汰落后和化解过剩产能。严防落后产能死灰复燃，鼓励粉磨企业按照减量置换原则实施转型升级。严禁新增产能，用于建设项目置换的退出产能在建设项目投产前须关停并完成拆除退出。进一步规范水泥生产。推动错峰生产地域和时间常态化，实施跨省、跨区域错峰生产联动机制。通过合理缩短水泥熟料装置运转时间，有效压减过剩产能，减轻采暖期大气污染
3	2021年5月30日	生态环境部	《关于加强高耗能、高排放建设项目生态环境源头防控的指导意见》环环评〔2021〕45号	加强对基层"两高"项目环评审批程序、审批结果的监督与评估，对审批能力不适应的依法调整上收。对水泥熟料等环境影响大或环境风险高的项目类别，不得以改革试点名义随意下放环评审批权限或降低审批要求

续表

序号	发布时间	发文部门	政策名称	政策要点
4	2021年7月2日	工业和信息化部	《工业和信息化部关于印发水泥玻璃行业产能置换实施办法的通知》工信部原〔2021〕80号	严禁备案和新建扩大产能的水泥熟料等项目。确有必要新建的，必须制定产能置换方案，实施产能置换。位于国家规定的大气污染防治重点区域水泥项目产能置换比例不低于2∶1，非大气污染防治重点区域产能置换比例不低于1.5∶1。对产业结构调整目录限制类的水泥产能以及跨省置换水泥项目，产能置换比例一律不低于2∶1
5	2021年9月11日	国家发展改革委	《完善能源消费强度和总量双控制度方案》发改环资〔2021〕1310号	坚决管控高耗能高排放项目。要建立在建、拟建、存量高耗能高排放项目清单，明确处置意见，调整情况及时报送国家发展改革委。对不符合要求的"两高"项目，各地区要严把节能审查、环评审批等准入关，金融机构不得提供信贷支持
6	2021年10月8日	国家发展改革委、商务部	《市场准入负面清单（2021年版）》（征求意见稿）	重点区域（京津冀及周边地区、长三角地区、汾渭平原）严禁新增水泥产能（依据《国务院关于印发打赢蓝天保卫战三年行动计划的通知》国发〔2018〕22号）。严禁水泥新增产能（依据《中共中央 国务院关于全面加强生态环境保护 坚决打好污染防治攻坚战的意见》中发〔2018〕17号）

续表

序号	发布时间	发文部门	政策名称	政策要点
7	2021年10月18日	国家发展改革委、工业和信息化部、生态环境部、市场监管总局、国家能源局	《冶金、建材重点行业严格能效约束推动节能降碳行动方案（2021—2025年）》	引导低效产能有序退出。加大淘汰落后产能工作力度，坚决淘汰落后生产工艺、技术、设备。推动水泥等行业集中集聚发展，提高集约化、现代化水平，形成规模效益，降低单位产品能耗。加快推进水泥等行业兼并重组
8	2021年10月24日	中共中央、国务院	《关于完整准确全面贯彻新发展理念做好碳达峰碳中和工作的意见》	新建、扩建水泥等高耗能高排放项目严格落实产能等量或减量置换；严控水泥等高碳项目投资
9	2021年10月26日	国务院	《国务院关于印发2030年前碳达峰行动方案的通知》国发〔2021〕23号	推动建材行业碳达峰。加强产能置换监管，加快低效产能退出，严禁新增水泥熟料等产能，引导建材行业向轻型化、集约化、制品化转型。推动水泥错峰生产常态化，合理缩短水泥熟料装置运转时间。坚决遏制"两高"项目盲目发展。强化常态化监管，加快淘汰落后产能，坚决拿下不符合要求的"两高"项目
10	2021年10月29日	生态环境部、国家发展和改革委员会等	《2021—2022年秋冬季大气污染综合治理攻坚方案》环大气〔2021〕104号	落实《关于进一步做好水泥常态化错峰生产的通知》要求，做好水泥行业错峰生产工作
11	2021年10月29日	国家发展改革委等部门	《"十四五"全国清洁生产推行方案》发改环资〔2021〕1524号	水泥熟料等行业新建项目严格实施产能等量或减量置换
12	2021年11月8日	中共中央、国务院	《中共中央 国务院关于深入打好污染防治攻坚战的意见》	坚决遏制高耗能高排放项目盲目发展。重点区域严禁新增水泥熟料等行业产能。着力打好臭氧污染防治攻坚战。推进水泥等行业企业超低排放改造

续表

序号	发布时间	发文部门	政策名称	政策要点
13	2021年11月15日	工业和信息化部	《"十四五"工业绿色发展规划》工信部规〔2021〕178号	严格执行水泥等行业产能置换政策，新建项目应实施产能等量或减量置换。强化环保、能耗、水耗等要素约束，依法依规推动落后产能退出

产能置换是水泥行业政策性去产能的重要抓手之一，利用市场化、法治化手段推动水泥行业供给侧结构性改革，化解水泥行业高耗能、高排放的过剩和落后产能。错峰生产是推动水泥行业减污降碳、有效减少碳排放的重要政策。

我国水泥行业通过产能置换和常态化错峰生产两大政策，在水泥产能过剩情况下，给先进工艺和标杆水平的新建项目腾出了长远发展空间，推动行业加大淘汰落后产能，促进产业技术进步，实施优胜劣汰和产能布局优化，引导资源要素合理流动配置，加快水泥行业减污降碳和绿色发展。

（2）技术减碳政策

技术减碳是通过制定节能减碳技术和行业标准，推广应用绿色低碳技术，改进水泥行业工艺、技术、设备等，优化生产指标，提高行业能效水平，实现节能、降碳、降能耗（附表C-2）。

附表C-2　水泥行业技术减碳政策

序号	发布时间	发文部门	政策名称	政策要点
1	2021年2月22日	国务院	《国务院关于加快建立健全绿色低碳循环发展经济体系的指导意见》国发〔2021〕4号	推进工业绿色升级。加快实施建材等行业绿色化改造。推行产品绿色设计，建设绿色制造体系。大力发展再制造产业，加强再制造产品认证与推广应用。建设资源综合利用基地，促进工业固体废物综合利用。全面推行清洁生产，依法在"双超双有高耗能"行业实施强制性清洁生产审核。完善"散乱污"企业认定办法，分类实施关停取缔、整合搬迁、整改提升等措施。加快实施排污许可制度。加强工业生产过程中危险废物管理

续表

序号	发布时间	发文部门	政策名称	政策要点
2	2021年3月2日	工业和信息化部办公厅	《工业和信息化部办公厅关于印发2021年第一批行业标准制修订和外文版项目计划的通知》工信厅科函〔2021〕25号	特种水泥单位产品能源消耗限额、产品水足迹评价技术规范通用硅酸盐水泥列入2021年绿色制造标准项目计划表；水泥和混凝土用脱硫锰渣、水泥和混凝土用粒化碳素铬铁渣、海工低热硅酸盐水泥、高温固井硅酸盐水泥列入2021年质量提升标准项目计划表；3D打印水泥基材料制品收缩性能试验方法，水泥基材料3D打印术语与定义列入2021年建材行业标准项目计划表
3	2021年3月18日	国家发展改革委、科技部等	《关于"十四五"大宗固体废弃物综合利用的指导意见》发改环资〔2021〕381号	继续推广磷石膏在生产水泥和新型建筑材料等领域的利用。支持利用脱硫石膏、柠檬酸石膏制备绿色建材、石膏晶须等新产品新材料，扩大工业副产石膏高值化利用规模
4	2021年5月11日	国务院办公厅	《强化危险废物监管和利用处置能力改革实施方案》国办函〔2021〕47号	新建危险废物集中焚烧处置设施处置能力原则上应大于3万吨每年，控制可焚烧减量的危险废物直接填埋，适度发展水泥窑协同处置危险废物。统筹新建、在建和现有危险废物焚烧处置设施、协同处置固体废物的水泥窑、生活垃圾焚烧设施等资源，建立协同应急处置设施清单
5	2021年5月21日	市场监管总局、工业和信息化部、国家发展改革委、生态环境部、商务部、海关总署、国家知识产权局	《关于提升水泥产品质量规范水泥市场秩序的意见》国市监质监发〔2021〕30号	推动水泥产业现代化。充分发挥大型骨干企业在环境保护、智能工厂、绿色生产等方面的示范引领作用，促进水泥行业智能化、绿色化发展，发展特种水泥，实现服务型制造。持续推进水泥行业绿色发展。鼓励企业实施创新发展，积极采用先进的节能减排和综合利用技术，提高水泥行业能源资源利用效率；扎实推进清洁生产，开展清洁生产审核和技术改造，加快推广应用先进成熟的清洁生产技术工艺，降低污染物排放强度，逐步建立基于技术进步的清洁生产高效推行模式。积极推动智能制造数字转型行动，促进水泥行业生产方式的自动化、智能化、无人化变革

续表

序号	发布时间	发文部门	政策名称	政策要点
6	2021年7月1日	国家发展改革委	《"十四五"循环经济发展规划》发改环资〔2021〕969号	强化重点行业清洁生产。推动水泥等重点行业"一行一策"制定清洁生产改造提升计划。 推进城市废弃物协同处置。有序推进水泥窑、冶炼窑炉协同处置医疗废物、危险废物、生活垃圾等
7	2021年7月19日	工业和信息化部办公厅	《工业和信息化部办公厅关于印发2021年第二批行业标准制修订和外文版项目计划的通知》工信厅科函〔2021〕159号	水泥窑系统㶲平衡、㶲效率计算方法列入2021年第二批绿色制造标准项目计划表；《水泥制品工艺技术规程 第3部分：预应力钢筒混凝土管》、《第5部分：环形混凝土电杆》、《水泥工业用回转烘干机》列入2021年第二批绿色制造标准项目计划表；土工合成水泥毯列入2021年第二批绿色制造标准项目计划表
8	2021年9月3日	工业和信息化部、人民银行、银保监会、证监会	《关于加强产融合作推动工业绿色发展的指导意见》工信部联财〔2021〕159号	加快工业企业绿色化改造提升。加快实施建材等行业绿色化改造。加快推进水泥窑协同处置生活垃圾，提升工业窑炉协同处置城市废弃物水平
9	2021年10月11日	国家市场监督管理总局、国家标准化管理委员会	《水泥单位产品能源消耗限额》	《水泥单位产品能源消耗限额》（GB 16780—2021）更新了熟料单位产品综合能耗、煤耗、电耗限值，于2022年11月1日起实施
10	2021年10月18日	国家发展改革委、工业和信息化部、生态环境部、市场监管总局、国家能源局	《关于严格能效约束推动重点领域节能降碳的若干意见》发改产业〔2021〕1464号	到2025年，通过实施节能降碳行动，水泥等重点行业和数据中心达到标杆水平的产能比例超过30%，行业整体能效水平明显提升，碳排放强度明显下降，绿色低碳发展能力显著增强。 到2030年，重点行业能效基准水平和标杆水平进一步提高，达到标杆水平企业比例大幅提升，行业整体能效水平和碳排放强度达到国际先进水平，为如期实现碳达峰目标提供有力支撑

续表

序号	发布时间	发文部门	政策名称	政策要点
11	2021年10月18日	国家发展改革委、工业和信息化部、生态环境部、市场监管总局、国家能源局	《冶金、建材重点行业严格能效约束推动节能降碳行动方案（2021—2025年)》	开展水泥企业现有项目能效情况调查；选取水泥等行业节能先进适用技术，引导能效水平相对落后企业实施技术改造；深入研究水泥等行业节能低碳技术发展路线；加快先进适用节能低碳技术产业化应用，开发水泥等行业绿色设计产品。推动水泥等行业集中集聚发展，降低单位产品能耗；修订水泥等行业节能《产业结构调整指导目录》《绿色技术推广目录》，完善水泥行业绿色电价政策
12	2021年10月24日	中共中央、国务院	《关于完整准确全面贯彻新发展理念做好碳达峰碳中和工作的意见》	加快节能标准更新升级，抓紧修订一批能耗限额、产品设备能效强制性国家标准和工程建设标准，提升重点产品能耗限额要求，扩大能耗限额标准覆盖范围
13	2021年10月26日	国务院	《国务院关于印发2030年前碳达峰行动方案的通知》国发〔2021〕23号	因地制宜利用风能、太阳能等可再生能源，逐步提高电力、天然气应用比重。鼓励建材企业使用粉煤灰、工业废渣、尾矿渣等作为原料或水泥混合材。加快推进绿色建材产品认证和应用推广。推广节能技术设备，开展能源管理体系建设，实现节能增效
14	2021年10月26日	工业和信息化部科技司	《建材行业智能制造标准体系建设指南（2021版）（征求意见稿）》	制定行业通用基础类标准，以及水泥等智能化水平较高、需求迫切的细分领域关键技术标准，适用于水泥生产及矿山的智能化升级改造。到2023年，初步建立建材行业智能制造标准体系，制定不少于20项相关标准；实现重要关键技术标准在行业示范应用。到2025年，建立较为完善的建材行业智能制造标准体系，制定不少于40项相关标准，实现智能制造标准在行业广泛应用

续表

序号	发布时间	发文部门	政策名称	政策要点
15	2021年10月29日	国家发展改革委等部门	《"十四五"全国清洁生产推行方案》发改环资〔2021〕1524号	严格高耗能高排放项目准入，新建、改建、扩建项目应采取先进适用的工艺技术和装备，单位产品能耗、物耗和水耗等达到清洁生产先进水平。推动建材等重点行业"一行一策"绿色转型升级，加快存量企业及园区实施节能、节水、节材、减污、降碳等系统性清洁生产改造。选择100家企业实施清洁生产改造工程建设，推动一批重点企业达到国际清洁生产领先水平。推动使用粉煤灰、工业废渣、尾矿渣等作为原料或水泥混合材料。推广水泥窑高能效低氮预热预分解先进烧成等技术。完成8.5亿吨水泥熟料清洁生产改造
16	2021年11月15日	国家发展改革委等部门	《高耗能行业重点领域能效标杆水平和基准水平（2021年版）》发改产业〔2021〕1609号	水泥熟料单位产品综合能耗（参考标准：GB 16780）标杆水平（标准煤）为100kg/t，基准水平（标准煤）为117kg/t。对照能效标杆水平建设实施，推动能效水平应提尽提，力争全面达到标杆水平。对能效低于本行业基准水平的存量项目，合理设置政策实施过渡期，引导企业有序开展节能降碳技术改造，提高生产运行能效，坚决依法依规淘汰落后产能、落后工艺、落后产品。依据能效标杆水平和基准水平，限期分批实施改造升级和淘汰
17	2021年11月15日	工业和信息化部	《"十四五"工业绿色发展规划》工信部规〔2021〕178号	开展水泥窑高比例燃料替代等重大降碳工程示范。重点推广建材行业水泥流化床悬浮煅烧与流程再造技术等先进节能工艺流程。稳步实施水泥等行业脱硫脱硝除尘超低排放清洁生产改造。健全绿色低碳标准体系。制修订一批低碳、节能、节水、资源综合利用等重点领域标准及关键工艺技术装备标准

续表

序号	发布时间	发文部门	政策名称	政策要点
18	2021年11月17日	工业和信息化部	《关于印发"十四五"信息化和工业化深度融合发展规划的通知》工信部规〔2021〕182号	面向建材等行业,推进生产过程数字化监控及管理,加速业务系统互联互通和工业数据集成共享,实现生产管控一体化
19	2021年11月24日	工业和信息化部、国家标准化管理委员会	《工业互联网综合标准化体系建设指南(2021版)》工信部联科〔2021〕291号	"5G+工业互联网"应用标准:建材等行业的5G与工业互联网融合的应用标准,面向水泥领域的"5G+工业互联网"应用场景及技术要求。工业互联网平台+安全生产标准:面向建材等重点行业开展"工业互联网+安全生产"建设规划、特定技术改造、应用解决方案、管控、数据应用等应用标准
20	2021年12月3日	工业和信息化部、国家标准化管理委员会	《国家智能制造标准体系建设指南(2021版)》工信部联科〔2021〕187号	围绕水泥等领域,制定工厂设计、工艺仿真、质量管控、仓储管理等智能工厂规范或规程标准;《智能制造 远程运维系统通用要求》(20182039-T-339)适用于指导水泥行业设备远程运维系统管理系统的设计和开发
21	2021年12月8日	国家发展改革委等部门	《贯彻落实碳达峰碳中和目标要求 推动数据中心和5G等新型基础设施绿色高质量发展实施方案》发改高技〔2021〕1742号	充分发挥数据中心、5G在促进传统行业数字化转型方面的重要支撑作用,推动水泥等传统行业加快"上云用数赋智"步伐,优化管理流程,实现节本降耗
22	2021年12月14日	国家发展改革委、工业和信息化部	《关于振作工业经济运行 推动工业高质量发展的实施方案的通知》发改产业〔2021〕1780号	科学确定建材等重点领域能效标杆水平和基准水平,严格能效约束,组织一批节能降碳技术改造项目,开展节能降碳技术示范应用,提高行业节能降碳水平。推动水泥等重点行业和数据中心加大节能力度,加快工业节能减碳技术装备推广应用

续表

序号	发布时间	发文部门	政策名称	政策要点
23	2021年12月21日	工业和信息化部等八部门	《"十四五"智能制造发展规划》工信部联规〔2021〕207号	定期修订《国家智能制造标准体系建设指南》,建设建材等细分领域的行业应用标准体系。研发新型干法水泥全流程智能化生产线等专用智能制造装备
24	2021年12月22日	工业和信息化部办公厅	《关于印发2021年碳达峰碳中和专项行业标准制修订项目计划的通知》工信厅科函〔2021〕291号	十三项水泥、混凝土项目被列入碳中和专项标准计划,分别是《基于项目的二氧化碳减排量评估技术规范 生产水泥熟料的燃料替代项目》《基于项目的二氧化碳减排量评估技术规范 水泥窑烟气碳捕集项目》《产品碳足迹 产品种类规则 预拌砂浆》《水泥制造碳排放核查技术规范》《水泥熟料替代原料应用技术规范 电石渣》《水泥熟料替代原料应用技术规范 煤矸石》《水泥制品养护固碳技术规范》《水泥窑烟气二氧化碳捕集技术规范》《水泥窑协同处置技术规范 生活垃圾预处理可燃物》《水泥窑用生活垃圾预处理可燃物制备技术规范》《钢渣脱硫副产石膏在水泥企业应用技术规范》《建材行业固定源二氧化碳排放在线监测技术要求》《低碳产品评价技术规范 通用硅酸盐水泥》

技术减碳政策从行业标准规范、绿色技术的应用推广、固体废物综合利用、提高智能化制造水平等几大方面提出了水泥行业的节能降耗减碳目标和实施措施。技术减碳政策对节能减排技术的推广应用起着至关重要的作用。

(3)保障性政策

水泥行业的高质量发展需要行业标准体系的规范、产业资金的扶持、市场机制的保障、先进技术的研发以及持续发展的绿色经济环境,国家对绿色制造、减污降碳、循环经济等产业给予持续的政策支持。水泥行业保障政策从市场、资金、碳核算等方面规范水泥行业有序发展（附表C-3）。

附表C-3 水泥行业保障类政策

序号	发布时间	发文部门	政策名称	政策要点
1	2021年4月2日	中国人民银行、国家发展改革委、证监会	《绿色债券支持项目目录（2021年版）》银发〔2021〕96号	水泥行业脱硝技术改造、水泥熟料的原料替代项目的温室气体减排量评估、水泥等建材产品的低碳产品认证和推广服务列入绿色债券支持项目目录（2021年版）
2	2021年5月9日	国家发展改革委	《污染治理和节能减碳中央预算内投资专项管理办法》发改环资规〔2021〕655号	节能减碳方向支持内容：重点支持建材等重点行业节能减碳改造，重大绿色低碳零碳负碳技术示范推广应用，煤炭消费减量替代和清洁高效利用，绿色产业示范基地等项目建设，节能减碳项目按不超过项目总投资的15%控制。中央和国家机关有关项目原则上全额补助。突出环境污染治理方向支持内容：支持建材等重点行业实施清洁生产技术、设备提升改造示范项目。突出环境污染治理项目，按不超过项目总投资的15%控制
3	2021年5月21日	市场监管总局、工业和信息化部、国家发展改革委、生态环境部、商务部、海关总署、国家知识产权局	《七部门关于提升水泥产品质量规范水泥市场秩序的意见》国市监质监发〔2021〕30号	强化进口水泥检验监管。研究推动将进口水泥熟料列入法定检验目录，保障进口水泥及熟料质量安全，促进优质产品进口。持续做好全国碳市场碳排放数据报告和核查工作。继续实施水泥行业重污染天气绩效分级，落实差异化减排措施。鼓励企业开展碳排放信息披露，建立并有效实施环境管理体系及能源管理体系，鼓励开展水泥低碳产品认证与标识，持续开展绿色工厂、绿色供应链创建，实现水泥行业绿色发展

续表

序号	发布时间	发文部门	政策名称	政策要点
4	2021年5月30日	生态环境部	《关于加强高耗能、高排放建设项目生态环境源头防控的指导意见》环环评〔2021〕45号	将碳排放影响评价纳入环境影响评价体系，加强排污许可证管理，对实行排污许可重点管理的"两高"企业加强现场核查，建立"两高"项目环评与排污许可监督检查工作机制
5	2021年7月2日	工业和信息化部办公厅	《关于下达2021年国家工业专项节能监察任务的通知》工信厅节函〔2021〕171号	监察企业对象为生产通用硅酸盐水泥的完整水泥生产线企业（含熟料生产）、熟料生产线企业和水泥粉磨站企业。监察内容为企业单位产品能耗限额标准执行情况、淘汰落后制度执行情况、能源计量管理制度执行情况、阶梯电价政策执行情况、能源消费统计制度执行情况等
6	2021年9月11日	国家发展改革委	《完善能源消费强度和总量双控制度方案》发改环资〔2021〕1310号	健全能耗双控管理制度。推动地方实行用能预算管理。严格实施节能审查制度，要切实加强对能耗量较大的项目的节能审查，新上高耗能项目必须符合国家产业政策且能效达到行业先进水平。完善能耗双控考核制度。增加能耗强度降低指标考核权重，合理设置能源消费总量指标考核权重，研究对化石能源消费进行控制的考核指标
7	2021年9月3日	工业和信息化部、人民银行、银保监会、证监会	《关于加强产融合作推动工业绿色发展的指导意见》工信部联财〔2021〕159号	建立健全碳核算和绿色金融标准体系，率先对绿色化改造重点行业等进行核算。完善工业绿色发展信息共享机制，推进高耗能、高污染企业和相关上市公司强制披露环境信息。积极发展绿色信贷、能效信贷，推动"两高"项目绿色化改造，对工业绿色发展项目给予重点支持。鼓励金融机构开发针对重点行业绿色建材与新能源汽车生产应用等方面的金融产品

续表

序号	发布时间	发文部门	政策名称	政策要点
8	2021年10月18日	国家发展改革委、工业和信息化部、生态环境部、市场监管总局、国家能源局	《冶金、建材重点行业严格能效约束推动节能降碳行动方案（2021—2025年）》	加大财政金融支持力度。落实节能专用装备、技术改造、资源综合利用等方面税收优惠政策。积极发展绿色金融，设立碳减排支持工具，拓展绿色债券市场的深度和广度，落实重点新材料首批次应用鼓励政策。 加大配套监督管理力度。加强源头把控，建立水泥等行业企业能耗和碳排放监测与评价体系
9	2021年10月24日	中共中央、国务院	《关于完整准确全面贯彻新发展理念做好碳达峰碳中和工作的意见》	完善能源核算、检测认证、评估、审计等配套标准。加快完善地区、行业、企业、产品等碳排放核查核算报告标准，建立统一规范的碳核算体系。制定重点行业和产品温室气体排放标准，完善低碳产品标准标识制度
10	2021年11月15日	国家发展改革委等部门	《高耗能行业重点领域能效标杆水平和基准水平（2021年版）》发改产业〔2021〕1609号	通过阶梯电价、国家工业专项节能监察、环保监督执法等手段，加大节能降碳市场调节和督促落实力度。 向节能减排效应显著的重点项目提供高质量金融服务，落实节能专用装备、技术改造、资源综合利用等税收优惠政策
11	2021年11月15日	工业和信息化部	《"十四五"工业绿色发展规划》工信部规〔2021〕178号	强化绿色制造标杆引领。围绕重点行业和重要领域，持续推进绿色产品、绿色工厂、绿色工业园区和绿色供应链管理企业建设。 将环境信息强制性披露纳入绿色制造评价体系，鼓励绿色制造企业编制绿色低碳发展年度报告。 打造绿色低碳人才队伍。 完善绿色政策和市场机制。严格控制"两高"项目投资，加大对节能环保、新能源、碳捕集利用与封存等的投融资支持力度。推动运用定向降准、专项再贷款、抵押补充贷款等政策工具，引导金融机构扩大绿色信贷投放

续表

序号	发布时间	发文部门	政策名称	政策要点
12	2021年12月11日	生态环境部	《企业环境信息依法披露管理办法》生态环境部令第24号	企业应当按照准则编制年度环境信息依法披露报告,包括:生产和生态环境保护等方面的基础信息;管理信息;污染物产生、治理与排放信息,包括污染防治设施,污染物排放,有毒有害物质排放,工业固体废物和危险废物产生、贮存、流向、利用、处置,自行监测等方面的信息;碳排放信息,包括排放量、排放设施等方面的信息;生态环境应急信息,包括突发环境事件应急预案、重污染天气应急响应等方面的信息;生态环境违法信息;等等。自2022年2月8日起施行
13	2021年12月14日	国家发展改革委、工业和信息化部	《关于振作工业经济运行 推动工业高质量发展的实施方案的通知》发改产业〔2021〕1780号	加大能耗标准制修订、宣贯推广工作力度,建立动态提高能效标杆水平和基准水平机制,完善能源核算、检测认证、评估、审计等配套标准。加大制造业融资支持。增加制造业中长期贷款投放,提升融资支持的精准性和有效性。深化产融合作,完善绿色金融标准体系和评价机制,落实产融合作推动工业绿色发展专项政策,建立工业绿色发展指导目录和项目库,发挥国家产融合作平台作用,引导金融资源向工业绿色低碳领域汇聚
14	2021年12月14日	国家开发银行	《实施绿色低碳金融战略 支持碳达峰碳中和行动方案》	到2025年开发银行绿色贷款占信贷资产比重较2020年底提高5个百分点以上,到2030年绿色贷款占信贷资产比重达到30%左右。加大对碳达峰、碳中和重点领域支持力度,并聚焦服务国家"碳达峰十大行动"重点任务,进一步明确行动路径,助力产业结构深度调整和经济社会发展全面绿色转型

附录D 中国交通运输部门低碳发展相关政策汇总

附表D-1 中国交通运输部门低碳发展相关政策

类别	发布时间	发文机构	发文号	政策文件	主要低碳发展内容
科技规划类	2006年2月9日	国务院	第9号	《国家中长期科学和技术发展规划纲要（2006—2020年）》	分别将"低能耗与新能源汽车"和"氢燃料电池技术"列入优先主题和前沿技术
工业规划类	2007年10月17日	国家发展和改革委员会	第72号	《新能源汽车生产准入管理规则》	将电动汽车正式纳入国家汽车新产品公告管理
工业规划类	2008年9月25日	交通运输部综合规划司	交规划发〔2008〕331号	《公路水路交通节能中长期规划纲要》	力争到2015年，交通基础设施网络体系更加完善，营运车辆、船舶和港口装卸设备结构更加优化，交通能源消费结构更加合理，结构性节能取得明显进展，节能科技创新能力进一步增强，节能技术服务体系进一步完善
科技规划类	2009年1月23日	财政部、科技部	财建〔2009〕6号	《关于开展节能与新能源汽车示范推广试点工作的通知》	根据国务院关于"节能减排"、"加强节油节电工作"和"着力突破制约产业转型升级的重要关键技术，精心培育一批战略性产业"战略决策精神，为扩大汽车消费，加快汽车产业结构调整，推动节能与新能源汽车产业化，在13个城市开展节能与新能源汽车示范推广试点工作
政策规划类	2009年2月26日	交通运输部	交科教发〔2009〕80号	《资源节约型环境友好型公路水路交通发展政策》	交通建设与发展必须正确把握规模与结构、速度与质量的关系，将资源节约、环境友好作为加快发展现代交通运输业的切入点，构建一个更安全、更通畅、更便捷、更经济、更可靠、更和谐的现代交通运输系统

续表

类别	发布时间	发文机构	发文号	政策文件	主要低碳发展内容
工业规划类	2009年3月20日	国务院办公厅		《汽车产业调整和振兴规划》	明确实施新能源汽车战略，推动纯电动汽车、充电式混合动力汽车及其关键零部件的产业化，提出"三年内形成50万辆纯电动、充电式混合动力和普通型混合动力等新能源汽车产能，新能源汽车销量占乘用车销量5%左右"的目标
工业规划类	2011年6月27日	交通运输部	交政法发〔2011〕315号	《公路水路交通运输节能减排"十二五"规划》	到2015年，交通运输行业能源利用效率明显提高，二氧化碳排放强度明显降低，绿色、低碳交通运输体系建设取得明显进展
专项规划类	2012年6月28日	国务院	国发〔2012〕22号	《节能与新能源汽车产业发展规划（2012—2020年）》	到2015年，纯电动汽车和插电式混合动力汽车累计产销量力争达到50万辆；到2020年，纯电动汽车和插电式混合动力汽车生产能力达200万辆、累计产销量超过500万辆，燃料电池汽车、车用氢能源产业与国际同步发展
工业规划类	2012年7月9日	国务院	国发〔2012〕28号	《"十二五"国家战略性新兴产业发展规划》	到2015年初步形成与市场规模相适应的充电设施体系和新能源汽车商业运行模式；2020年充电设施网络满足城际间和区域内纯电动汽车运行需要，实现规模化商业运营。整体水平达到国际先进水平

续表

类别	发布时间	发文机构	发文号	政策文件	主要低碳发展内容
工业规划类	2013年5月22日	交通运输部	交政法发〔2013〕323号	《加快推进绿色循环低碳交通运输发展指导意见》	到2020年，在保障实现国务院确定的单位GDP碳排放目标的前提下，全行业绿色循环低碳发展意识明显增强，节能减排体制机制更加完善，科技创新驱动能力明显提高，监管水平明显提升，行业能源和资源利用效率明显提高，控制温室气体排放取得明显成效，适应气候变化能力明显增强，生态保护得到全面落实，环境污染得到有效控制，基本建成绿色循环低碳交通运输体系
专项规划类	2014年7月21日	国务院办公厅	国办发〔2014〕35号	《关于加快新能源汽车推广应用的指导意见》	贯彻落实发展新能源汽车的国家战略，以纯电驱动为新能源汽车发展的主要战略取向，重点发展纯电动汽车、插电式（含增程式）混合动力汽车和燃料电池汽车，以市场主导和政府扶持相结合，建立长期稳定的新能源汽车发展政策体系
工业规划类	2015年5月19日	国务院	国发〔2015〕28号	《中国制造2025》	继续支持电动汽车、燃料电池汽车发展，掌握汽车低碳化、信息化、智能化核心技术，提升动力电池、驱动电机、高效内燃机、先进变速器、轻量化材料、智能控制等核心技术的工程化和产业化能力，形成从关键零部件到整车的完整工业体系和创新体系，推动自主品牌节能与新能源汽车同国际先进水平接轨

续表

类别	发布时间	发文机构	发文号	政策文件	主要低碳发展内容
专项规划类	2015年10月09日	国务院办公厅	国办发〔2015〕73号	《关于加快电动汽车充电基础设施建设的指导意见》	到2020年，基本建成适度超前、车桩相随、智能高效的充电基础设施体系，满足超过500万辆电动汽车的充电需求；建立较完善的标准规范和市场监管体系，形成统一开放、竞争有序的充电服务市场；形成可持续发展的"互联网+充电基础设施"产业生态体系，在科技和商业创新上取得突破，培育一批具有国际竞争力的充电服务企业
工业规划类	2016年6月13日	交通运输部	交规划发〔2016〕94号	《交通运输节能环保"十三五"发展规划》	把绿色发展理念融入交通运输发展的各方面和全过程，着力提升交通运输生态环境保护品质，突出理念创新、科技创新、管理创新和体制机制创新，有效发挥政府引导作用，充分发挥企业主体作用，加强公众绿色交通文化培育，加快建成绿色交通运输体系
工业规划类	2016年12月19日	国务院	国发〔2016〕67号	《"十三五"国家战略性新兴产业发展规划》	大幅提升新能源汽车和新能源的应用比例，全面推进高效节能、先进环保和资源循环利用产业体系建设，推动新能源汽车、新能源和节能环保等绿色低碳产业成为支柱产业，到2020年，产值规模达到10万亿元以上
工业规划类	2017年4月14日	交通运输部	交规划发〔2017〕45号	《推进交通运输生态文明建设实施方案》	到2020年，交通运输行业生态文明建设各方面工作取得显著进展。交通运输结构显著优化，综合交通运输网络基本建成，城市公交优先战略全面推进。交通基础设施绿色建设和运营技术全面推广，土地、岸线等资源节约集约利用。清洁运输水平显著提高，营运车船污染排放有效控制，新能源和清洁能源运输工具广泛应用。交通运输生态文明制度和标准体系进一步完善，全行业绿色发展意识逐步提高。行业绿色发展水平与全面建成小康社会的发展要求基本适应

续表

类别	发布时间	发文机构	发文号	政策文件	主要低碳发展内容
专项规划类	2017年9月27日	工业和信息化部等五部门	第44号	《乘用车企业平均燃料消耗量与新能源汽车积分并行管理办法》	新能源汽车积分比例要求是核算新能源汽车积分达标值的重要参数。《办法》对传统能源乘用车年度生产量或者进口量不满3万辆的乘用车企业，不设定新能源汽车积分比例要求；达到3万辆以上的，从2019年度开始设定积分比例要求，其中：2019、2020年度的积分比例要求分别为10%、12%，2021年度及以后年度的积分比例要求另行公布
专项规划类	2017年11月27日	交通运输部	交政研发〔2017〕186号	《关于全面深入推进绿色交通发展的意见》	到2020年，初步建成布局科学、生态友好、清洁低碳、集约高效的绿色交通运输体系，绿色交通重点领域建设取得显著进展。铁路和水运在大宗货物长距离运输中承担的比重进一步提高，铁路客运出行比例逐步提升；力争实现2020年多式联运货运量比2015年增长1.5倍，重点港口集装箱铁水联运量年均增长10%；大中城市中心城区绿色出行比例达到70%以上，建成一批公交都市示范城市；港口岸线资源、土地资源和通道资源的利用效率明显提高，交通运输废旧材料循环利用率和利用水平稳步提升
政策规划类	2019年9月19日	中共中央、国务院		《交通强国建设纲要》	到2020年，完成决胜全面建成小康社会交通建设任务和"十三五"现代综合交通运输体系发展规划各项任务，为交通强国建设奠定坚实基础。从2021年到本世纪中叶，分两个阶段推进交通强国建设。到2035年，基本建成交通强国

续表

类别	发布时间	发文机构	发文号	政策文件	主要低碳发展内容
科技规划类	2020年8月3日	交通运输部	交规划发〔2020〕75号	《交通运输部关于推动交通运输领域新型基础设施建设的指导意见》	到2035年，交通运输领域新型基础设施建设取得显著成效。先进信息技术深度赋能交通基础设施，精准感知、精确分析、精细管理和精心服务能力全面提升，成为加快建设交通强国的有力支撑。基础设施建设运营能耗水平有效控制。泛在感知设施、先进传输网络、北斗时空信息服务在交通运输行业深度覆盖，行业数据中心和网络安全体系基本建立，智能列车、自动驾驶汽车、智能船舶等逐步应用。科技创新支撑能力显著提升，前瞻性技术应用水平居世界前列
专项规划类	2020年9月21日	财政部、工业和信息化部、科技部、国家发展改革委、国家能源局	财建〔2020〕394号	《关于开展燃料电池汽车示范应用的通知》	支持燃料电池汽车关键核心技术突破和产业化应用，并对燃料电池汽车的购置补贴政策调整为选择部分城市群开展示范应用，开启了燃料电池产业发展的新里程
专项规划类	2020年10月20日	国务院办公厅	国办发〔2020〕39号	《新能源汽车产业发展规划（2021—2035年）》	纯电动乘用车新车平均电耗降至12.0千瓦时每百公里，新能源汽车新车销售量达到汽车新车销售总量的20%左右，高度自动驾驶汽车实现限定区域和特定场景商业化应用，充换电服务便利性显著提高
科技规划类	2020年12月22日	国务院新闻办公室		《中国交通的可持续发展》白皮书	中国交通积极适应新的形势要求，坚持对内服务高质量发展、对外服务高水平开放，把握基础设施发展、服务水平提高和转型发展的黄金时期，着力推进综合交通、智慧交通、平安交通、绿色交通建设，走新时代交通发展之路

续表

类别	发布时间	发文机构	发文号	政策文件	主要低碳发展内容
科技规划类	2021年2月24日	中共中央、国务院	第8号	《国家综合立体交通网规划纲要》	到2035年，基本建成便捷顺畅、经济高效、绿色集约、智能先进、安全可靠的现代化高质量国家综合立体交通网，实现国际国内互联互通、全国主要城市立体畅达、县级节点有效覆盖，有力支撑"全国123出行交通圈"（都市区1小时通勤、城市群2小时通达、全国主要城市3小时覆盖）和"全球123快货物流圈"（国内1天送达、周边国家2天送达、全球主要城市3天送达）
科技规划类	2021年8月31日	交通运输部	交规划发〔2021〕82号	《交通运输领域新型基础设施建设行动方案（2021—2025年）》	提升公路智能化管理水平。提升航道运行保障能力。推进码头作业装备自动化。推动综合客运枢纽智能化建设。推进综合交通大数据中心体系建设。组织实施重大科技工程。完善新基建标准规范体系框架
科技规划类	2021年10月26日	国务院	国发〔2021〕23号	《2030年前碳达峰行动方案》	"十四五"期间，产业结构和能源结构调整优化取得明显进展，重点行业能源利用效率大幅提升，煤炭消费增长得到严格控制，新型电力系统加快构建，绿色低碳技术研发和推广应用取得新进展，绿色生产生活方式得到普遍推行，有利于绿色低碳循环发展的政策体系进一步完善。到2025年，非化石能源消费比重达到20%左右，单位国内生产总值能源消耗比2020年下降13.5%，单位国内生产总值二氧化碳排放比2020年下降18%，为实现碳达峰奠定坚实基础

续表

类别	发布时间	发文机构	发文号	政策文件	主要低碳发展内容
工业规划类	2021年10月29日	交通运输部	交规划发〔2021〕104号	《绿色交通"十四五"发展规划》	持续加快新能源和清洁能源应用，新能源城市公交、出租和城市物流配送汽车总数达到100余万辆，现有LNG动力船舶290余艘，全国港口岸电设施覆盖泊位约7500个，高速公路服务区充电桩超过1万个。与2015年相比，营运货车、营运船舶二氧化碳排放强度分别下降8.4%和7.1%，港口生产二氧化碳排放强度下降10.2%
工业规划类	2021年12月9日	国务院	国发〔2021〕27号	《"十四五"现代综合交通运输体系发展规划》	到2025年，综合交通运输基本实现一体化融合发展，智能化、绿色化取得实质性突破，综合能力、服务品质、运行效率和整体效益显著提升，交通运输发展向世界一流水平迈进
政策规划类	2021年12月25日	国务院办公厅	国办发〔2021〕54号	《推进多式联运发展优化调整运输结构工作方案（2021—2025年）》	全国铁路和水路货运量到2025年比2020年分别增长10%和12%左右；集装箱铁水联运量年均增长15%以上
科技规划类	2022年1月24日	交通运输部、科学技术部	交科技发〔2022〕11号	《交通领域科技创新中长期发展规划纲要（2021-2035年）》	从交通基础设施、交通装备、运输服务三个要素维度和智慧、安全、绿色三个价值维度布局六方面研发任务，并对新时期交通运输科技创新能力建设进行了部署
科技规划类	2022年3月10日	交通运输部、科学技术部	交科技发〔2022〕31号	《"十四五"交通领域科技创新规划》	在绿色交通领域，聚焦国家碳达峰碳中和与绿色交通发展要求，重点关注了交通领域"双碳"目标实现的技术需求，提出了突破新能源与清洁能源创新应用、生态环境保护与修复、交通污染综合防治等领域关键技术等研发任务

续表

类别	发布时间	发文机构	发文号	政策文件	主要低碳发展内容
专项规划类	2022年3月23日	国家发展改革委、国家能源局		《氢能产业发展中长期规划（2021—2035年）》	是我国首个针对氢能产业发展的中长期规划，对我国氢能产业发展进行了顶层设计和系统部署，将燃料电池汽车作为氢能多元化应用场景的重点之一，积极推动我国氢能及燃料电池汽车产业发展
工业规划类	2022年7月7日	工业和信息化部等三部委	工信部联节〔2022〕88号	《工业领域碳达峰实施方案》	加大交通运输领域绿色低碳产品供给，大力推广节能与新能源汽车，强化整车集成技术创新，提高新能源汽车产业集中度
专项规划类	2022年8月10日	交通运输部办公厅	交办科技〔2022〕36号	《绿色交通标准体系（2022年）》	包括基础通用标准100，节能降碳标准200，污染防治标准300，生态环境保护修复标准400，资源节约集约利用标准500，等等
专项规划类	2023年1月30日	工业和信息化部、交通运输部、国家发展改革委、财政部、生态环境部、住房和城乡建设部、国家能源局、国家邮政局	工信部联通装函〔2023〕23号	《关于组织开展公共领域车辆全面电动化先行区试点工作的通知》	试点领域新增及更新车辆中新能源汽车比例显著提高，其中城市公交、出租、环卫、邮政快递、城市物流配送领域力争达到80%。新增公共充电桩（标准桩）与公共领域新能源汽车推广数量（标准车）比例力争达到1∶1，高速公路服务区充电设施车位占比预期不低于小型停车位的10%，形成一批典型的综合能源服务示范站
专项规划类	2023年3月29日	交通运输部、国家铁路局、中国民用航空局、国家邮政局、中国国家铁路集团有限公司	交规划发〔2023〕21号	《加快建设交通强国五年行动计划（2023—2027年）》	明确了未来五年加快建设交通强国的思路目标和行动任务，注重服务构建新发展格局，推动高质量发展，注重科技创新驱动发展，注重推动绿色发展